COLLOQUIA BALTICA 9

Beiträge zur Geschichte und Kultur
Ostmitteleuropas

T0345845

Dietmar Albrecht

Falunrot –
Zehn Kapitel Schweden

Orte, Texte, Zeichen

Martin Meidenbauer »

Die Deutsche Bibliothek verzeichnet diese Publikation in der Deutschen Nationalbibliografie; detaillierte bibliografische Daten sind im Internet über http://dnb.ddb.de abrufbar.

© 2006 Martin Meidenbauer Verlagsbuchhandlung, München

Abbildung auf dem Umschlag:
Schloß Gripsholm (vgl. S. 83)

Printed in Germany

Gedruckt auf
chlorfrei gebleichtem, säurefreiem und alterungsbeständigem Papier (ISO 9706)

ISBN 3-89975-562-6

Verlagsverzeichnis schickt gern:
Martin Meidenbauer Verlagsbuchhandlung
Erhardtstr. 8
D-80469 München

www.m-verlag.net

Inhalt

Vorwort

„Groß ist die Kraft des Gedächtnisses, das Orten innewohnt, und mit gutem Grund gründet die Kunst des Erinnerns auf sie." Cicero überliefert die Worte des Konsuls Piso aus einem Nachmittagsgespräch auf den Wegen der Akademie vor den Toren Athens.[1] Das war im Jahrhundert vor unserer Zeit.

Gedächtnisorte der Geschichte, Literatur und Kunst erleichtern uns das Erinnern. Sie fordern uns heraus, setzen unser Denken in Bewegung. Sie machen uns vertraut mit einer Landschaft, einer Region, ihren Menschen und ihrer Kultur. An solchen Orten des Erinnerns verdichtet sich der Raum zur Zeit. Sie sind das Fundament für Gegenwart und Zukunft.

So reisen wir durch Schweden, Dichter, Schriftsteller und Künstler im Gepäck, lassen ihre Werke sprechen, besuchen ihre Orte, unscheinbare und wohlbekannte, und fügen Erlebtes und Erlesenes zu einem Mosaik von Land und Leuten.

Carl Michael Bellman und Ernst Moritz Arndt, Johann Peter Hebel und Hans Christian Andersen, Rainer Maria Rilke und Ellen Key, Verner von Heidenstam, Selma Lagerlöf und Astrid Lindgren, Carl Larsson und Anders Zorn, August Strindberg und Kurt Tucholsky, Vilhelm Moberg, Harry Martinson, Pär Lagerkvist, Sven Delblanc, Sara Lidman, Per Olof Enquist, Mikael Niemi sind unsere Gefährten, Bertolt Brecht auch, Alfred Andersch, Hans Magnus Enzensberger und Horst Janssen. Ihre Texte sind uns zur Hand.

Die Kupfergruben von Falun stehen heute still. Geblieben sind Eisenocker und Kieselsäure, getrocknet und gebrannt zu einem Rot, das auf den Holzhäusern in Stadt und Land die Steinbauten der Großen imitieren sollte und sich ganz nebenher als Schutz erwies vor Wind und Wetter und Vergänglichkeit. So leuchten Schwedens Häuser allerorten im Falunrot.

---

[1] „[...] tanta vis admonitionis inest in locis, ut non sine causa ex iis memoriae ducta sit disciplina." Marcus Tullius Cicero, De finibus bonorum et malorum. Über das höchste Gut und das größte Übel. Übersetzt und hg. von Harald Merklin. Stuttgart: Reclam, 1989 (RUB 8593), Fünftes Buch, S. 395f. In freier Übersetzung des Verfassers.

Das eigene falunrote Heim ist Teil des schwedischen Wohers und Wohin, Teil der Kraft, die aus dem rückständigen Agrarland das „Volksheim" schuf.[2] Und es ist Rückzug und Zuflucht vor anonymer Macht und selbstverliebter Bürokratie.

Die Mauern von Visby, der Dom zu Lund, die Schlösser Gustavs I. Wasa, das Stadthaus zu Stockholm mögen prunken. Balken und Bretterwerk im *faluröd* versprechen Kindheit und Geborgenheit. Sie locken uns zu kleinen Fluchten dorthinaus, wo Mensch und Natur an die Ewigkeit rühren.

Im Falunrot ist Schweden ganz bei sich.

Dietmar Albrecht
Im Januar 2006

---

[2] Zu Geschichte, Geographie, Politik und Wirtschaft Schwedens vgl. Arthur Erwin Imhof, Grundzüge der nordischen Geschichte. Darmstadt: Wissenschaftliche Buchgesellschaft, zweite, unveränderte Auflage 1985 (erste Auflage 1970; Grundzüge Band 19), und Ewald Gläßer, Rolf Lindemann, Jörg-Friedhelm Venzke (Hg.), Nordeuropa. Darmstadt: Wissenschaftliche Buchgesellschaft, 2003 (Wissenschaftliche Länderkunden).

I
Schonen und Blekinge

Im Juni 1904 bricht der achtundzwanzigjährige Rilke von Rom in den Norden auf. Rilke, ziemlich ohne Mittel und auf Gastfreundschaft verwiesen, folgt einer Einladung, die ihm Ellen Key vermittelt hat, Schwedens Pädagogin und Reformerin. Von der um eine Generation älteren Key sind 1899 „Skönhet för alla" und zur Jahrhundertwende „Barnets århundrade" erschienen. Die deutsche Übersetzung „Das Jahrhundert des Kindes" hat Rilke 1902 im „Bremer Tageblatt" gelobt.[1] Ellen Key, die den Dichter vergöttert, lockt Rilke mit Einladungen nach Borgeby auf Schonen und nach Jonsered in Västergötland.[2]

Rilke reist, die „Weise von Liebe und Tod des Cornets Christoph Rilke" und erste Aufzeichnungen zum Malte Laurids Brigge im Gepäck. Er pausiert in Viareggio am Tyrrhenischen Meer, besucht da Vincis Abendmahl in Mailand, „fast nur erzählt von eines Unsichtbaren tiefbewegter Stimme", den Dom, „Spielzeug der Jahrhunderte, fast ganz Zucker", quert den Gotthard, hält in Düsseldorf, „Gute-Stuben-Stimmung. Freundliche und neugierige Spießbürger", dann, „in immer schnellerer Bewegung: Bremen, Hamburg, Kiel: um ½2 in der Morgendämmerung: Fahrt aus dem Hafen; großer Wind auf offener schwarzblauer See, - Sonnenaufgang. Um 8 Uhr in Korsör, um 10 Uhr in Kopenhagen". So schildert Rilke der Gefährtin Lou Andreas-Salomé seinen Weg nach Norden.[3]

---

[1] Rainer Maria Rilke, Das Jahrhundert des Kindes (Ellen Key). In: Rainer Maria Rilke, Werke. Kommentierte Ausgabe in vier Bänden. Hg. von Manfred Engel, Ulrich Fülleborn, Horst Nalewski, August Stahl. Frankfurt am Main und Leipzig: Insel, 1996, hier Band 4: Schriften, hg. von Horst Nalewski, S. 262-268 (Erstdruck in „Bremer Tageblatt und Generalanzeiger, 6. Jg., 8. Juni 1902).

[2] Vgl. Reidar Ekner, Rilke, Ellen Key och Sverige. In: „Samlaren" (Uppsala) Jg. 86 (1965), S. 3-43. Zu Rilkes Aufenthalt in Borgeby siehe Ingeborg Schnack, Rainer Maria Rilke. Chronik seines Lebens und seines Werkes 1875-1926. Frankfurt am Main und Leipzig: Insel, zweite, neu durchgesehene und ergänzte Auflage 1996 (erste Auflage 1975), S. 188-194; Paul Åström, Rilke in Schweden: Borgeby und Jonsered. In: „Blätter der Rilke-Gesellschaft", Heft 16/17 (1990), S. 129-139; Ernst Norlind, Borgebyminnen. Lund: Gleerups, 1939 (in zweiter Auflage 1947), S. 217-243; Björn Sahlin, Ernst Norlind om Ellen Keys möte med Rainer Maria Rilke på Borgeby 1904. In: „Parnass" (Stockholm) Nr. 4, 2004, S. 44-47; Ralph Freedman, Rainer Maria Rilke. Der junge Dichter 1875 bis 1906. Aus dem Amerikanischen von Curdin Ebneter. Frankfurt am Main und Leipzig: Insel, 2001, S. 320-324 (erste, amerikanische Ausgabe „Life of a Poet: Rainer Maria Rilke" 1996).

[3] Rainer Maria Rilke an Lou Andreas-Salomé, Borgeby gård, 3. Juli 1904. In: Rainer Maria Rilke, Briefe aus den Jahren 1902-1906. Hg. von Ruth Sieber-Rilke und Carl Sieber. Leipzig: Insel, 1929, S. 184-186, hier S. 185f.

Rilke in Borgeby

Am 25. Juni setzt Rilke über den Öresund von Dragør nach Limhamn, anderthalb Stunden „großen Wind und scharfen Regen darin. Echten großen nordischen Sturmregen, wie ich ihn lange nicht gefühlt habe" [4] - dort, wo hundert Jahre später Brücke und Tunnel Schweden an den Kontinent binden. Am schwedischen Ufer wartet der Dichter und Maler Ernst Norlind, geleitet Rilke mit der Bahn nordwärts nach Flädie und weiter mit der Droschke zum Herrensitz Borgeby gård im Süden des Flüßchens Lödde, auf halbem Weg von Malmö nach Landskrona:

Das Land ganz eben - Felder, einzelne Höfe. Sehr große Kühe weiden auf schönen Wiesen. Endlich kommen große, sehr große Bäume, - Wirtschaftsgebäude, eines mit einem Storchnest! ... Ein großer Wirtschaftshof, eine Biegung des Weges aus großen Bäumen: wir fahren in das Einfahrtstor des mittleren Turmes ... - fahren auf der anderen Seite wieder heraus, an einer Allee aus Riesenkastanienbäumen vorbei, sehen links den Park mit Wiesen, die dunkel und frisch von Regen sind, mit schönen langlangen gepflegten Wegen und Bäumen - Bäumen. An den linksseitigen Haustein des Turmes, der die eigentlichen Wohnräume enthält, ist hinten eine kleine Backsteinfreitreppe vorgebaut, - dort fuhren wir vor. Ein Vorzimmer. Fräulein Larsson kommt, rasch mit festen Schritten, entschlossen und linkisch zugleich. Eine kleine feste Person mit dunklem Haar, einem braunen langen Gesicht, einfach, wie eine Schaffnerin oder Wirtschafterin, mehr Mensch als Frau, herzlich und fraglos pflichttreu. So kommt sie etwas schwer und schleppend, aber doch sicher und schnell, sagt einfach, rasch, hilflos herzlich: willkommen.[5]

Rilkes Schilderungen von Leben und Wohnen auf Borgeby spiegeln die „Schönheit für alle", wie sie Ellen Key propagiert. Die wiederum hat Familie und Heim Carl Larssons oben in Sundborn zum Vorbild. In einer anderen Episode Rilkes schauen Gäste und Gastgeber dem Johannifest auf Borgeby zu. Norlind springt auf den Tanzplatz und dreht sich mit einem von den kleinen Mädchen wohl zehn Minuten lang zum Klange einer Ziehharmonika ganz so, wie sieben Jahre zuvor Anders Zorn seinen „Mittsommertanz" malte. Im Rückgriff auf das Leben des Volkes, auf seine bäuerlichen Tradtionen suchen Rilke wie Key, Larsson wie Zorn ihren Weg zu einer einfach-nützlichen, ungezwungenen und selbstbewußten Moderne.[6]

---

[4] Rainer Maria Rilke an Clara Rilke, Borgeby gård, 26./27. Juni 1904. In: Rainer Maria Rilke, Briefe 1902-1906 (Anm. 3), S. 171-178, hier S. 171.

[5] Rainer Maria Rilke an Clara Rilke, Borgeby gård, 26./27. Juni 1904 (Anm. 4), S. 173f.

[6] Siehe S. 71-75 zu Ellen Key, S. 139-147 zu Carl Larsson und S. 147-151 zu Anders Zorn. Vgl. Ingeborg Becker, Schönheit für Alle - Kunst für Alle? In: „Schönheit für alle". Jugendstil in Schweden. Katalog zur Ausstellung September 2005 bis Januar 2006. Berlin: Bröhan-Museum, 2005, S. 14-21.

Hauptsache Borgebys ist die Wirtschaft, musterhaft und reich wie alles ringsum in Schonen: zweihundert Kühe, vierundzwanzig Pferde, Stiere, Kälber, Hühner, Hunde, Katzen, vor allem aber die zweihundert Kühe, immer sechs und
sechs in einer Reihe hintereinander, in einem „langen, langen Stall": „Darin war
graues, leises Licht, und weithin sah man ab und auf Rücken, warme Rücken und
Atmendes. Stehende Rücken und liegende Rücken weithin. Und leises Kauen
und Leben und Wohlsein", schreibt Rilke seiner Frau Clara gleich am ersten
Morgen. „Nun nach allem kannst Du Dir schon denken, daß es wunderbare
Milch hier gibt, und es gibt auch sehr viel Obst. Ein Stück Obstland mit Erd-
beerfeldern und Säumen von großen Stachelbeerbüschen. Prachtvolle Erdbeeren
und sehr schön bereitetes Stachelbeerkompott und eine Art von Stachelbeer-
grütze mit kalter Milch, die sehr gut schmeckte." Vor jeder Mahlzeit nehme man
Butterbrote mit Käse oder irgendeiner Beilage, sehr verschiedene Arten Brot,
auch kleine runde Kuchen aus ungemahlenem Korn gebacken, die duften und
schmecken wie ein sommerliches Feld.[7]

Volle drei Monate hält es Rilke im nordischen Tusculum. Die Tage sind lang
und still und laufen langsam in die Dämmerungen aus. Dann wandert Rilke
durch den Park, von einem Denkstein zum andern, unter Goldregen, Phlox und
Mohn, barfuß, nimmt Luftbäder an der Au. Jenseits der Au liegen die Weideplätze, Wiesen folgen im Auf und Ab, früh schließt der Horizont. Nordöstlich
grenzt der Friedhof an den Park, ihm zur Seite die alte Schloßkirche mit getrepp-
tem Turmgiebel in den grauen, fliegenden Himmel hinein. Sommermorgen auf
Borgeby:

... es geht ein großer Wind vom Sund herüber, der Garten schäumt, und wenn man auf-
blickt, sieht man ganz helle, kleine Stücke entfernter Wiesen hinter den flimmernd bewegten
Blättern der Büsche kommen und schwinden. In den Beeten blühn die Rosen auf, ein wenig
verkümmerte Rosen, für die niemand recht Zeit hat, blühen und welken, wie mir scheint, sehr
schnell. Der heutige Sturm wirft viele ab, die gestern noch nicht da waren, und nun liegen sie im
Gras wie zerrissene Briefe. Im Levkoienbeet ist seit Tagen ein Blütenstengel offen, aber große
Malven, Georginen und manches andere steht noch ganz bevor. In dem vielstämmigen, wunder-
bar fallenden Goldregenbaum hängen die kleinen grauvioletten Schotenbündel seiner Früchte,
und ihre Blässe durchdringt den ganzen Baum und entfernt ihn von allem anderen, rückt ihn
zurück, verschleiert ihn fast. Im turmhohen runden Hagedornstrauch sind die kleinen Rosen-
blütensträuße braun geworden, aber dahinter blüht noch der weiße Jasmin in einzelnen weithin
sichtbaren, dichtweißen Blüten, die wie Sternbilder zusammenstehen, bei aller Nähe fern von-
einander. Und ganz groß, wie die Anfänge einer gelblichen Brüsseler Spitze, liegen die großen,
ebenen Blütenstücke der Fliedersträuche in ihrem taftmatten Laubwerk. Und ihr Geruch an
stillen Morgen (wenn ihr Duft nicht zerrissen wird und sich ansammeln und verdichten kann)

---

[7] Rainer Maria Rilke an Clara Rilke, Borgeby gård, 26./27. Juni 1904 (Anm. 4), S. 176f.

ist wie der starke Duft vom Schweiße junger Mädchen, die sich gejagt haben und über Wiesen gelaufen sind und nun heiß und ohne Haltung ankommen, mit einem bösen, angestrengten Ernst im Gesicht und ganz ausgegebenem Lachen. - Heute aber, im Wehen, ist jeder Duft dünn, flüssig, zieht vorbei, kommt schwach und vermischt mit Ferne wieder und geht wieder vorbei. Aus dem Walnußbaum und aus den großen vollen Kastanien schlagen abgerissene Früchte mit hartem, schreckendem Klang, und unten der kleine Fluß ist ganz aufgekämmt an seiner Oberfläche und sträubt sich gegen den Sund, der ihn in seine Mündung zurückdrängt. Die Stiere, weit auf der westlichen Weide, sind ruhige bunte massige Dinge, aber drüben die Kälber sind fröhlich und spiellustig, und sie reißen die Pferde mit, die plötzlich ansprengen, wenden, traben und in einem breiten Schritt sich versammeln. Und darüber Himmel in dunstigem, fernem, durchscheinendem Weiß, das aus steigenden Wolken langsam entstanden ist, während immer wieder die Sonne durchbrach und schwand, so daß der Tag schon sehr lang scheint.[8]

Vom August auf den September 1904 besucht Ellen Key das Ehepaar Rilke und ihre Gastgeber auf Borgeby. Key, sehr betont naturverbunden, steigt in die Lödde å. Schreie folgen. Die Gastgeber fürchten ein Unglück:

Während wir rannten, überlegte ich, wie sie wohl zu retten wäre, wie ich sie fassen dürfte und wie ich ihren ätherischen Leib umhüllen sollte, wenn wir sie erst auf trockenem Boden hätten, und wie ich mich selbst zu benehmen hätte. Wie ich mich ausziehen sollte und dergleichen mehr. Neue Notschreie drangen aus der Tiefe, und wir liefen schneller.

Niemand hätte sich vorstellen können, was sich unseren Augen bot. Da lag Ellen Key wie ein Meerungeheuer und paddelte mit ihren dicken Armen in den Seerosen herum. Dann und wann gab sie wilde Schreie von sich, denn ungefähr dreißig Kälber hielten das Ufer besetzt. Die hatten bislang geweidet, aber jetzt waren sie voller Neugier dabei, versperrten den rettenden Weg und trieben Ellen Key ins tiefe Wasser. Sie versuchte anderswo ans Ufer zu schwimmen, doch die Kälber kamen ihr zuvor. Nirgends konnte sie an Land, sie mußte außen vor bleiben und paddeln.

In ihrer Not schrie sie uns zu, die Biester fortzujagen. Das aber ist leichter gesagt als getan, denn haben Kälber einmal etwas zu sehen bekommen, so verschwinden sie nicht einfach auf unseren Wunsch. Es gibt nur einen Weg, sie zu verjagen. Man nutze ihren Steppeninstinkt. Hetzt man einen Jagdhund auf sie, machen sie gegen ihn Front, so wie sie es seit Urzeiten gegen die Wölfe taten. Ich lief nach dem Hund, und der jagte die Kälber unter wütendem Gebell auf die Weide. Ellen Key war frei, schlüpfte nach wenigen Minuten wieder in ihren ätherischen Körper, ging aufs Zimmer, zog sich um und war im Nu bereit, sich auf die Fragen Europas zu werfen.[9]

---

[8] Rainer Maria Rilke an Clara Rilke, Borgeby gård, 9. Juli 1904. In: Rainer Maria Rilke, Briefe aus den Jahren 1902-1906 (Anm. 3), S. 188-196, hier S. 188-190.

[9] Ernst Norlind, Borgebyminnen (Anm. 2), S. 222. Aus dem Schwedischen von Bettina Kjellin und Dietmar Albrecht.

Borgeby gård könnte Schauplatz für August Strindbergs „Tschandala" gewesen sein, einer phantastischen Erzählung aus dem 17. Jahrhundert. Dort in „Bøgely", einem heruntergewirtschafteten Gutshof, sucht Magister Andreas Törner aus Lund Quartier für sich und seine Familie:

Das Tor stand mittlerweile offen, und durch eine schwarze Tannenallee ging man hinauf zum Schloß. Es war ein düsterer Flügelbau, recht einfach, konnte beispielsweise einem Kronvogt gehört haben. An den Ecken hatte man aber vier Dachzimmer angebaut, die als Türme herhalten mochten, und die schadhafte Treppe war überdacht von einem Anbau in unbekanntem Stil. Alles sah baufällig aus; die Dachrinnen waren undicht, und der Kalk blätterte von den Wänden. Manche Fensterrahmen waren grün, andere weiß, als habe die Farbe nicht gereicht, und im Kellergeschoß war willkürlich mitten in die Fassade ein Fenster eingesetzt worden, dahinter sah man eine Hobelbank und Tischlerwerkzeug. Durch die Allee war man im Schmutz gegangen, und Schmutz lag bergeweise vor der Tür. Schmutzig waren die Türpfosten, schmutzig die Fensterscheiben, schmutzig das Torschloß - so daß der Magister seiner Frau mimisch zu verstehen gab, sie sollten umkehren. Dazu war es aber nun zu spät, man wollte die Gastgeber nicht verletzen, und als das Haustor endlich aufging, nachdem der Schlüssel eine halbe Stunde lang unauffindbar gewesen war, betrat man einen grauenhaften Hausflur, wo ein Gestank von verfaultem Fleisch oder nassen Hunden den Eintretenden entgegenschlug. Eine enge Holztreppe, offenbar seit Jahr und Tag nicht mehr gescheuert, führte hinauf zur Wohnung. Das Geländer hing lose, trug aber nichtsdestotrotz, von Messingstiften gehalten, einen roten Samtbezug; allerdings reichte der nur bis zur halben Höhe. Weiter oben war die Brüstung kahl, schmutzig-braun, beschmiert mit der einen oder andern selbstgemachten Farbe und voll von Spuren ungewaschener Hände.

[...]

Nicht geringer war das Staunen beim Eintritt in die Turmzimmer. Hier gab es Schränke mit Kostümen aus Zeiten Gustavs I. und der Jahre danach, Hüte, Perücken, Sonnenschirme, Truhen, Heiligenschreine, Bücher und Dokumente. Als der Magister drei Zimmer gesehen hatte und Einblick in das vierte verlangte, bekam er den Bescheid, hier wohne der Verwalter und man wisse nicht, wo der Schlüssel sei. Und nachdem man sich deshalb für eines der drei zugänglichen Zimmer entschieden hatte, für den Fall, daß man sich einig werde, ging man in den Garten. Der war ein großes Stück Land mit vielen Obstbäumen und vielen Beerensträuchern; niedrige Buchsbaumhecken säumten die Flur, auch Spalierwege, Lusthäuser und Rasenflächen fehlten nicht. In der Mitte dieses Parks lag ein Karpfenteich mit sämtlichen Fischarten, Hechten gar, was dem Magister etwas unglaubwürdig erschien, wenn dort auch Karpfen und Krebse waren. Und im Teich stand ein Tempel, zu dem eine Brücke führte. Hier lagen ein halber Marmorspringbrunnen, der Sockel einer Statue, ein zerbrochener Delfter Krug, ein Stück vom Zeiger einer Sonnenuhr. Alles wirkte heruntergekommen; die Bäume waren verwachsen und warfen schon Schatten, obgleich noch unbelaubt. Die Wege waren überwuchert, die Spaliere vermodert, und überall Unkraut und Gestrüpp. Doch der Verwalter konnte jedem Einwand begegnen; bemerkte ganz richtig, daß ein Garten nach nichts aussehe, bis er umgegra-

ben und in Stand gesetzt sei; der Schnee habe das meiste verwüstet, im Frühjahr kämen nun aber drei Gärtner, dann sehe die Sache anders aus. Der Magister ließ sich überzeugen, und als er das Treibhaus sehen konnte, wo schon Melonen versteckt lagen unter Blumenpflanzen aller Art und der Kerbel zollhoch stand, war er eingenommen für den Ort.[10]

Strindberg inszeniert ein düsteres Tableau für einen Schattentanz um Habgier, Haß und Verbrechen. Das vom Schwedenkönig Karl X. Gustav gedemütigte Dänemark hatte im Frieden von Roskilde 1658 die Landschaften Schonen, Blekinge, Halland und Bohuslän abtreten müssen - von der Mündung des Göta älv im Westen bis zum Kalmarsund im Osten. Schweden erreicht mit jenem Frieden seine heutigen Grenzen im Süden des Landes. Magister Andreas soll nun für das neue Stockholmer Regime Denken und Handeln der Bewohner von Schonen erkunden - und wird das Opfer einer ausgekochten Intrige des betrügerischen Gutsverwalters und der ihm hörigen Baronesse.

Auch wenn die finstere Räuberpistole vor der Wirklichkeit Borgebys versagt - der Herrenhof ist gealtert, die Hand der Gutsfrau fehlt. Eine Landwirtschaftskammer hält den Hof besetzt. Wie vor hundert Jahren führt die schmalgewölbte Durchfahrt durch Birgers Turm in den Park. Der verwildert, die Steine verwittern. Hinter steilem Uferhang mäandert die Au. Rilkes Pfade sind verwachsen. Nebenan umstehen reetgedeckte Ställe einen Katzenkopfhof, die Scheunen falunrot, die Grenzmauern weiß gekalkt. Ringsum hartnäckig geharkter Kies.

Am 12. September 1904 verlassen Clara und Rainer Maria Rilke Borgeby zu Arztbesuchen in Kopenhagen. Zwei Wochen später folgen beide der Einladung von Lizzie und Jimmy Gibson nach Jonsered bei Göteborg. Wohl dort im Norden, nach klärendem Herbststurm, schreibt Rilke seine Verse „Abend in Skåne":

Der Park ist hoch. Und wie aus einem Haus
tret ich aus seiner Dämmerung heraus
in Ebene und Abend. In den Wind,
denselben Wind, den auch die Wolken fühlen,
die hellen Flüsse und die Flügelmühlen,
die langsam mahlend stehn am Himmelsrand.

---

[10] August Strindberg, Tschandala. Eine Erzählung aus dem 17. Jahrhundert. Aus dem Schwedischen von Renate Bleibtreu (erste, dänischsprachige Ausgabe Kopenhagen 1889, erste schwedischsprachige Ausgabe „Tschandala. Berättelse från 1600-talet" Stockholm 1897, erste deutschsprachige Ausgabe 1898). In: Renate Bleibtreu (Hg.), Ich dichte nie. August Strindberg. Ein Werk-Portrait in einem Band. Frankfurt am Main: Rogner & Bernhard bei Zweitausendeins, 1999, S. 351-461, hier S. 355f, 358. - Zu weiteren Texten und Orten Strindbergs siehe S. 93-95 und 101-112 (Stockholm), S. 120-128 (Schärengarten).

Jetzt bin auch ich ein Ding in seiner Hand,
das kleinste unter diesen Himmeln. - Schau:

Ist das Ein Himmel?:
Selig lichtes Blau,
in das sich immer reinere Wolken drängen,
und drunter alle Weiß in Übergängen,
und drüber jenes dünne, große Grau,
warmwallend wie auf roter Untermalung,
und über allem diese stille Strahlung
sinkender Sonne.

Wunderlicher Bau,
in sich bewegt und von sich selbst gehalten,
Gestalten bildend, Riesenflügel, Falten
und Hochgebirge vor den ersten Sternen
und plötzlich, da: ein Tor in solche Fernen,
wie sie vielleicht nur Vögel kennen ...[11]

Smygehuk

Einen Katzensprung von Borgeby liegt Lund. Der Dänenkönig Svend Gabel-
bart hat vor tausend Jahren die *Stadt* gegründet, hundert Jahre später Knud der
Heilige den *Dom*. Als Sitz des Erzbischofs seit 1104 für die gesamte nordische
Kirchenprovinz legt Lund den Grund für die geistliche Unabhängigkeit und die
kulturelle Zusammengehörigkeit des Nordens. Als Erzbistümer treten 1152
Trondheim (damals Nidaros) und 1164 Uppsala an die Seite Lunds. Lund bleibt
„Metropolis Daniae" vom zwölften bis zum fünfzehnten Jahrhundert.

Wuchtig und klar ragen die drei Schiffe des Langhauses und ihnen gleich das
Querhaus des Doms. Im Langhaus links seitwärts des Portals prunkt das Horo-
logium Mirabile Lundense. Zu jeder vollen Stunde kreuzen zuoberst zwei Ritter
die Schwerter. Zur Mittagszeit jedoch künden im Zentrum der Uhr zwei Herolde
„in dulci jubilo", wenn die Heiligen Drei Könige und ihr Gefolge vor Maria und
dem Jesuskind sich neigen. Unten in der Krypta deuten rätselhafte Säulen auf
den Riesen Finn, der den Dom baute, und auf seine Frau Gerda und ihr Kind -

---

[11] Rainer Maria Rilke, Abend in Skåne (um den 1. November 1904). In: Rainer Maria Rilke,
Werke (Anm. 1), Band 1: Gedichte 1895 bis 1910, hg. von Manfred Engel und Ulrich Fülleborn, S. 286. Zu Rilke in Jonsered siehe S. 204-206.

so will es das Volk. Christliche Tradition sieht den biblischen Simson am Tempel von Gaza rütteln und nebenan Delila in Simsons Armen. Die Bilder am Brunnen der Krypta und die niederdeutschen Kommentare dazu bieten Volkes Phantasie gleiche Nahrung: der König thront, der Bürger protzt, Mönch und Weib liebäugeln, eine Laus tut sich gütlich an einem Schaf.

Wir fahren durch Schonen, passieren auf vielfach gewundenem Weg hügelauf hügelab die Schlösser Häckeberga und Svaneholm mit ihren Pferdekoppeln und Buchengehegen und wenden uns zur Küstenstraße nach Ystad.

Bauernland aus dem Bilderbuch; ringsum Hasen, Fasanen, Kirchturmspitzen, Mohn und Margeriten. „Da sah ich viele Kornfelder zwischen Mond und Sonnenuntergang. Unglaublich hell kamen sie näher, fast nur Schein und verwandelten sich dem Vorüberfahrenden -, wurden bastseiden, honigfarben, katzenaugengelb, waren tief, durchsichtig und schlossen sich wieder wie Wasser an grauen Tagen" - so sieht Rilke das sommerliche Land.[12] Was die dunklen Landstücke seien, fragt Rilke. „Man sagte mir: C'est de la terre en repos. So schön, siehst Du, kann Ausruhen sein."[13]

Schwedens südlicher Küstensaum führt an flaches Ufer. Wiesen und Weiden bis an den Strand, vor der Küste Schiffskarawanen. Ein weißer Leuchtturm, nicht allzu hoch, markiert die Südspitze Skandinaviens, Smygehuk. Wo die Wärter des Leuchtturms wohnten, lädt ein freundliches Heim den Wanderer. Manche kommen per pedes Apostolorum. Seitab vom Turm öffnet eine Pforte den Uferpfad zum Hafen Smygehamn, bunte Wimpel, ein paar Tonnen und Boote, Fischerhütten und Räucherschuppen. Bunker versanden im Uferabbruch. Jenseits des Hafens ragen ein Kalkofen aus Feldstein gemauert und ein überraschend mächtiger Speicher über das Ufer, ein Zwischenlager für Schmuggelware aus England, verrät die Legende, aus der Zeit, als Schweden mit England die Handelsblockade Napoleons durchlöcherte.

Vom Smygehuk folgen wir ein Stück der Küstenstraße nach Osten, biegen in Beddingestrand linksab Richtung Källstorp und Skurup, queren den mittelalterlichen Handelsweg von Malmö nach Ystad und erreichen Vester Vemmenhög: eine Dorfkirche aus Feldstein, eine Schule, ein Schotterweg zu einem reichen Vierseithof, reetbedacht und falunrot, der sich „Nils Holgersson gården" rühmt.

---

[12] Rainer Maria Rilke an Clara Rilke, Borgeby gård, 26. Juli 1904. In: Briefe 1902-1906 (Anm. 3), S. 203.
[13] Rainer Maria Rilke an Clara Rilke, Borgeby gård, 27. Juli 1904. In: Briefe 1902-1906 (Anm. 3), S. 204f, hier S. 205. - C'est de la terre en repos Das ist Erde die ruht.

Nils Holgersson

Zu Anfang des vorigen Jahrhunderts bittet ein Schulleiter aus Huskvarna am Südufer des Vätter-Sees Selma Lagerlöf, eine Landeskunde für schwedische Schüler zu schreiben, ein Lesebuch für Neun- bis Elfjährige über Geschichte und Geographie ihrer Heimat. Die Lagerlöf hat sich als Schriftstellerin des Värmlands einen Namen gemacht und zudem als Lehrerin Erfahrung. 1906 und 1907 entsteht am Schreibtisch in Falun oben in Dalarna in fünfundfünfzig Kapiteln „Nils Holgerssons underbara resa genom Sverige", die „Wunderbare Reise des kleinen Nils Holgersson mit den Wildgänsen". Selma Lagerlöfs Heimatkunde fällt ungewöhnlich aus und wird überaus populär. Sie ist eine Geschichte rund um Nils den Aussteiger.

Nils Holgersson ist vierzehn Jahre, aufgeschossen, flachsgelb und ein Tunichtgut. Im Kätnerhaus der Eltern in Vemmenhög hängen aus alter Tradition noch die Bilder der dänischen Königsfamilie an der Wand. Mit seinem Dach aus Stroh liegt der weiß gekalkte Kotten wie in die Erde gedrückt. Stall und Scheune sind so klein und die Äckerchen so winzig, daß sich ein Pferd kaum drehen kann. Aber so klein und arm es bei den Holgersson ist - für Nils, der seine Kräfte probt, scheint es noch zu gut.

Eines Sonntags zu Frühlingsanfang treibt der Junge mit dem Kobold der elterlichen Kate Scherz - und findet sich zum Däumling verhext. Das geschieht in den Tagen, da die Wildgänse nach Norden ziehen. Unten steht der Winzling Nils, in Lederhosen und Zipfelmütze:

Es war wunderschönes Wetter, rings um ihn her murmelte und zwitscherte es und alles stand in Knospen. Aber ihm war das Herz schwer. Nie wieder würde er sich über etwas freuen können. Er meinte, den Himmel noch nie so dunkelblau gesehen zu haben wie an diesem Tage. Zugvögel kamen dahergeflogen. Sie kamen vom Auslande, waren über die Ostsee gerade auf Smygehuk zugesteuert und waren jetzt auf dem Wege nach Norden. Unter den verschiedenen Vogelarten erkannte der Junge nur die Wildgänse, die in zwei langen, keilförmigen Reihen flogen.

Schon mehrere Scharen Wildgänse waren so vorübergeflogen. Sie flogen hoch droben, aber er hörte doch, wie sie riefen: „Jetzt geht's auf die hohen Berge! Jetzt geht's auf die hohen Berge!"

Sobald die Wildgänse die zahmen Gänse sahen, die auf dem Hofe umherliefen, senkten sie sich herab und riefen: „Kommt mit, kommt mit! Jetzt geht's auf die hohen Berge!"

Die zahmen Gänse reckten unwillkürlich die Hälse und horchten, antworteten dann aber sehr vernünftig: „Es geht uns hier ganz gut! Es geht uns hier ganz gut!"

Es war, wie gesagt, ein überaus schöner Tag, und die Luft war so frisch und leicht, daß es ein Vergnügen sein mußte, darin zu fliegen. Und mit jeder neuen Schar Wildgänse, die vor-

überflog, wurden die zahmen Gänse aufgeregter. Ein paarmal schlugen sie mit den Flügeln, als hätten sie große Lust, mitzufliegen. Aber jedesmal sagte eine alte Gänsemutter: „Seid nicht verrückt, Kinder, das hieße so viel als hungern und frieren."

Bei einem jungen Gänserich hatten die Zurufe ein wahres Reisefieber erweckt. „Wenn noch eine Schar kommt, fliege ich mit!" rief er.

Jetzt kam eine neue Schar und rief wie die andern. Da schrie der junge Gänserich: „Wartet, wartet, ich komme mit!" Er breitete seine Flügel aus und hob sich empor. Aber das Fliegen war ihm zu ungewohnt, und er fiel wieder auf den Boden zurück.

Die Wildgänse mußten jedenfalls seinen Ruf gehört haben. Sie wendeten sich um und flogen langsam zurück, um zu sehen, ob er mitkäme.

„Wartet! Wartet!" rief er und machte einen neuen Versuch.

All das hörte der Junge auf dem Mäuerchen. ‚Das wäre sehr schade, wenn der große Gänserich fortginge‘, dachte er; ‚Vater und Mutter würden sich darüber grämen, wenn er bei ihrer Rückkehr nicht mehr da wäre.‘

Während er dies dachte, vergaß er wieder ganz, daß er klein und ohnmächtig war. Er sprang von dem Mäuerchen hinunter, lief mitten in die Gänseschar hinein und umschlang den Gänserich mit seinen Armen. „Das wirst du schön bleiben lassen, von hier wegzufliegen, hörst du!" rief er.

Aber gerade in diesem Augenblick hatte der Gänserich herausgefunden, wie er es machen müsse, um vom Boden fortzukommen. In seinem Eifer nahm er sich nicht die Zeit, den Jungen abzuschütteln; dieser mußte mit in die Luft hinauf.

Es ging so schnell aufwärts, daß es dem Jungen schwindlig wurde. Ehe er sich klarmachen konnte, daß er den Hals des Gänserichs loslassen müßte, war er schon so hoch droben, daß er sich totgefallen hätte, wenn er jetzt hinuntergestürzt wäre.

Das einzige, was er unternehmen konnte, um in eine etwas bequemere Lage zu kommen, war ein Versuch, auf den Rücken des Gänserichs zu klettern. Und er kletterte wirklich hinauf, wenn auch mit großer Mühe. Aber es war gar nicht leicht, sich auf dem glatten Rücken zwischen den beiden schwingenden Flügeln festzuhalten. Er mußte mit beiden Händen tief in die Federn und den Flaum hineingreifen, um nicht hintüber zu fallen.

[...]

Dem Jungen war so wirr im Kopfe, daß er lange nichts von sich wußte. Die Luft pfiff und sauste ihm entgegen, die Flügel neben ihm bewegten sich, und in den Federn brauste es wie ein ganzer Sturm. Dreizehn Gänse flogen um ihn her, alle schlugen mit den Flügeln und schnatterten. Es schwirrte ihm vor den Augen, und es sauste ihm in den Ohren; er wußte nicht, ob sie hoch oder niedrig flögen, noch wohin er mitgenommen würde.

Schließlich kam er doch wieder so weit zu sich, daß er erfahren wollte, wohin ihn die Gänse entführten. Aber dies war nicht so leicht, denn er wußte nicht, wo er den Mut hernehmen sollte, hinunterzusehen. Er war fest überzeugt, daß es ihm beim ersten Versuch ganz schwindlig werden würde. Die Wildgänse flogen nicht sehr hoch, weil ihr neuer Reisegefährte in der dünnen Luft nur sehr schwer atmen konnte. Seinetwegen flogen sie auch etwas langsamer als gewöhnlich.

Als der Junge schließlich aber doch hinuntersah, meinte er, unter sich ein großes Tuch ausgebreitet zu sehen, das in eine unglaubliche Menge großer und kleiner Vierecke eingeteilt war. „Wohin bin ich denn gekommen?" fragte er sich.

Er sah nichts weiter als Viereck an Viereck. Die einen waren schief, die andern länglich, aber überall waren Ecken und gerade Ränder. Nichts war rund, nichts gebogen.

„Was ist denn das da unten für ein großes gewürfeltes Tuch?" sagte der Junge vor sich hin, ohne von irgendeiner Seite eine Antwort zu erwarten.

Aber die Wildgänse um ihn her riefen sogleich: „Äcker und Wiesen! Äcker und Wiesen!"

Da begriff der Junge, daß das große gewürfelte Tuch, über das er hinflog, der flache Erdboden von Schonen war. Und er begann zu verstehen, warum es so gewürfelt und farbig aussah. Die hellgrünen Vierecke erkannte er zuerst, das waren die Roggenfelder, die im vorigen Herbst bestellt worden waren und sich unter dem Schnee grün erhalten hatten. Die gelbgrauen Vierecke waren die Stoppelfelder, wo im vorigen Sommer Frucht gewachsen war, die bräunlichen waren alte Kleeäcker und die schwarzen leere Weideplätze oder ungepflügtes Brachfeld. Die braunen Vierecke mit einem gelben Rand waren sicherlich die Buchenwälder, denn da sind die großen Bäume, die mitten im Walde wachsen, im Winter entlaubt, während die jungen Buchen am Waldessaum ihre vergilbten Blätter bis zum Frühjahr behalten. Es waren auch dunkle Vierecke da mit etwas Grauem in der Mitte. Das waren die großen viereckig gebauten Höfe mit den geschwärzten Strohdächern und den gepflasterten Hofplätzen. Und dann wieder waren Vierecke da, die in der Mitte grün waren und einen braunen Rand hatten. Das waren die Gärten, wo die Rasenplätze schon grünten, während das Buschwerk und die Bäume, die sie umgaben, noch in der nackten braunen Rinde dastanden.

Der Junge mußte unwillkürlich lachen, als er sah, wie gewürfelt das alles aussah.

Aber als die Wildgänse ihn lachen hörten, riefen sie wie strafend: „Fruchtbares, gutes Land! Fruchtbares, gutes Land!" [14]

So beginnt die wunderbare Reise des Nils Holgersson mit den Wildgänsen. Die weise Akka von Kebnekajse führt die Gänseschar in Bögen wie ein S über Schwedens Provinzen. Von Vemmenhög geht ihr Flug übers schonensche Land zum Vomb-See und zur Vittskövleburg, zum Övedkloster und zum Glimmingehus. Die Gänse besuchen den Tanz der Kraniche auf dem Kullaberg, wo der Sund zum Kattegatt sich öffnet, ziehen über Blekinge nach Karlskrona, grasen auf den Wiesen Ölands, blicken auf Gotland und Småland und gelangen über den Taberg im Süden des Vätter-Sees, Jönköping und den Tåkern zum östergötländischen Vadstena, das der heiligen Birgitta seinen Ursprung dankt.

---

[14] Selma Lagerlöf, Wunderbare Reise des kleinen Nils Holgersson mit den Wildgänsen. Aus dem Schwedischen von Pauline Klaiber-Gottschau. München: Nymphenburger, 1990, S. 14-16 (erste deutsche Ausgabe 1907, erste, schwedische Ausgabe „Nils Holgerssons underbara resa genom Sverige" 1906/7). Zu weiteren Stationen des Däumlings siehe S. 20-22 (Glimmingehus), S. 26-28 (Karlskrona) und S. 209f (Kullen).

Über den Bergriegel des Kolmården fliegen sie ins Södermanland und zum Schloß Gripsholm am Mälar-See, wenden sich in weitem Bogen über die Erzhütten Bergslagens bis an Dalarnas Siljan-See, über Uppland zurück nach Stockholm und erneut nordwärts durch Angermanland, Västerbotten und Norrbotten zum Berg Kebnekaise, dem Namenspatron der alten Akka.

Durch Schwedens Westprovinzen Jämtland, Dalsland, Bohuslän und Halland geleiten die Gänse den Däumling zurück zum Smygehuk. Geläutert kehrt Nils Holgersson heim auf den elterlichen Hof, nebst einer Lektion über Heimat und Kinderglück.

Glimmingehus

In ihrem Kreuz und Quer über Schonen führt Selma Lagerlöf die Wildgänse zur Rast in Glimmingehus, das historischer Merkort ist für alle Schüler in Schweden wie in Dänemark. Auf halbem Weg von Ystad nach Simrishamn, jenseits von Hammenhög und Vallby, taucht aus Wiesen und Äckern markant und stolz ein feldsteingemauerter Treppengiebel, hinter dem sich das feste Haus des Reichsadmirals und Reichsrats Jens Holgersen Ulfstand zu drei wuchtigen Stockwerken fügt. Zu Ende des 14. Jahrhunderts hatte die Dänenkönigin Margarete I., „mächtige Frau und rechter Hausherr" des Nordens, ihren Adligen verboten, Burgen zu bauen. Ulfstand gehorchte und ließ den Westfalen Adam van Düren sein Glimmingehus bauen als trotzig wehrhaften Herrensitz:

Die äußeren Mauern und die Zwischenwände und Wölbungen dieses steinernen Hauses sind alle so dick, daß im Innern kaum noch für etwas andres Raum ist als für die dicken Quermauern. Die Treppen sind eng, die Gänge schmal, und es sind nur wenig Zimmer da. Und damit die Mauern ihre Stärke behalten sollten, ist auch nur eine kleine Anzahl Fenster in den oberen Stockwerken angebracht worden, in dem untersten aber sind überhaupt nur kleine Lichtöffnungen. In den alten Kriegszeiten waren die Menschen nur zu froh, wenn sie sich in ein so großes, starkes Haus einschließen konnten, wie jemand jetzt im eisigkalten Winter froh ist, wenn er in seinen Pelz hineinkriechen kann. Aber als die gute Friedenszeit kam, wollten die Leute nicht mehr in den dunklen, kalten steinernen Räumen der Burg wohnen; sie haben schon seit langer Zeit Glimmingehaus verlassen und sind in Wohnungen gezogen, in die Luft und Licht hineindringen können. [15]

---

[15] Selma Lagerlöf, Wunderbare Reise des kleinen Nils Holgersson mit den Wildgänsen (Anm. 14), S. 45.

Zur Zeit von Nils Holgersson steht Glimmingehus leer - bis auf hunderte schwarzer Ratten, die dort ihre letzte Zuflucht haben. Als die zum Tanz der Kraniche auf den Kullaberg ziehen, stürmen ihre armen Vettern, die grauen Wanderratten, das schutzlose Haus, und alle Kinder Schwedens können bezeugen, wie der kleine Nils Glimmingehus vor den grauen Ratten rettet:

Es war gegen Mitternacht, als die grauen Ratten nach vielem Suchen endlich ein offenstehendes Kellerloch fanden. Es saß ziemlich hoch in der Mauer, aber die Ratten stellten sich aufeinander, immer eine auf die Schulter der vorhergehenden, und so dauerte es gar nicht lange, bis die mutigste von ihnen durch das Loch springen konnte, sofort bereit, in Glimmingehaus einzudringen, vor dessen Mauern so viele ihrer Vorfahren gefallen waren.

Die graue Ratte saß eine Weile im Kellerloch und wartete, daß sie angefallen werde. Das Hauptheer der Verteidiger war allerdings abwesend, aber sie nahm an, daß die zurückgebliebenen schwarzen Ratten sich nicht ohne Kampf ergeben würden. Mit klopfendem Herzen horchte sie auf das kleinste Geräusch; aber alles blieb ganz still. Da faßte der Anführer der grauen Ratten sich ein Herz und sprang in den kalten, dunklen Keller hinein.

Eine graue Ratte nach der andern folgte dem Anführer. Alle verhielten sich sehr still, denn sie erwarteten, die schwarzen Ratten aus einem Hinterhalt hervorbrechen zu sehen. Erst als so viele in den Keller eingedrungen waren, daß keine mehr Platz auf dem Boden hatte, wagten sie sich weiter.

Obgleich sie noch nie in dem Gebäude selbst gewesen waren, fanden sie den Weg doch ohne jegliche Schwierigkeit, und sie entdeckten auch sehr bald die Gänge in den Mauern, die sonst die schwarzen Ratten benützt hatten, um in die obern Stockwerke zu gelangen. Ehe sie diese schmalen und engen Treppen hinaufkletterten, lauschten sie wieder sehr aufmerksam nach allen Seiten. Daß sich die schwarzen Ratten so gänzlich zurückhielten, war ihnen viel unheimlicher, als wenn sie sich zu offnem Kampfe gestellt hätten. Sie konnten ihrem Glück kaum trauen, als sie das erste Stockwerk ohne Unfall erreicht hatten.

Gleich beim Eintreten schlug ihnen der Duft des Korns entgegen, das in großen Haufen auf dem Boden lag. Aber es war für sie noch nicht an der Zeit, ihren Sieg zu genießen. Mit der größten Sorgfalt durchsuchten sie zuerst die düsteren, kahlen Gemächer. Sie sprangen in der alten Schloßküche auf den Herd, der mitten auf dem Boden stand, und wären im nächsten Raum beinahe in einen Brunnen gestürzt. Keine einzige der schmalen Lichtöffnungen ließen sie unbeachtet, aber nirgends stießen sie auf schwarze Ratten.

Als nun dieses Stockwerk ganz und gar in ihrer Gewalt war, begannen sie, sich mit ganz derselben Vorsicht des zweiten zu bemächtigen. Wieder mußten sie eine mühevolle gefährliche Kletterpartie durch die Mauern machen, während sie in atemloser Angst erwarteten, daß der Feind über sie herfalle. Und obgleich sie der herrlichste Duft, der von den Kornhaufen ausging, lockte, zwangen sie sich doch, in größter Ordnung die frühere Gesindestube mit ihren mächtigen Pfeilern zu untersuchen, den steinernen Tisch und den Herd, die tiefen Fensternischen und das Loch im Boden, durch das man in früheren Zeiten siedendes Pech auf den eindringenden Feind hinuntergegossen hatte.

Aber die schwarzen Ratten waren und blieben unsichtbar. Die grauen suchten nun den Weg nach dem dritten Stockwerk mit dem großen Festsaal des Schloßherrn, der ebenso kahl und leer war wie alle andern Gemächer des alten Hauses, und sie drangen sogar bis hinauf ins alleroberste Stockwerk, das nur aus einem einzigen großen, öden Raum bestand. Der einzige Ort, an den sie nicht dachten und den sie nicht untersuchten, war das große Storchennest auf dem Dache, wo gerade in diesem Augenblick die Eulenfrau Akka weckte und ihr mitteilte, daß die Turmeule Flammea ihrem Wunsche willfahrt habe und ihr das Erbetene schicke.

Nachdem die grauen Ratten also gewissenhaft die ganze Burg durchsucht hatten, fühlten sie sich beruhigt. Sie nahmen an, daß die schwarzen Ratten davongezogen seien, ohne an Widerstand zu denken, und frohen Herzens hüpften sie auf die Kornhaufen hinauf.

Aber kaum hatten sie die ersten Weizenkörner verzehrt, als da unten im Hof vor der Burg der weiche Ton einer kleinen, scharfen Pfeife ertönte. Die Ratten hoben die Köpfe aus dem Korn, lauschten unruhig, sprangen ein paar Schritte vor, als wollten sie die Haufen verlassen, kehrten aber wieder um und begannen aufs neue zu fressen.

Wieder erklang die Pfeife mit scharfem, durchdringendem Ton. Und jetzt geschah etwas Merkwürdiges. Eine Ratte, zwei Ratten, ja ein ganzer Trupp ließen die Körner los, sprangen aus den Kornhaufen heraus und liefen auf dem kürzesten Weg, so schnell sie konnten, in den Keller hinunter, um aus dem Hause hinauszukommen. Es waren jedoch noch viele graue Ratten zurückgeblieben. Diese dachten an die Mühe, die es sie gekostet hatte, Glimmingehaus zu erobern, und sie wollten es nicht wieder verlassen. Aber die Pfeifentöne nötigten sie noch einmal, und da mußten sie ihnen folgen. In wilder Eile stürzten auch sie aus den Kornhaufen heraus, rannten durch die engen Löcher in den Mauern und purzelten in ihrem Eifer, hinunterzukommen, übereinander.

Mitten auf dem Hofe stand ein kleiner Knirps, der auf einer Pfeife blies. Rund um sich her hatte er schon einen ganzen Kreis von Ratten, die ihm entzückt und hingerissen zuhörten, und mit jedem Augenblick strömten neue herbei. Sobald er die Pfeife nur eine Sekunde lang verstummen ließ, sah es aus, als ob die Ratten Lust hätten, sich auf ihn zu werfen und ihn totzubeißen, aber sobald er blies, waren sie unter seiner Macht.

Als der Knirps alle grauen Ratten aus Glimmingehaus herausgepfiffen hatte, begann er langsam zum Hofe hinaus und auf die Landstraße zu wandern; und alle grauen Ratten folgten ihm, weil ihnen die Pfeifentöne so süß in den Ohren klangen, daß sie nicht widerstehen konnten.

Der Junge ging vor ihnen her und blies so lange, wie die Sterne am Himmel strahlten, und die ganze Zeit liefen die Ratten hinter ihm her. Er blies beim Morgengrauen, er blies beim Sonnenaufgang, und noch immer folgte ihm die ganze Rattenschar und wurde weiter und immer weiter von den großen Kornböden auf Glimmingehaus weggelockt.[16]

---

[16] Selma Lagerlöf, Wunderbare Reise des kleinen Nils Holgersson mit den Wildgänsen (Anm. 14), S. 52-55.

Die Ausgelieferten

Der Weg von Glimmingehus und Simrishamn die Küste entlang über Åhus streift unweit von Kristianstad einen Ort schwedischer Nachkriegsgeschichte, der in der Erinnerung lastet. Auf der Ebene von Rinkaby, am Ostrand des Städtchens, liegt die Gemeinde Gälltofta, ein kleines Dorf, eine Zusammenballung von Häusern nur:

Die Baracken lagen am Rand des Dorfes; von dort hatte man freien Blick über die Ebene. Wenn Schnee fiel, war die Ebene ein weißer Ozean; soweit man sehen konnte, gab es keinen Wald, keine menschliche Behausung: im Norden erstreckte sich die nordost-skånische Ebene - wie es schien - in alle Unendlichkeit, im Süden waren die Häuser des Dorfes durch Tannen und Knicks vor Einsicht geschützt, und im Südwesten setzte sich die Ebene fort, nur am Horizont war ein dünner Waldrand zu erkennen. Wenn Schnee fiel, wurde alles weiß, aber in jenem Winter blieb der Schnee nie lange liegen, es regnete bald wieder, und der Schnee schmolz. Es fiel noch mehr Regen, die Ebene wurde zu einem schlammigen Acker mit allmählich wegtauenden weißen Rändern unter dem gleichmäßig grauen schwedischen Himmel, der sich über Häusern, Baracken und Stacheldrahtzäunen wölbte. Die Baracken, in einem Rechteck angeordnet, lagen dicht nebeneinander. Das Areal war 120 Schritt lang und 40 Schritt breit. Nach und nach, als es dauernd geregnet hatte, wurde der freie Platz zwischen den Baracken zu einem schlammigen Pfützenmeer.[17]

Hier im Lager von Gälltofta sammelte die schwedische Regierung zu Ende des Jahres 1945 jene 167 in deutschen Uniformen aus Danzig und Kurland geflohenen lettischen und estnischen Soldaten, deren Auslieferung an die Sowjetunion heftig umstritten, doch nun - gestützt auf die Bedingungen der deutschen Kapitulation - beschlossene Sache war. Per Olof Enquist hat die Ereignisse recherchiert und sie in einer Art dokumentarischem Roman erzählt, erzählt aus der Sicht eines politisch engagierten Schweden, der sich verpflichtet fühlt zu berichten, was auch in seinem Lande möglich war - die anfangs freundliche, fürsorgliche Aufnahme der Flüchtlinge, ihre Verlegung von Lager zu Lager, ihren Zwiespalt zwischen Emigration und Heimkehr, ihre Einschließung und seelische Belastung, das Scheitern ihrer Hoffnungen, nicht ausgeliefert zu werden, die Selbsttötungen und Selbstmordversuche und schließlich ihre Deportation am Kai von

---

[17] Per Olov Enquist, Die Ausgelieferten. Roman. Aus dem Schwedischen von Hans-Joachim Maass. Hamburg: Hoffmann & Campe, 1969, S. 337 (erste, schwedische Ausgabe „Legionärerna. En roman om baltutlämningen" [Die Legionäre. Ein Roman über die Auslieferung der Balten] 1968). Vgl. Hans Schottmann, Autor und Authentizität. Zu Per Olof Enquists *Legionärerna*. In: Fritz Paul (Hg.), Akten der Vierten Arbeitstagung der Skandinavisten des deutschen Sprachgebiets 1. bis 5. Oktober 1979 in Bochum. Hattingen: Scandica, 1981, S. 125-150.

Malmö. Das Lager von Gälltofta erlebt den vorletzten Akt im Drama um die „Legionäre":

Vor der Offiziersbaracke, in der sich manchmal auch das Wachpersonal aufhielt, war ein kleines Geviert mit Kopfsteinen belegt; dorthin gingen sie oft, um den Schmutz von ihren Schuhen abzuklopfen, und nach kurzer Zeit sah dieses kleine gepflasterte Stück genauso aus wie der übrige Platz. Das ganze Lager schien eng zusammengedrückt zu sein, die Internierten hatten keinen Auslauf, und sie klagten auch oft darüber, daß es zuwenig Waschbecken und Toiletten gebe. Im Lauf der Zeit hatten diejenigen, die noch Kraft oder Lust zum Spazierengehen hatten, am Rande des Stacheldrahtzauns einen kleinen Pfad geschaffen, einen schmalen Strang, der bald wie ein Schlammgraben aussah. Sie standen oft am Zaun und sahen über die Ebene hin: weit, weit weg sahen sie kleine Häuser, nach Anbruch der Dunkelheit drang schwacher Lichtschein zu ihnen herüber, Licht aus hellen Fenstern, aus Heimen in Schweden. Dann wurden die Scheinwerfer eingeschaltet, die den Stacheldraht beleuchteten, und hinter der Lichtrampe der Scheinwerfer konnten sie nur noch die Dunkelheit sehen.

Dorthin kamen sie, einer nach dem anderen. Dort versammelte man alle Balten, die man vorher auf Krankenhäuser in ganz Schweden verteilt hatte. Sie kamen im Dezember, feierten hier Weihnachten. Sie kamen im Januar, sie kamen sogar noch wenige Tage vor der Auslieferung. Es war fast immer windig, es war nach dem Hungerstreik und vor der Auslieferung, es war in dem gleichmäßig grauen Limbo[18], wohin man sie brachte, nachdem sie so lange im Rampenlicht gestanden hatten. Jetzt schien sich niemand mehr an sie zu erinnern. Es gab keine Demonstrationen mehr, die Kontakte mit der Umwelt waren völlig abgeschnitten, Journalisten durften sie nicht mehr besuchen, ihre Führer hatte man isoliert: dies war die lange graue Zeit mitten auf der Ebene von Skåne, als sie nichts mehr tun konnten und jeder sie vergessen hatte.

[...]

Es gab nichts, absolut nichts zu tun. Sie konnten nur noch warten. „Hier ist es schrecklich langweilig und entsetzlich", schrieb er, „aber ich habe jetzt gelernt, wie man Patiencen legt, und damit beschäftige ich mich den ganzen Tag. Etwas anderes kann man hier nicht tun. Gailitis ist jetzt auch hierhergekommen. Er ist aber nicht mehr derselbe wie vorher, er ist völlig am Ende, ein gebrochener Mann. Der Doktor ist noch nicht hier, wahrscheinlich liegt er noch im Krankenhaus. Es heißt, daß er seinen Hungerstreik einen ganzen Monat durchgehalten hat."
Er hieß Olgerts Abrams und war erst siebzehn, und für ihn hatte die Zeit in Schweden an Positivem nur dies gebracht: daß er gelernt hatte, Patiencen zu legen. „Besuche bekommen wir nicht", schrieb ein anderer, „von Zeit zu Zeit läßt sich nur irgendein Priester sehen. Sie rennen aber nicht mehr so fleißig herum wie damals im November, als sie ständig ihre Klagelieder anstimmten, als wären sie bezahlte Klageweiber. Wir hören uns zwar an, was sie uns sagen, kümmern uns aber nicht mehr um dieses ewige Jammern über unser Schicksal." In den Briefen anderer klingt jedoch eine andere Auffassung durch. „Die Verhältnisse hier erinnern mich an

---

[18] *Limbo* Raum des Vergessens, Vorraum zur Hölle - oder zum Himmel

ein Stück von Gorkij. Es ist nicht wahr, daß unsere Priester uns hysterisch gemacht haben, das sind wir schon aus anderen Gründen geworden. In den Krankenhäusern war die Stimmung etwas besser - aber nicht, weil wir dort keine Priester zu sehen bekamen, sondern weil wir Menschen begegneten und menschlich behandelt wurden. Jetzt sind wir leider wieder in der gleichen Lage wie vorher, und die Hysterie ist noch größer als im November." Von den Wachsoldaten hatte aber keiner den Eindruck, die Balten wären hysterisch: der einzige bleibende Eindruck war der einer mahlenden Traurigkeit, einer absolut vernichtenden, gleichmäßigen Hoffnungslosigkeit ohne dramatische Höhepunkte und schwarze Abgründe, einer Hoffnungslosigkeit, die wie eine unendliche Ebene war, eine Ebene voller Regen und geschmolzenem Schnee, voller Schlamm, eine Ebene ohne Bäume oder Berge.- Gälltofta, der Winter 1945/46, das baltische Internierungslager in dem grauen Limbo.

„Ich liege auf der Pritsche, die früher einem Deutschen gehörte, der sich inzwischen aufgehängt hat, und das ist recht aufmunternd", schrieb er. „Im übrigen haben wir jede Hoffnung aufgegeben. Jeder scheint uns vergessen zu haben. Jetzt noch zu hungern wäre zwecklos, sie liefern uns sowieso aus. Du wirst kaum verstehen, wie uns zumute ist, und damit möchte ich schließen. Lebwohl." [19]

Am 25. Januar 1946 werden die Internierten mit dem Frachter „Beloostrov" in die Sowjetunion geschafft. Als Enquist in den sechziger Jahren Gälltofta aufsucht, stehen die Baracken noch, auf dem freien Platz wächst Gras:

Im Sommer ist die Ebene ein Meer aus Gras, der Himmel ist unendlich, die Luft lieblich und frisch. Das Geviert mit dem Kopfsteinpflaster ist noch da, ebenso die Pritschen, die Inschriften, das Gras, das zwischen den Brückenplanken hervorlugt. Der ausgetretene Pfad am Zaun ist verschwunden, aber der Zaun ist noch da. Im Sommer, an einem Nachmittag im Juni, ist Gälltofta schön; am Rand des Dorfs, unter den Bäumen, neben der Ebene, einem Meer aus Gras. „Da drüben waren sie, und wir durften nie hin." „Man konnte sie nur aus der Ferne sehen." Man kann den Ort aber genau bezeichnen, die Baracken und die Umzäunung sind noch da, auch wenn die Gefühle längst verwässert und verschwunden und die Hoffnungslosigkeit und die Verzweiflung Geschichte geworden sind - wenn man das überhaupt sagen kann. [20]

Enquists erster Roman wird zum gefeierten Werk der Dokumentarliteratur. Bei allem Elend, das Enquist aufschreibt, sucht er Verständnis für das Handeln der Regierung - und lehrt Mißtrauen. Enquist bleibt Aufklärer auch in seinem späteren Werk - mit der Gründlichkeit und dem Eifer des Pietismus seiner Kindheit in Schwedens Norden.

---

[19] Per Olov Enquist, Die Ausgelieferten (Anm. 17), S. 337-339.
[20] Per Olov Enquist, Die Ausgelieferten (Anm. 17), S. 341. - Enquists Erzählung „Der Mann im Boot" siehe S. 155-159.

Rosenbom

Die Landeskunde der Lagerlöf im Kopf und Nils den Däumling auf dem Rücken zieht die Schar der Gänse weiter nach Blekinge, Schwedens südöstlicher Küstenprovinz. Karlskrona ist Hauptort von Blekinge, von Karl XI. gegen Ausgang des 17. Jahrhunderts großartig barock als Kriegshafen begründet, hundert Jahre später abgebrannt und klassizistisch neu erbaut. Vom Bryggareberget im Norden, dem Brauerhügel, geht der Blick auf die zweieinhalb Dutzend Felseninseln, über die Karlskrona sich streckt. Auf dem höchsten Punkt der Altstadtinsel inmitten des Stortorget steht seit gut hundert Jahren und stolz Karl XI. Doch vor der Admiralitätskirche gleich neben den Arsenalen, die in ihrem dunkelrot bemalten Holz den Brand der barocken Stadt überstand, posiert ein Original bunt lackiert und weitaus beliebter als der König droben. Das ist der alte Rosenbom, die Kopie vor der Tür, das Urbild drinnen. Lüpft der Besucher Rosenboms Hut, entpuppt der Alte sich als Armenbüchse.

Vom Rücken seines Gänserichs blickt Nils Holgersson auf Karlskronas Türme und Festungswerke. Auf den Dächern des Doms lassen die Gänse sich nieder. Über Blitzableiter und Rinnen rutscht Nils auf den Marktplatz hinab:

Als er auf dem Markt von Karlskrona stand und die Deutsche Kirche und das Rathaus und den Dom sah, von dem er gerade heruntergekommen war, wünschte er sich unwillkürlich zu den Gänsen droben auf dem Kirchturm zurück. Zum Glück war der Marktplatz ganz leer. Kein Mensch war zu sehen, wenn man nicht etwa ein Standbild, das auf einem hohen Sockel stand, für einen solchen rechnen wollte. Der Junge betrachtete das Standbild lange und hätte gerne gewußt, wer dieser große Mann in Dreispitz, langem Rock, Kniehosen und groben Schuhen sei. Er hielt einen langen Stock in der Hand und sah aus, als mache er auch Gebrauch davon, denn er hatte ein furchtbar strenges Gesicht mit einer großen Habichtsnase und einem häßlichen Mund.

„Was hat denn dieser Lippenfritze hier zu tun?" sagte der Junge schließlich. Noch nie hatte er sich so klein und ärmlich gefühlt wie an diesem Abend. Er versuchte sich aufzuraffen, indem er etwas Keckes sagte. Dann dachte er nicht mehr an das Standbild, sondern bog in eine breite Straße ein, die zum Meer hinunterführte.

Aber er war noch nicht lange gegangen, als er hörte, daß jemand hinter ihm herging. Vom Markt her kam jemand, der mit schweren Füßen auf das Pflaster stampfte und seinen Stock auf den Boden aufstieß. Es klang fast, als hätte der große Mann aus Bronze, der drüben auf dem Markte stand, sich auf den Weg gemacht.

Der Junge horchte auf die Schritte, während er die Straße hinunterlief, und immer deutlicher erkannte er, daß es der Mann aus Bronze sein mußte. Die Erde bebte, und die Häuser zitterten, sicherlich konnte niemand anders so gehen; und der Junge erschrak, als ihm einfiel, was er vorhin über ihn gesagt hatte. Er wagte nicht einmal den Kopf zu drehen, um nachzusehen, ob er es wirklich sei.

,Er geht vielleicht nur zu seinem eignen Vergnügen spazieren', dachte der Junge weiter. ,Wegen der paar Worte, die ich über ihn gesagt habe, kann er doch unmöglich böse auf mich sein. Es war ja gar nicht schlimm gemeint.'

Anstatt nun geradeaus zu gehen, um womöglich an die Werft zu gelangen, bog der Junge in eine nach Osten führende Straße ein. Er wollte dem, der hinter ihm herkam, um jeden Preis ausweichen.

Aber gleich darauf hörte er den Bronzenen auch in diese Straße einbiegen. Da erschrak der Junge so sehr, daß er einfach nicht wußte, was er tun sollte. Und wie schwer ist es, einen Schlupfwinkel zu finden in einer Stadt, wo alle Türen fest verschlossen sind! Da sah er zu seiner Rechten eine alte, aus Holz gebaute Kirche, die etwas abseits von der Straße an einer großen Anlage stand. Er bedachte sich nicht einen Augenblick, sondern stürzte auf die Kirche zu. ,Wenn ich nur hineinkomme, werde ich wohl vor allem Übel beschützt sein!' meinte er.

Während er dahinstürmte, sah er plötzlich einen Mann auf einem Sandweg stehen, der ihm winkte. ,Das ist gewiß jemand, der mir helfen will', dachte der Junge; es wurde ihm ganz leicht ums Herz, und er eilte auf den Mann zu. Er hatte wirklich Herzklopfen vor lauter Angst.

Aber als er bei dem Mann angekommen war, der am Rande des Weges auf einem kleinen Schemel stand, stutzte er sehr. ,Der kann mir doch nicht gewinkt haben', dachte er; denn jetzt sah er, daß der ganze Mann aus Holz war. Er blieb vor dem Mann stehen und betrachtete ihn. Es war ein grobgeschnittener Kerl mit kurzen Beinen, breitem, rotem Gesicht, glänzendem schwarzen Haar und einem schwarzen Vollbart. Er hatte einen schwarzen hölzernen Hut auf dem Kopf, auf dem Leib einen braunen hölzernen Rock, um die Mitte eine schwarze hölzerne Schärpe, an den Beinen weite, graue hölzerne Hosen und Strümpfe und an den Füßen schwarze Holzschuhe. Er war überdies frisch gestrichen und gefirnißt, so daß er im Mondschein glänzte und gleißte; und das war es wohl auch, was ihm ein so gutmütiges Aussehen gab, daß der Junge sogleich Vertrauen zu ihm faßte.

Neben dem Mann auf dem Wege stand eine Holztafel, und auf dieser las der Junge:

> *„Ich bitt' euch ganz demütiglich,*
> *Kann sprechen zwar nicht gut,*
> *Kommt, gebt ein Scherflein her für mich*
> *Und legt's in meinen Hut!"*

Ach freilich, der Mann war eine Armenbüchse! Der Junge war ganz verdutzt. Er hatte geglaubt, etwas ganz besonders Merkwürdiges vor sich zu haben. Und jetzt erinnerte er sich auch, daß der Großvater von diesem hölzernen Manne gesprochen und gesagt hatte, alle Kinder von Karlskrona hätten ihn sehr gern. Und das mußte wohl wahr sein, denn auch dem Jungen fiel es schwer, sich von dem hölzernen Manne zu trennen. Er hatte etwas so Altmodisches, man konnte ihn für hundert Jahre alt halten, und zugleich sah er doch stark und stolz und lebenslustig aus, gerade wie die Leute in alten Zeiten gewesen sein mußten.

Es machte dem Jungen soviel Vergnügen, den hölzernen Mann anzusehen, daß er den andern, vor dem er geflohen war, ganz vergaß. Aber jetzt hörte er ihn wieder. O weh! Auch er verließ die Straße und kam in den Kirchhof herein. Er ging ihm auch hierher nach! Wohin sollte der Junge nun flüchten?

Gerade in diesem Augenblick sah er, daß der Hölzerne sich verbeugte und seine breite hölzerne Hand ausstreckte. Man konnte ihm unmöglich etwas Böses zutrauen, und mit einem Satz stand ihm der Junge auf der Hand. Und der Hölzerne hob ihn zu seinem Hut empor und steckte ihn darunter.

Kaum war der Junge versteckt, kaum hatte der Hölzerne den Arm wieder an seinen richtigen Platz getan, als der Bronzene auch schon vor ihm stand und mit seinem Stock so gewaltig auf den Boden stieß, daß der Hölzerne auf seinem Schemel erzitterte. Hierauf sagte der Bronzene mit lauter metallener Stimme: „Wer ist Er?"

Der Arm des Hölzernen fuhr hinauf, daß es in dem alten Holzwerk knackte, er legte die Hand an den Hutrand und antwortete: „Rosenbom, mit Verlaub, Eure Majestät, früher Oberbootsmann auf dem Linienschiff Dristigheten, nach beendigtem Kriegsdienst Kirchenwächter bei der Admiralskirche, schließlich in Holz geschnitzt und als Armenbüchse auf dem Kirchhof aufgestellt."

Däumling fuhr zusammen, als er den Hölzernen „Eure Majestät" sagen hörte. Denn wenn er jetzt darüber nachdachte, so fiel ihm allerdings ein, daß das Standbild auf dem Markt den vorstellen mußte, der die Stadt gegründet hatte. Es war also kein Geringerer als Karl XI. selbst, mit dem er zusammengetroffen war.

„Er versteht es, Auskunft über sich zu geben. Kann Er mir nun auch sagen, ob Er nicht einen kleinen Jungen gesehen hat, der heute nacht in der Stadt herumstrolchte? Es ist ein naseweiser Wicht, und wenn ich ihn fasse, werde ich ihn Mores lehren." Damit stieß er seinen Stock noch einmal auf den Boden und sah schrecklich grimmig drein.

„Mit Verlaub, Eure Majestät, ich hab' ihn gesehen", sagte der Hölzerne, und der Junge, der unter dem Hut zusammengekauert saß und durch eine Ritze im Holz den Bronzenen sehen konnte, begann vor Angst heftig zu zittern. Aber er beruhigte sich wieder, als der Hölzerne fortfuhr: „Eure Majestät ist auf falscher Fährte. Der Junge wollte gewiß auf die Werft, um sich dort zu verstecken."

„Meint Er das, Rosenbom? Nun, dann bleib Er nicht länger auf seinem Schemel stehen, sondern komm Er mit mir und helf Er mir, den kleinen Kerl zu suchen. Vier Augen sehen besser als zwei, Rosenbom."[21]

Der König und Rosenbom spazieren durchs Arsenal - bis sie vor lauter Gloria den vorwitzigen Däumling vergessen. Der erwacht auf dem Dom von Karlskrona, und fort geht die wunderbare Reise der Lagerlöf.

---

[21] Selma Lagerlöf, Wunderbare Reise des kleinen Nils Holgersson mit den Wildgänsen (Anm. 14), S. 78-80.

Nesseln die blühen

Den Gütern Schonens folgt in Blekinge Bauernland. Die Äcker liegen zwischen Eichen- und Buchengehölzen, Haselhainen und Eschen. Fichtenstreifen weisen nach Norden. Gürtel von Birken geraten dazwischen, Heideflecken.

Blekinge hat so viele Herren gehabt, Heruler, Wenden, Dänen, Schweden, daß es kaum noch weiß, wem es gehören soll. Alle seine Katen, „Schränke" genannt, haben ein blekingisches Gärtchen vor sich, Buketts von Salbei, Lavendel, Ysop, Minze und blutroten Amaranten, die wie Hahnenkämme leuchten oder wie Federbüsche von Rittern. Die Türen der Katen sind schmal wie der Katechismus. Zieht wer in die Welt hinaus und wird dick, kann er nicht wieder hinein:

Für eine Kate nebst Gärtchen wurden zwischen sechs und fünfzehn Tagewerke im Jahr abgeleistet, je nach Umfang des Gärtchens. Oben auf dem Dach eines jeden „Schrankes" wuchsen Gras und Gänsefuß, wenn drinnen im Haus Liederlichkeit oder Kummer herrschten. Sonst Dachwurz. „Ewiges Leben" hieß dieser Lauch. Man konnte dort, wo sie an der Dachtraufe wuchs, bequem unten auf der Erde stehen und an der Pflanze herumfingern, so niedrig waren die „Schränke". Söhne, die erkennen ließen, daß sie in die Höhe schossen, konnten auf die Dauer nicht in ihnen leben. Da würden sie mit der Zeit mit dem Kopf durch den Dachrasen stoßen, hinauf zum „Ewigen Leben". Die meisten hatten es jedoch vorgezogen, durch die Katechismustür hinauszugehen, um sich, nachdem sie noch einmal an den Blumen gerochen, nach Pommern oder Minnesota durchzuschlagen. Allerdings gab es Ausnahmen. Einige gingen zur Flotte, andere zu den Malmöer Husaren, zu den Ystader Dragonern oder zu den wendischen Kanonen. Das Letztgenannte lag ihnen nicht nur räumlich am nächsten, es stand auch ihrer Wesensart am nächsten. Sie waren alle von dem alltagsträgen und sonntagsfrohen, frivolen, abergläubischen und sprichwörterkundigen wendischen Stamm, fein und hellhörig, solange sie in bester Form Wenden waren, aber grob und bösartig im Verfall.[22]

Harry Martinson wird 1904 - im Jahr, in dem Rilke nach Borgeby reist - in Jämshög am Westrand von Blekinge geboren, auf halbem Wege von der Küste zu den Wäldern von Småland. In Jämshög bringt der Vater Martin Olofsson sein Kapital durch, das er in der Ferne erworben hat, und stirbt - der Junge ist sechs - in Krankheit und Trunk. Die Mutter Bengta Svensdotter läßt ihre Kinder im Stich und flieht nach Kalifornien. Der elternlose Martinson wird zum Gemeindebalg. Wer am wenigsten verlangt, erhält den Zuschlag, die Waise auf Gemeindekosten ein Jahr lang zu nehmen und zu nutzen. Beispiele finden sich Ort auf Ort in Kirchenbüchern und Armenprotokollen.

---

[22] Harry Martinson, Die Nesseln blühen. Aus dem Schwedischen von Klaus Möllmann. Rostock: Hinstorff, 1967, S. 182 (erste, schwedische Ausgabe „Nässlorna blomma" 1935). Vgl. Sonja Erfurth, Harry Martinsons barndomsvärld. Stockholm: Bonniers, 1980.

Ein Kind mit Holzschuhen und Milchzähnen, im geblümten Bündel Strümp-fe, Halstuch, Taschentücher und Seife, klopft der kleine Martin Tomasson bei den Pflegeeltern an. Berta, eine Pflegetochter älteren Rechts, läßt ihn ein:

„Mein Vater ist tot, und meine Mutter ist in Karlifonien", sagte Martin. Das war sein Schlimmstes - man hatte ihm eingeredet, daß das sein Schlimmstes sei; darum sagte er es jetzt.

Doch Berta legte ihm die Hand auf die Schulter und sagte: „Wir wissen alles über deinen Vater und deine Mutter; aber du brauchst hier in Vilnäs keine Angst zu haben. Mich haben sie ein einzigesmal gehauen, und jetzt bin ich Kind im Haus."

Inzwischen waren sie an der Tür angelangt. Berta öffnete. Sie stellten ihre Holzschuhe ab und gingen hinein.

„Hier ist Martin!" rief Berta und schob ihn vor sich her. Sie war keß und stolz, so als hätte sie ihn an einer Quelle gefunden.

„Willkommen!" sagten der Pflegevater wie auch die Pflegemutter drinnen.

„Das ist die Hausmutter - Hanna", sagte Berta und zeigte auf die Frau, die dastand und lächelte, ohne Zähne, die Hände auf dem Bauch. Ihre Hände waren knochig und voller Adern. Sie hatte schütteres schwarzes Haar, das fadenscheinigem Roßhaar ähnelte. Mitten hindurch zog sich ein grauschuppiger Scheitel. Die Nase war groß und hatte beträchtlichen Anteil auch am Schädelgebein. Die Augen hatten gerade die richtige Größe, doch jenes träumerisch Gewölbte, das aus dem Innern kommt und eben da auf die Augen drückt, wo der Stiel des Auges in die Seele führt, fehlte ihnen völlig. Das Auge wird dadurch zu einem Träumerauge, dem das Messer des Chirurgen niemals abhelfen und das des Japaners Bajonett niemals töten kann. Sie hatte keine solchen Augen. Ihre Schwermut lag im Innern des Herzens und trat an den Händen hervor, die sie über ihren Nabel hielt, der unter altem Zeug verborgen war. Eine gestreifte Schürze fiel von ihrer Obertaille herab und schraffierte ihren rockbewehrten Leib mit einem abwärtsgleitenden Jauchzen von bäurisch flammender Farbe. Sie schwankte wie zu einer Verbeugung und lächelte Martin zu. „Und das ist der Hausvater - Sven", sagte Berta.

Martin stand noch immer vor Berta - ganz wie ihr kleiner Junge -, ihre Hände auf seinen Schultern. Sven lächelte und streckte seine Hand hin. Die war trocken wie Wolle und Backstein, und warm war sie. Sie hatte dicke, breite Finger. Auch Hanna reichte ihm die Hand hin. Ihre Hand schwitzte von einer alten Angst. Die Nägel leuchteten wie das Weiße im Auge.

„Willkommen bei uns! Setz dich hier aufs Sofa!"

Er ging ein Stück über die Flickenteppiche, die sich wie eine Verlängerung von Hannas Schürze ausnahmen: ihre königliche Schleppe. Und er setzte sich auf das Sofa. Dort saß er dann in der Mitte in seiner ganzen Kleinheit, und die drei standen davor und sahen ihn da kauern.

„Du wirst dich bald an uns gewöhnt haben", sagte Hanna. „Da auf dem Sofa kannst du auch liegen."

Während sie so dastanden, probierten sie gewissermaßen aus, wie er sich auf dem Sofa ausnehme. Dann trat Sven heran und setzte sich ebenfalls dorthin. Er ließ sich gemächlich und behutsam nieder; sein Gesäß wollte freundlich und still Platz nehmen, gleichsam um keine Furcht einzuflößen.

„Du bist mir ja ein richtiger Knirps", sagte er und sah Martin mit einem breiten Lächeln an. Er strich sich mit den Händen den großen, schwarzen Schnurrbart und lächelte noch einmal.

Martin hockte steif da. Auch er lächelte, aber er lächelte aus Furcht. Im Kopf und Magen saß ihm solche Angst. Würde er nun sterben müssen? Im Innern des Magens schlug seine Kirchenglocke. Es galt zu lächeln und ganz still zu sitzen. Wenn er doch fünfundzwanzig Öre gehabt hätte! Sven war vielleicht ein Landstreicher, der in die Wälder gekommen war und Berta und Hanna gefangen hatte!

Der Schnurrbart bewegte sich. Sven lächelte abermals. Dann legte er sacht seine Hand auf Martins Schulter. Der Junge wollte aufschreien, hielt seinen Schrei jedoch zurück. Er wagte es nicht, Furcht zu haben. Die Angst schnitt ihm den Schrei ab, würgte ihn zum Schweigen. So saß er in stummem Schrecken da und lächelte dem Bauern zu. Sven zog halb seufzend, halb lächelnd seine Hand weg. Er wirkte verwirrt und verwundert. Hanna kam einige Schritte näher, vorsichtig, als fürchte sie, es könnte Martin bei der geringsten Bewegung, dem kleinsten Luftzug noch ein Schrei gleich einem Milchschluckauf entfahren. Sie nahm ihre Hände vom Bauch. Die Schürze ähnelte einem Hügel. Die Familie befand sich in kleinen Umständen, Hanna in großen.

Berta trat herzu und stellte sich dicht neben sie. Ein Doppelweib. Doch dazu kein Doppelmann. Nur ein wohlwollender, linkischer Bauer und ein verschüchtertes Bündel, das noch nicht einmal einen Jungen abgab.

Berta wurde von dem Schweigen ausersehen zu sprechen. Sie machte ein paar Schritte über den Flickenteppich, hob den einen ihrer dicken rotbraunen Zöpfe in die Höhe und wog ihn wie ein Verhandlungszeichen in der Hand. Martin blickte auf die Schweifung des Zopfes über der Hand und wurde gefesselt, heiter gestimmt, machte Stielaugen wie eine Katze. Berta drehte aus dem unteren Ende des Zopfes eine große Haarschnecke. Hielt sie auf der Handfläche wie ein Stück Gebäck aus Haar.

„Du, Martin", sagte sie. „Martin, du mußt keine Angst haben!"

Er gehorchte der Stimme. Sie war weich, besänftigend und zugleich gebieterisch; sie war wie das „Komm rein! Komm rein!" an der Zauntür. Berta hielt noch immer die Schnecke ihres Haares in der Hand.

„Wir sind nette Menschen", sagte sie. Und an der Stimme hörte Martin jetzt, daß sie nette Menschen waren. Er wagte die Hände zu bewegen und mit ihnen an dem Holzsofa zu fingern, wagte den Kopf zu drehen und einen Blick auf das Muster der Tapete zu werfen - drei Küken unter einer Palme -, und es streifte ihn der Gedanke, daß der Bauer nett sein könnte.

Auf einmal schlug er die Augen nieder und folgte mit dem Blick einer Fuge im Fußboden, bis sie den Flickenteppich traf. Da blickte er auf, und seine Augen waren nicht mehr angstvoll. Er sah sie alle drei an - und lachte.[23]

Glück, schreibt Martinson, verlange temperiertes Geschick. Der umherziehende Jahresgast lerne dies unter gerümpften Nasen, immer am unteren Ende, im Torf, in den Rüben, seine Herkunft vergoldend, allein, pubertär, mit offenen Augen sich durch die Härten träumend, die Sehnsucht stets im Wege, viele Sorten Sehnsucht, voran die nach dem Meer.

Martinson steigt auf vom Sprengelbalg über den Schiffsheizer zum Dichter und Nobelpreisträger. Erwachsen geworden findet er nichts, was er so gehaßt habe wie dieses Lächeln, dieses Grinsen, mit dem das Gemeindekind sich ein bißchen Gunst erschmeicheln will, ohnmächtiger Appell eine ganze Kindheit hindurch an die Leere und das Unverständnis:

Er wußte, daß das eine Krankheit war, nicht nur bei ihm, sondern bei den Menschen dort auf den Höfen. Ihre bodenlos sterile Selbstgefälligkeit mit der süßfreundlichen Vogelbeerattitüde nach außen hin, gegenüber dem Schwachen, der nicht wagte, seine Lebenswerte zu verteidigen, die Schmeichelei vor dem Starken und der Haß, der mit der Kälte in der Brust wuchs und schwoll, legten sich mit der Klaue der Fäulnis um das Herz, bis die Hand nach der Rute, dem Stock, dem Ausklopfer, dem Dolch, dem Schwert, der Handgranate, dem Mausergewehr griff und Sündenböcke suchte, Sündenböcke, Sündenböcke! Dann (als Erwachsener) haßte er den Haß selbst in ohnmächtiger Wut, aber alle Hasser lachten ihm ins Gesicht, und er nahm nur Schaden an seiner Verdauung.
Der Haß war so bestechend. Er verfügte stets über die schlagendsten Worte. Die isländischen Sagas, geladen von dem verborgenen Haß des Dichters, waren so herrlich. Als Gunnars Bogensehne zersprang, sagte er zu Hallgerd: „Nimm zwei Locken von deinem Haar und zwirne mit meiner Mutter mir eine Bogensehne." - „Steht für dich etwas auf dem Spiel?" fragte da Hallgerd. - „Mein Leben", antwortete Gunnar. - „Dann will ich mich wohl der Ohrfeige erinnern, die du mir gabst", sagte Hallgerd. - Eine Weile danach war Gunnar gefallen ...
Die Saga vom Haß war immer schön. Die Dramen des Hasses leuchteten mit unerreichbarem Glanz aus der Tiefe von Jahrtausenden. Weshalb?
Die Kultur war eine Haßkultur, und als eine Haßkultur würde sie sterben, stolz und gewaltig.[24]

---

[23] Harry Martinson, Die Nesseln blühen (Anm. 22), S. 53-56.
[24] Harry Martinson, Die Nesseln blühen (Anm. 22), S. 135f.

Kalmar

Im Nordosten von Karlskrona und schon in Småland liegt Kalmar am Sund gleichen Namens, Übergang zur Insel Öland. Von der Domkirche des Stifts Kalmar, deren Schönheit wenig ihresgleichen in Schweden hat, führt Carl Jonas Love Almquist in seiner Novelle „Die Kapelle", erschienen 1838, in eines der schönsten Kirchspiele im Schärengebiet von Södra Möre, auf halbem Wege von Karlskrona zwischen Bergkvara im Süden und Söderåkra im Norden. Ein soeben in Kalmars Dom geweihter Vikar soll in jenem Kirchspiel seine Antrittspredigt halten und wird statt dessen in die Kapelle eines der Fischerorte verschlagen, wo er sich der Ärmsten der Armen annimmt und mit der wundersamen Erhöhung des Fischers Jonas und seiner kinderreichen Familie belohnt wird.[25]

So wie Schonens Hauptort Lund den Grund legt für die kulturelle Gemeinschaft des Nordens, steht Kalmar, Ort der Union von 1397, für dessen politische Verbundenheit, einig gegen die wirtschaftliche und politische Bevormundung durch die Nachbarn im Norden Deutschlands.

Margarete I. ist Tochter des Dänenkönigs Waldemar Atterdag, jung verheiratet mit Håkon, dem Sohn des norwegisch-schwedischen Königs Magnus Eriksson und als Håkon VI. seit 1355 König Norwegens, und Mutter Olafs, der 1380 als Olaf IV. König von Dänemark und Norwegen wird und deren Einheit begründet, die bis 1814 dauert. Diese Margarete, erst Vormund, dann Nachfolgerin ihres verstorbenen Sohnes, läßt ihren jungen Großneffen Erik von Pommern in den drei nordischen Ländern zum König wählen: 1389 in Norwegen und Dänemark, 1396 auch in Schweden. Die Krönungsversammlung wird 1397 nach Kalmar berufen. Am 13. Juli 1397 gelobt der herrschende Adel Margarete und Erik lebenslange Treue. Margarete regiert als „mächtige Frau und rechter Hausherr" die drei Reiche bis zu ihrem Tode 1412. Die Kalmarer Union hält, solange Margarete die Rechte der drei Reiche achtet. Als Margaretes Nachfolger Erik diese Rechte antastet, gehen die Reiche erneut eigene Wege.

Kalmar der Ort präsentiert auf barockem Grundriß sein beeindruckend harmonisches Stadtbild zwei- und dreigeschossiger Bauten aus dem 18. und 19. Jahrhundert, versammelt um den Zentralbau des Doms. Allein Gamla Stan in Stockholm und die Altstadt des gotländischen Visby kommen Kalmar an Geschlossenheit gleich. Das Schloß vor den Toren der Stadt mit seinen wuchtigen Rundtürmen zeugt vom Erbe des großen Gustav I. Wasa.

---

[25] Carl Jonas Love Almquist, Die Kapelle. Aus dem Schwedischen von August Oberreuter. In: Aldo Keel (Hg.), Skandinavische Erzähler. Von „Thorstein Stangenhieb" bis Strindberg. Zürich: Manesse, 1998, S. 87-159 (erste, schwedische Ausgabe „Kapellet" 1838).

An der Landstraße von Karlskrona nordwärts markiert die Brücke übers Flüßchen Lyckeby å den jahrhundertealten Übergang vom dänischen Schonen und Blekinge ins schwedische Reich, Staatsgrenze bis ins Jahr 1658. Ein Stück nach Småland hinein biegt eine Nebenstraße linkerhand ins Städtchen Vissefjärda, ein Muster schwedischen Behagens: Hofgebäude im Falunrot zum Heimatmuseum versammelt; jenseits des Flusses an den See gereiht Glockenstapel, ein Findling für Smålands Bauernhelden Nils Dacke, die blitzsauber geputzte Kirche, Schuh bei Schuh säuberlich ins Vestibül gestellt; der Rasen ringsum mit dem Messer geschnitten, inmitten verwittert der Grabstein für „Vissefjärdas ersten Volksschullehrer", gestorben 1878. Der Friedhof ist gehegt und geharkt wie alle Gärten und Straßen der kleinen Stadt.

Harry Martinson bleibt außerhalb dieser Wirklichkeit. Sein Weg hinaus führt ihn über die Fabrik der Gibson in Jonsered - dort ist auch Rilke zu Gast - in Jahre der Wanderschaft mit dem Tippelbruder Bolle. Der träumt mit Martinson den Weg nach Glockenreich, in die Utopie einer Wohlfahrt für alle.[26]

---

[26] Zur Episode in Jonsered aus dem Fortsetzungsband „Der Weg hinaus" siehe S. 206-208, zum „Weg nach Glockenreich" S. 76-82.

II
Småland

Die Föhren und Fichten Smålands würgen die Hagebuchen, Linden, Eschen und Haseln Blekinges. Sie scheuchen das Geißblatt in den Laubfluren und die Sträucher um die Ödniskaten in die Flucht, vertreiben die Brombeerhecken von den Steinhaufen und die wilden Rosen. Dunkel wie Marder sind die Föhren und Fichten Smålands und hart nach ihrer Wanderung von Sibirien her. Nur wenige Flecken noch erinnern an die Buchenwälder Blekinges. Der Norden gehört den Föhren und Fichten. Und überall leuchten die Holzhäuser im Falunrot.

Die Auswanderer

Von Vissefjärda nordwestwärts Richtung Lessebo und Växjö erreicht die Straße über Långasjö und Åkerby den Kirchspielsort Ljuder. Seine Kirche ist wie allerorten das Wohnzimmer der Gemeinde; dazu der Friedhof, das Pfarrhaus, ein Kotten grasgedeckt, verlassen und samt allem drinnen und drum als Heimatmuseum bewahrt, ein paar Häuser, zwei oder drei Höfe.

Aus Ljuder wandert August Nikolaus Mård, Großvater Uwe Johnsons, um 1865 nach Mecklenburg aus, um sich dort eine Schiffspassage nach Australien zu verdienen. Mård bleibt in Mecklenburg und Pommern und wird sich Johnson nennen.[1]

Zu jener Zeit ist das Kirchspiel zwei Meilen lang und eine halbe Meile breit. Schwarzerde wechselt mit Heide und Sand. Ein paar Bäche hat es und vier kleine Seen, dazu dichte Kiefern- und Laubwälder, wo heute Weideland sich breitet. Ljuder hat um 1850 zweitausend Einwohner, dreimal so viel wie hundert Jahre zuvor. Von seinen zweihundertfünfzig Höfen sind zwei Drittel Achtelhufen[2] und kleiner. Vier Höfe zählen mehr als eine Hufe: die Rittergüter Kråksjö und Gåsamåla, der Pfarrhof von Ljuder und Hof Ålebäck, Amtssitz des Polizeikommissars. Jeder siebte Einwohner des Kirchspiels besitzt eine Blase zum Brennen von Schnaps, auch der Propst. So wenig bringt der Verkauf des Getreides, daß die Bauern vorziehen, ihr Korn zu brennen.

Zur von Gott verordneten Obrigkeit Ljuders gehören der Propst, der den Allmächtigen vertritt, der Polizeikommissar auf Ålebäck für die weltliche Ma-

---

[1] Bernd Neumann, Uwe Johnson. Hamburg: Europäische Verlagsanstalt, 1994, S. 7-12.
[2] Eine Hufe galt als Landmaß ausreichend für den bäuerlichen Lebensunterhalt einer Familie, in Deutschland etwa 10 ha. Die Sechzehntelhufe Korpamoen hätte danach 0,6 ha = anderthalb Morgen Land, nach der Schilderung Mobergs etwa 3,5 ha =14 Morgen.

jestät, der Leutnant und Ritter vom Gut Kråksjö, der den Adel repräsentiert, und der Kaufmann in Åkerby, Schöffe und Kirchenältester und, nächst dem Rittergutsleutnant, der reichste Mann im Kirchspiel.

Alle Einwohner sind der evangelisch-lutherischen Lehre verpflichtet. Der Pfarrer führt wie überall in Schweden das Einwohnerregister und sorgt für Grundkenntnisse im ABC, damit das Volk mit eigenen Augen sehe, was das heilige Wort gebietet. Die kirchliche Obrigkeit duldet keine Abweichung. Als zu Beginn des 19. Jahrhunderts eine Schar Eiferer um den Hüfner Åke Svensson in Östergöl nahe Ljuder zurück will zum apostolischen Christentum, sich von der Staatskirche sondert, ihr Eigentum zusammenwirft und alle Obrigkeit ablehnt, räumt die Staatskirche ohne Federlesens mit der Irrlehre auf. Ihr Oberhaupt Åke Svensson endet im Stockholmer Irrenhaus.

Die Bauern aus Ljuder stammen aus einem Geschlecht, das seit tausend Jahren und mehr den Boden von Småland bestellt. Ihre Höfe sind eine eigene Welt, sich selbst genug, niedrig und grau, unter Dächern aus Torf und Birkenrinde. In ihren vier Wänden aus grob behauenen Kiefernstämmen feiern sie Hochzeit, Taufe und Tod. Ihr Leben fließt ruhig im Ring der Jahreszeiten. Erst die neuen Kräfte des neunzehnten Jahrhunderts sprengen die hergebrachte Ordnung. Eine fremde Welt rückt näher. Der neue Erdteil im Westen verheißt Land und Freiheit und lockt die Kühnsten unter jenen fort, denen ihr Los in der Heimat unerträglich wird.

In seiner Romantetralogie von den Auswanderern, erschienen zwischen 1949 und 1959, erzählt Vilhelm Moberg, der selbst in der Nachbarschaft aufwächst, von den ersten der Bauern aus Ljuder, die hundert Jahre zuvor nach Amerika ziehen:
- von Karl Oskar Nilsson, Erstgeborener auf der Sechzehntelhufe Korpamoen bei Åkerby, siebenundzwanzig; er sucht ein Land, in dem er sich und den Seinen durch Arbeit helfen kann;
- von Kristina Johansdotter, fünfundzwanzig; sie geht mit ihrem Mann und ihren drei Kindern;
- von Robert Nilsson, siebzehn; er will keinen Dienstherrn mehr über sich;
- von Danjel Andreasson, Hüfner, sechsundvierzig; er tritt in die Nachfolge der Åkianer und will seinen Gott frei bekennen;
- von Inga-Lena, seiner Frau, vierzig, die ihrem Mann mit ihren vier Kindern ergeben folgt;
- von Arvid Pettersson, fünfundzwanzig und Knecht, der übler Nachrede entkommen will;

- von Ulrika, siebenunddreißig, ledig, einst den Männern zu Diensten und nun mit ihrer Tochter Elin gottesfürchtig in Danjels Gefolge;
- von Jonas Petter Albrektsson schließlich, Hüfner, achtundvierzig; er erträgt die Gesellschaft seiner Frau nicht mehr.

Diese sechzehn verlassen Ljuder als erste. Sie wissen nicht, daß ihnen ein Fünftel des schwedischen Volkes folgen wird. Von 1815 bis 1900 wächst Schwedens Bevölkerung von zwei auf fünf Millionen. Zugleich verlassen zwischen 1840 und 1900 über achthunderttausend Schweden ihre Heimat, um in Amerika und anderswo in Übersee mehr Ackerland zu bestellen, als im Königreich zu verteilen ist:

Im gleichen Jahr, in dem Oscar I. den Königsthron Schwedens und Norwegens bestieg, übernahm Karl Oskar Nilsson eine Sechzehntelhufe Korpamoen. (Der neue Bauer hatte schreiben gelernt und schrieb den „Son"-Namen in einem Wort.) Doch auch nach dem Thronwechsel trug er noch den Namen sowohl des Königs als auch des Kronprinzen von Schweden-Norwegen; die Namen waren nur umgestellt: Nun hieß der König Oscar und der Kronprinz hieß Karl.

Der Kaufpreis für Korpamoen mit Vieh und Gerätschaften war 1700 Reichstaler. Vom Kaufpreis ging die Hypothek ab, die 800 Reichstaler betrug. Außerdem behielten sich Nils und Märta bis zu ihrem Tode ein Altenteil beim Sohn vor: Wohnung in der Kammer, Winter- und Sommerfutter für eine Kuh und ein Schaf, einen Morgen Acker, den sie mit den Zugtieren des Eigentümers bestellen konnten, und jährlich drei Tonnen Getreide, zur Hälfte Roggen und zur Hälfte Gerste. In dem noch erhaltenen Kaufvertrag, der mit den Handzeichen von Nils und Märta, die nicht schreiben konnten, versehen ist, heißt es: „Das Altenteil beginnt am 1. Juli 1844, vereinbart bei gesundem Verstande und mit reiflicher Überlegung, so geschehen in Korpamoen in Gegenwart von Zeugen am 19. Juni dieses Jahres."

Die Erbteilung wurde vorgenommen und die Masse unter die Kinder verteilt, wobei jedes 210 Reichstaler und 24 Schilling erhielt. Robert und Lydia, beide noch unmündig, ließen ihre Anteile als Forderung an den Bruder auf dem Hof stehen.

Karl Oskar hatte nun, was er wollte. Und wie erging es ihm jetzt, als er von vorn anfing? In den sieben Jahren als Knecht hatte er von seinem Lohn 150 Reichstaler zusammengespart, seine Frau brachte als Mitgift 200 Reichstaler mit, und sein Erbanteil betrug 210 Reichstaler. Dieses Geld reichte jedoch nicht viel weiter als für ein Viertel der Kaufsumme für den Hof. Für die anderen drei Viertel hatte er eine Schuld, die verzinst werden mußte. Er mußte den Geschwistern Zinsen für ihre Erbanteile am Hof, er mußte jährlich 50 Reichstaler als Zinsen für die Hypothek bezahlen. Und die größte Schuld war das Altenteil für seine Eltern, ein großes Altenteil, das eine kleine Sechzehntelhufe schwer belastete. Es mußte jedoch so bemessen sein, daß der Vater und die Mutter davon leben konnten. Nils war erst 51 Jahre, Märta war 48; das Altenteil für sie war eine Schuld auf dem Hof, die er abbezahlen mußte, solange sie noch zu leben hatten.

Es war kaum ein Hof, den Karl Oskar übernommen hatte - es waren Schulden, die zu be-
zahlen und zu verzinsen waren. Schulden aber konnten durch Arbeit abgetragen werden, und
deshalb war er nicht besorgt; denn arbeiten konnte er.

So ging das Leben in Korpamoen weiter. Nils und Märta zogen in die kleine Giebelkam-
mer, in der sie den Rest des Lebens verbringen sollten. Kristina kam mit ihrer Mitgifttruhe auf
den Hof und trat an Märtas Stelle. Es war eine junge Bauersfrau, die jetzt einzog. Die
Brautdecke, die sie am ersten Abend über ihr Ehebett breitete, hatte sie jedoch selbst gesteppt.
Eine kornblumenblaue Decke, und Märta sagte, sie sei schön. Kristina war ganz stolz.

Karl Oskar war froh, daß seine Mutter und seine Frau gut miteinander auskamen. Sonst
hätten sie sich, wo sie so eng in dem kleinen Hause beieinander wohnten, viel Ärger bereiten
können. Im Altenteilvertrag stand, daß seine Mutter berechtigt sei, in der Küche zu kochen
und im Backofen zu backen. Hätten Märta und Kristina sich nicht vertragen, dann hätten sie
sich auf Schritt und Tritt das Leben schwer machen können.

Eines Tages aber wurde Kristina von der Schwiegermutter auf der Tenne beim Schaukeln
ertappt. Sie hatte sich die Schaukel heimlich an den Balken befestigt. Märta ließ es durchgehen
und sagte nichts. Kristina hatte noch immer etwas Kindliches und die Freude am Spiel noch
nicht verloren. Trotzdem war es eigenartig, daß sie noch Lust hatte, zu schaukeln, nachdem sie
einmal dabei gefallen war und sich so schwer am Knie verletzt hatte. Auch hätte sie wissen
müssen, daß sich dies ausgelassene Spiel für eine verheiratete Frau nicht schickte. Glücklicher-
weise hatte sie aber kein Außenstehender auf der Tenne schaukeln sehen, und so wurde dar-
über auch nicht in der Gegend getuschelt.[3]

Nach drei Jahren in Korpamoen haben Karl Oskar und Kristina einen erstge-
borenen Sohn. Von den nachgeborenen Zwillingen überlebt allein das Mädchen.
Eine Kuh weniger steht nun im Stall, dafür siebzig Reichstaler mehr Schuld im
Buch. Der junge Bauer sieht, daß der Mensch hier auf Erden sich mit Arbeit allein nicht helfen kann:

Hätte er nur ein Pferd gehabt, dann hätte er durch Fuhren etwas verdienen können. Eine
Sechzehntelhufe war aber zu klein, um ein Pferd zu ernähren, das den Winter über mehrere
Tonnen Hafer in sich hineinkaute. Er brauchte noch sechs Morgen Acker mehr, wenn er ein
Pferd halten wollte. Hier sollten sich nun Alte und Junge, seine Eltern, seine Frau und er sel-
ber, von vierzehn Morgen ernähren.

Er sah bald ein, daß er mehr Boden urbar machen mußte.

---

[3] Vilhelm Moberg, Der Roman von den Auswanderern. Eine schwedische Chronik. Band 1
Die Auswanderer. Aus dem Schwedischen von Dietrich Lutze. Hildesheim: Claassen, 1993,
S. 29-31 (Band 2 „In der neuen Welt" 1993, Band 3 „Die Siedler" 1994, Band 4 „Der letzte
Brief nach Schweden" 1995; erste deutsche Ausgaben der Bände 1 und 2 1954 und 1955; er-
ste, schwedische Ausgaben Band 1 „Utvandrarna" 1949, Band 2 „Invandrarna" 1952,
Band 3 „Nybyggarna" 1956, Band 4 „Sista brevet till Sverige" 1959).

Karl Oskar machte sich auf und untersuchte den unbebauten Boden in Korpamoen: Tannenwald und Felspartien, öde Heideflächen und Heidekraut und Kiefernwurzeln, versumpfte Niederungen mit Torfmoos und Moosbeeren, Wiesenland, von Grashöckern und kleinen Bodenerhebungen durchsetzt. Alles übrige waren Steine. Er nahm eine eiserne Stange und stieß sie hier und da in den Boden, und überall hörte man den gleichen Klang: Stein. Er ging durch Hain und Wiese, Wald und Heide, und es klang gegen die Eisenstange: Stein, Stein, Stein. Es war ein eintöniges Lied, ein betrübliches Lied für jeden, der mehr Acker urbar machen wollte: Stein!

Karl Oskar entdeckte auf seinem Besitztum nicht ein Ar, das sich beackern ließ. Sein Vater hatte getan, was möglich war: Aller Boden, der Acker werden konnte, war bereits Acker. Mehr als er jetzt zu pflügen und zu besäen hatte, sollte er niemals besitzen. Solange der Boden nicht gedehnt und weiträumiger werden konnte, als Gott ihn geschaffen hatte, gab es in Korpamoen nichts mehr urbar zu machen.

Da der junge Bauer die Schöpfung nicht da fortsetzen konnte, wo Gott aufgehört hatte, mußte er sich mit seinen vierzehn Morgen begnügen. Auch mit all den Steinen, die er überall sah, wohin er auf seinem Grund und Boden auch blickte: Steine im Boden, Steine in aufgeschichteten Haufen, Steine in Mauern, Steine über der Erde, Steine unter der Erde, Steine, Steine, Steine.

König Oscar hatte gerade die Reiche Schweden und Norwegen übernommen. Karl Oskar Nilsson war König in einem Reich der Steine.[4]

Die Sechzehntelhufe Korpamoen liegt ein Stück von Ljuder zurück über die Kreuzung in Åkerby Richtung Vissefjärda. In Bondeskog weist ein Schild auf den schmalen Fahrweg linkerhand. Nach zwanzig Minuten zu Fuß finden wir zur Rechten eine niedrige Kate wie üblich grasgedeckt, zwei Räume bescheidensolide, Scheune und Stall dichtbei, der Brunnen, nackter Fels auf Wiese und Acker, Wackersteine zu Grenzmauern geschichtet, ein Streifen Land in den Wald gerodet. Der Heimatverein des Kirchspiels hütet die Armut Korpamoens. Der Hof jenseits des Fahrwegs spricht vom Wohlstand der Gegenwart. Der Steine sind auch dort nicht weniger.

Als Ende der sechziger Jahre Mobergs „Auswanderer" verfilmt werden, reicht Korpamoen nicht aus. In Långasjö unweit der Straße nach Vissefjärda finden die Filmleute den Kätnerhof Klasatorpet, am Südende des Dorfes rechterhand in den Wald hinein. Klasatorpet ist eine Tagelöhnerkate, die dem Pfarrer des Kirchspiels gehörte. 1804 hat ein Per Klase sie aufgerichtet, samt einem Stall für zwei Kühe, Federvieh, Heu und Wagen, einem Schweinekoben, Acker, Wiese und dem Erdkeller für Kartoffeln und Gemüse. Eine Quelle liefert das Wasser für Mensch und Vieh. Spätere Jahrzehnte fügen den Brunnen, einen Kräutergarten, einen Trockenofen für Leinen und Flachs, ein Altenteil hinzu und eine

---

[4] Vilhelm Moberg, Die Auswanderer (Anm. 3), S. 33f.

Holzwerkstatt, die heute den Betreuern von Klasatorpet als Vereinslokal dient. Dies alles machen die Leute vom Film als Kulisse zurecht, eher Sonntag und Sommerhaus als Bitternis, die den Bauern von Korpamoen nach Amerika zwingt.

Karl Oskars jüngerer Bruder Robert hat sich als Kleinknecht verdungen. Auf seinem Hof gibt es den Bauern Aron und eine Bäuerin, eine Altbäuerin im Altenteil, drei Mägde in der Mägdekammer und zwei Knechte in der Stallkammer. Die beiden Knechte, Robert und der ältere Arvid Pettersson, wohnen Wand an Wand mit den Ständen der Pferde. Sie haben dort einen Klapptisch, je einen Schemel, je ein Bett, je ein Bündel Stroh im Bett und je eine Pferdedecke. In den Wänden und Betten wohnen die Wanzen und füllen die Löcher und Ritzen.

Robert hat beim Husaren Rinaldo, Wanderlehrer im Bezirk Åkerby, Lesen gelernt und Neugier auf die Welt. Er liest dem älteren Mitknecht Arvid aus der Naturlehre vor. Hunderte Salzheringe warten noch auf die beiden, bis sie zum Grund der Tonne vorgedrungen sind, die der Bauer vom Hafen in Karlshamn heranzufahren pflegt. Erst zur Weihnacht wird es eine Schüssel mit weißem und süßem Reisbrei geben. Und nun hören Robert und Arvid von den Reisernten aus Carolina in Nordamerika und vom Zuckerrohr, das dort angebaut wird!

Es gibt also ein Land, wo Reis und Zucker wachsen. Aber es liegt weit draußen und von Småland durch ein großes Gewässer getrennt. Weder Arvid noch Robert haben größere Wasser gesehen als die Seen im Kirchspiel, deren Ufer man in einer Stunde umrudern kann. Und plötzlich sagt Arvid: „Wie breit ist der Ozean?"

Robert hätte viel antworten können. Er wagt nicht, sein Wissen preiszugeben. Er späht aus dem armseligen Fenster der Stallkammer über den Hof und das Stück vor dem Stall bis zur Dorfstraße und weiter hinaus fort zum Meer und über die Wasser des Ozeans. Er hat sich entschlossen. Er ist der erste in diesem Ort:

Es gab zwei Welten, die Welt der Naturlehre und die der Bibel, diese Welt und die künftige. Diese Welt war aber wiederum in zwei Teile geteilt, eine alte und eine neue. Sein Heimatort lag in der Alten Welt, in der Welt, die gebrechlich und abgelebt, verbraucht und altersschwach war. Die Menschen dort waren abgearbeitet, verlebt, alt und schwächlich und ganz matt. In ihren uralten Wohnorten stand alles still. In den bemoosten Hütten, in denen sie wohnten, geschah nichts, was dort nicht auch vorher schon geschehen war. Die Kinder gehorchten ihren Eltern und ahmten sie nach und taten immer wieder dasselbe, was die Eltern getan hatten. Die

Alte Welt konnte nicht mehr viele Jahre stehen. Nicht lange mehr, und sie würde fallen und über all den verlebten Menschen, die dort ihre Behausung hatten, zusammenstürzen.

In weiter Ferne aber, auf der anderen Seite des Erdballs, lag die Neue Welt, die gerade entdeckt und bevölkert worden war. Die Neue Welt war jung und frisch und voller Reichtümer und Herrlichkeiten aller erdenklichen Art. Und die dort wohnten, waren junge und gesunde und bewegliche Menschen, die das ganze Leben vor sich hatten. Die Neue Welt war von den kühnsten und klügsten Menschen aus der Alten bevölkert: denen, die zu Hause von ihren Herren und Dienstherren fortgereist waren. Sie war bevölkert von all denen, die frei sein, von denen, die keinem Dienstherrn unterstehen wollten.

Zur Neuen Welt zogen all die, welche in ihrem Heimatland arm und bedrückt waren, alle die, welche bei sich zu Hause gepeinigt und gequält waren, Arme und Betrübte, Gejagte und Verzweifelte und Unglückliche.

Wer sich mit seinem Los in der Alten Welt nicht abfinden konnte, zog zur Neuen hinüber. Amerika war das richtige Land für ihn - und für Arvid.[5]

Freiheit und Wohlstand locken. Die Amerikatruhen werden gepackt:

So brach für die alten Kleidertruhen in den bäuerlichen Bezirken die neue, große Zeit an. Nachdem sie jahrhundertelang in versteckten Winkeln ein verborgenes Dasein geführt hatten, wurden sie gescheuert und für ihren Umzug über das Weltmeer zurechtgemacht. Sie durften an der größten Völkerwanderung der Geschichte unter den vordersten Scharen teilnehmen. Ihnen wurden die ausgewählten, unentbehrlichen Besitztümer der Menschen anvertraut.

Was sollte mitgenommen und was zurückgelassen werden? Was konnte man sich in dem neuen Lande beschaffen und was nicht? Niemand war da, den man hätte fragen können, niemand war vorausgefahren und hatte sich darüber unterrichtet. Dies war kein Umzug, bei dem eine Ladung nach der anderen gefüllt werden konnte; was mitgenommen wurde, mußte auf einem kleinen Pferdefuhrwerk Platz haben. So wurden die Dinge ausgesucht, die am wenigsten Platz beanspruchten und am unentbehrlichsten waren.

In die Amerika-Truhe in Korpamoen kamen zuunterst die schwersten Dinge, Eisen und Stahl, alle Werkzeuge für den Zimmermann und den Tischler: Behauaxt, Handaxt, Haueisen, Stemmeisen, Schneideisen, Hobel, Hammer, Kneifzange, großer Bohrer, Haumesser, Schnitzmesser, Zollstock und Elle. Ebenso die Hilfsmittel des Jägers: Büchse, Pulverhorn und Schrotbeutel. Karl Oskar nahm bei seinem Vorderlader den Schaft ab, damit er in die Kiste hineinging. In Amerika sollte Wildbret so reichlich sein, wie Büchsen knapp waren; eine Büchse sollte fünfzig Reichstaler kosten. Robert dachte an die fischreichen Gewässer und Ströme und packte Schleppangeln und Haken, gezwirntes Garn für Angelschnüre und Stahldraht für Fischschlingen ein. Nils kam mit einem alten Schröpfschnäpper an, der seinen Söhnen von Nutzen sein konnte. Er riet den Amerikafahrern, sich fleißig zu schröpfen, denn bei allen Krankheiten sei das sicherste Mittel, sich zur Ader zu lassen.

---

[5] Vilhelm Moberg, Die Auswanderer (Anm. 3), S. 79f.

Kristina packte ihre Wollkämme ein, ihre Stricknadeln, ihre Wollschere und ihre Flachs-schwinge, ein Brautgeschenk von Karl Oskar, der rote Blumen darauf gemalt hatte. Bei vielem, was zurückbleiben mußte, weil es auf dem Schiff zuviel Platz fortnahm, wußte sie, daß sie es brauchen würde: Sie konnte weder den Webstuhl noch die Brechbank, weder den Spinnrocken noch die Garnwinde, weder den Spulrocken noch die Flachsriffel mitnehmen. Mit allen diesen Gerätschaften verstand sie gut umzugehen, sie waren ihr vertraut und ihre Hände daran ge-wöhnt. Kristina wußte, daß sie sie in dem fremden Lande bald vermissen würde.

Märta hatte ihr geholfen, eine Bahn Lodenstoff fertigzuweben, den der Dorfschneider hatte verarbeiten müssen, so daß sie alle für die Reise gute, warme Kleidung hatten. Und sie packte für die Großen und die Kleinen wollene und warme Sachen, Ober- und Unterkleidung, All-tags- und Festtagskleider ein; man erzählte, daß Wollstoffe in Amerika knapp seien; dort hätten sie noch keine Zeit gehabt, so viele Webstühle herzustellen, wie sie brauchten. Sie mußte auch Wollgarn und Leinengarn, Nadeln und Faden aller Art mitnehmen, damit sie ihre Klei-der und Strümpfe flicken und ausbessern konnte, denn es würde lange dauern, bis sie etwas Neues auf den Körper bekamen; sie mußten die alten Sachen auftragen. Zwischen die Klei-dungsstücke legte Kristina Kampfer und Lavendel, um Stocken und schlechten Geruch zu ver-hüten; niemand wußte, wie lange sie in der Kiste aufbewahrt werden mußten.

Ihre Brautdecke sollte mitkommen, und alle Bettwäsche, Laken, Matratzen und Kissen wurden in zwei große Dreischeffelsäcke gestopft, die an beiden Enden mit dicken Zwirnsfäden zugenäht wurden. Alle Kleinigkeiten, die auf der Überfahrt gebraucht würden, kamen in die Reisetasche: Trinkgefäße, Eßbestecke, Becher, Holzteller, Löffel, Messer und Gabeln. Dann mußte Kristina den Reiseproviant für sechs Personen zurechtmachen. Während der Seereise selbst würden sie auf dem Schiff verpflegt werden, aber niemand wußte, ob sie sich an der Schiffskost satt essen konnten, und sie hatten ja auch einen langen Weg zurückzulegen, ehe sie das Schiff bestiegen und nachdem sie es verlassen hatten. Die mitgenommenen Lebensmittel mußten aus getrockneter, geräucherter und gesalzener Kost bestehen, die sich lange hielt und auf dem Ozean nicht verdarb oder Schaden nahm. Ein großer Weidenkorb mit Holzdeckel mußte als Lebensmittelbehälter dienen, und dahinein packte sie acht Roggenbrote, zwanzig Gersten-kringel, eine Holzdose mit stark gesalzener Butter, eine Kanne Honig, einen Käse, ein halbes Dutzend Mettwürste, einen geräucherten Hammelbug, ein Stück geräuchertes Schweinefleisch und eine Stiege Salzheringe. Damit war der Korb voll. Doch ein Pfund Kaffee, ein Pfund Zucker, ein Beutel mit Apfelstücken, einige kleine Beutel mit Salz, Pfeffer, Zimt, Kümmel und Wermut mußten auch noch irgendwo Platz haben.

Dann mußten sie sich auf der Reise rein und sauber halten; sie durften nicht die Seifenbüch-se gegen Schmutz und die Schwefelsalbe gegen Läuse vergessen. Um das Haar der Kinder von Ungeziefer frei zu halten, hatte Kristina zwei gute Staubkämme aus Messing gekauft.

Doch wichtiger als alles andere war, was den Auswanderern als Heilmittel dienen sollte: der Kampfer, die kleinen Tropfflaschen, die Prinzentropfen, die herzstärkenden Hoffmannstropfen und die Vier Arten. Als Mittel gegen die Seekrankheit machte sich Karl Oskar eine Kanne voll Wermutbranntwein zurecht; draußen auf dem Meere sollte ein Schluck dieses Branntweins, jeden Morgen auf nüchternen Magen genossen, den Körper richtig in Ordnung halten. Wermut-

branntwein war auch gegen Schiffsfieber gut und bewahrte den Körper vor Cholera und allen anderen Ansteckungen, denen sie auf dem Schiff ausgesetzt sein konnten.[6]

Karl Oskar verkauft Korpamoen an einen Bauern aus Linneryd. Dem ist es leicht, den Preis zu drücken. Karl Oskar erhält einhundertfünfzig Reichstaler weniger, als er selbst gegeben hatte. Das Vieh versteigert er meistbietend gegen gute Gebote, da nach den Schlachtungen der Notjahre Mangel herrscht an Tieren. Doch der Versteigerer behält ein Viertel der Kaufsumme, weil er die Gebote bevorschussen muß. Nach Abzug aller Schulden bleiben der Familie eintausendzweihundert Reichstaler. Die Überfahrt für drei Erwachsene und drei Kinder kostet sechshundertfünfundsiebzig Reichstaler. Fünfhundert bleiben für die Neue Welt: für die Einwanderungsgebühr, für die Reise ins Landesinnere, für den Ankauf von Hausrat, Ackergerät und Vieh.

Jeder unbescholtene Mensch darf aus dem Reich ziehen, ohne den König zu fragen. Doch Karl Oskar will nicht heimlich fort. Er geht zum Propsten und verlangt eine Abmeldebescheinigung. Der Propst wittert Abenteuerlust, Verlangen nach Wohlleben, Ungehorsam, Verderben in seiner Gemeinde. Der Bauer beharrt. Der Propst stellt das Pfarrattest aus. Und er schreibt Worte in das Gemeindebuch, die er nie zuvor geschrieben hat: daß der Hüfner Karl Oskar Nilsson in Korpamoen am 28. März 1850 für sich und seine Familie eine Fortzugsbescheinigung nach Nordamerika verlangt habe. Die leeren Seiten im Gemeindebuch werden sich mit diesem Vermerk füllen - nach Nordamerika verzogen. Eine Seite nach der anderen wird mit den Namen der Nachfolger Karl Oskar Nilssons vollgeschrieben werden.

Vilhelm Moberg erfährt die Geschichte der Auswanderer am eigenen Leib. Geboren wird er 1898 in Moshultamåla, auf halbem Wege zwischen der Kirche von Ljuder im Westen und der von Algutsboda im Osten. Ein Stückchen jenseits des Abzweigs nach Korpamoen biegt in Hästebäck der Weg nach Moshult und Moshultemåla von der Straße nach Långasjö und Vissefjärda. Wo der Asphalt in Schotter wechselt, erinnert ein Findling an den Ort, an dem Mobergs Geburtshaus stand.

Zur Schule geht der Junge dem Elternhaus gegenüber ein tapferes Stück Weg in den Wald hinein. Dort in Påvelsmåla lag die Schule, einsam und gleich weit entfernt von den Dörfern ringsum. Ihre Grundmauern sind im Waldboden sichtbar geblieben. Schulpflicht herrschte in Schweden seit 1842. Von 1906 bis 1912 besucht Moberg die Schule. 1936 wird sie geschlossen und zwanzig Jahre später an die Straße von Moshultemåla nach Moshult versetzt. Dort finden wir

---

[6] Vilhelm Moberg, Die Auswanderer (Anm. 3), S. 225-227.

sie als kleines Museum: einklassig mit Lehrerwohnung, abgewetzte Bänke, das Lehrerpult, die Schwedenkarte, der Stock.

Mit elf schon verdient Moberg ein Zubrot als Laufbursche in einer der Glashütten, die von den Wäldern und dem Sand seiner Heimat leben. Auch Moberg will nach Amerika. Ein Kurs auf der *folkhögskola* in Grimslöv überzeugt ihn, in Schweden zu bleiben. Moberg beginnt zu schreiben, als Sozialist, Pazifist, Patriot. Das Haus der Auswanderer in Växjö, Schwedens *Emigrantinstitutet*, bewahrt Erinnerungen an Vilhelm Moberg.

Die Daheimgebliebenen haben an der Straßenkreuzung in Åkerby, eine Viertelstunde vom Kirchort Ljuder auf dem Weg zum Auswandererhafen Karlshamn, ihren Landsleuten einen Gedenkstein gesetzt, einen Findling, von Grün umgeben. „Pflege, bewahre und achte deine Heimat solange wie du auf Erden weilst" steht auf der einen Seite geschrieben, dazu eine Karte von Ljuder aus dem Jahr vor dem ersten Zug nach Amerika. Die Rückseite des Steins vermerkt: „Hier an der Straßenkreuzung in Åkerby begann für viele die Reise nach dem Lande im Westen. Für den Traum von Freiheit und Wohlstand verließen sie ihre Heimat. Ljuder aber behielten sie in ihrem Herzen. Vilhelm Moberg schilderte ihr Leben in seinem Epos über die Auswanderer. Zur Erinnerung an alle, die im Laufe der Jahre ihre Heimatdörfer verlassen haben, errichteten die Bewohner von Ljuder diesen Stein im Jahre 1974."

Glasriket

In der Nachbarschaft von Ljuder arbeitet die Glashütte in Skruv bis heute. Klein ist sie. Werktags läßt sie Besucher ein, wenn der Meister das glühende Glas aus dem Ofen nimmt, es zwackt, hämmert und bläst und zum Kolben, zum Kelch, zur Vase formt, Stück um Stück, Handwerk.

Wie die Föhren und Fichten gehören zu Småland die Hütten des Glasreichs - Skruv, Åfors, Johansfors, Bergdala, Måleräs, Älghult, Orrefors heißen sie. Dort übt Schwedens Glas seine Magie. Die Glasbläser Smålands arbeiten zumeist namenlos und sind doch große Künstler. Ihre Farben und Formen halten sich zurück, sind einfach, gelöst, heiter, unpathetisch und untertrieben. Alfred Andersch alias Ken, in den frühen Sechzigern auf Fahrt in den Norden, entdeckt eine Orrefors-Vase, die ein Mann namens Palmquist gemacht hat:

Der Mann war von der Form einer Milchflasche ausgegangen, jener täglichen Milchflasche, die es in Schweden und überall in Millionen Exemplaren gibt. Er hatte die Milchflasche verlängert, aber nicht etwa ins Überlange, Verspielt-Schmale gedehnt, sondern ihre Höhe höchstens verdoppelt und sie dafür etwas breiter im Durchmesser gemacht. Er war ganz offensicht-

lich von der Erfahrung ausgegangen, daß Milchflaschen sich ausgezeichnet dazu eigneten, Blumen in sie hineinzustellen, und daß ihnen nur etwas ganz Geringfügiges fehlte, um sie zu idealen Blumenvasen zu machen. Der Mann Palmquist hatte herausgefunden, was dieses Geringfügige war; er hatte die Wandung der Milchflasche um eine Spur verändert, sie verlief nun etwas flacher nach oben, auch hatte er den Wulst an der Öffnung entfernt, obwohl es Ken schien, als habe er der Öffnung doch immer noch eine Ahnung des alten Milchflaschenwulstes belassen - wie lange muß er an dieser Ahnung gearbeitet haben? fragte sich Ken -, und er hatte der Flasche einen Boden aus dickem rundem Glas gegeben, eine massive konvexe Linse, an deren Rändern sich der Glasfluß blau verdichtete. In ein paar hundert Jahren, dachte Ken, wird Palmquists Milchflasche gleichberechtigt neben den Vasen der Sung-Dynastie in den großen Museen stehen, falls es in ein paar hundert Jahren Museen und Kunstgeschichte und alles, was dazugehört, noch geben sollte; aber wieso entstand so etwas gerade in Schweden? Plötzlich erinnerte sich Ken an jene Buchhandlung, an die Werke über schwedische Architektur, an die rührenden Versuche der Kunsthistoriker, aus ein paar Mauerresten und ein paar Schlössern und einem Dutzend Kirchen ein Bild stolzer skandinavischer Kunsttradition zu bilden. Aber das ist ja Unsinn, dachte Ken, Palmquists Milchflasche ist so großartig, weil es hier keine Kunsttradition gibt, weil es hier nur ein paar hundert Holzhäuser gibt und ein bißchen Bauerngerät und sehr viele Urformen, und im übrigen gibt es nur Bäume, Steine und Wasser und überhaupt keine Kunst, die mit ihrer jahrhundertealten Tradition, mit ihren tausend Formen, mit ihrem verdammten ,alles schon mal dagewesen' auf den Künstlern lastet. Die moderne schwedische Gebrauchskunst war nicht Kunst eines Naturvolkes. Aber es war die Kunst eines hochzivilisierten Volkes, das unmittelbar aus den Urformen heraus, ohne den Ballast einer Tradition, seine neuen Formen entwickeln konnte. Es hatte allerdings Glück dabei: es besaß Künstler, die diese Chance begriffen. Herr Palmquist mußte begriffen haben, was für ein Glück es war, nicht täglich mit Barockfassaden, gotischen Portalen und dem ganzen Bric-à-brac des Abendlandes konfrontiert zu werden. Sicherlich kannte er das alles. Aber er kannte es, wie man ein Museum kennt. Womit er umging, das waren Milchflaschen, Balken, Bauernmesser, Boote und Schlitten. Und natürlich Autos und Warmwasserheizungen, Wohlfahrt und Verfassung. Es war die richtige Mischung. Die richtige Voraussetzung für die Entstehung neuer und einfacher Formen, Formen voller Ausdruck und ohne Geste.[7]

---

[7] Alfred Andersch, Wanderungen im Norden. Olten und Freiburg im Breisgau: Walter, 1962, S. 36-38. Siehe auch Gunnel Holmér, Schwedisches Glas um 1900 - Formgebung und Handwerk. In: „Schönheit für alle". Jugendstil in Schweden. Katalog zur Ausstellung September 2005 bis Januar 2006. Berlin: Bröhan-Museum, 2005, S. 64-72, und den Text von Alfred Andersch zum „Sällskapet" S. 130f. - *bric-à-brac* Trödel, Sammelsurium.

Gast bei der Wirklichkeit

Die Wege Smålands kreuzen sich in Växjö, eine gute halbe Fahrstunde nord-westwärts der Heimat Vilhelm Mobergs. 1891, sieben Jahre vor Moberg, wurde Pär Lagerkvist hier in Växjö geboren. Der Vater ist Rangierer. Die Familie wohnt im Obergeschoß des Kleinstadtbahnhofs, unten Restaurant und Wartesäle, vor den Fenstern die Gleise und das Kommen und Gehen der Züge.

Die Mutter ist stets zu Hause, besorgt alles, was zu besorgen ist, und dessen ist immer genug. Sie ist blond, hat klare, grau-blaue Augen und trägt das dünne Haar in der Mitte gescheitelt. „Die Menschen sind auf viele Arten blond, aber sie gehörte zu denen, bei denen das nicht nur etwas Äußerliches ist" [8]. Wenn der Vater am Abend nach Hause kommt, zieht er den Uniformrock aus, löscht die Signallaterne, wischt sie mit Putzwolle, stellt sie in den Gang hinaus, erzählt dieses oder jenes von den Zügen, mit denen er zu tun hatte:

Aber wenn sie gegessen hatten, nahm er die Bibel vom Bord und las darin. Es war etwas so Schweres und Seltsames, wenn sie da beide saßen und lasen und keiner von ihnen etwas sagte. Die Kinder verhielten sich still, das Schweigen war so groß, daß sie eine Beklemmung verspürten. Unter der Wohnung lag der Wartesaal dritter Klasse, und von dortherauf hörte man Lärm und Stimmen von Leuten, die da saßen und tranken. Aber das war etwas anderes und Fremdes, daran sie gar nicht dachten. Bisweilen, wenn ein später Zug auf dem Bahnhof einfuhr, ging der Vater zum Fenster, reckte sich und sah hinaus, die Bibel in der Hand. Dann setzte er sich wieder hin und las weiter. [9]

In diesem stillen und strenggläubigen Milieu wächst der kleine Anders auf. Das Kind spürt Geheimnisse, befragt die Stille, sucht nach Klarheit und Wahrheit. Die Welt um ihn weckt im Jungen Trauer und Angst. Für seine Bitten und Gebete besitzt er einen Findling draußen im Wald, inmitten des torfigen Moosgrunds. Hierher flüchtet sich der heranwachsende Anders:

Rundumher war es still, nur das Tropfen von den Bäumen. Und auch er blieb lautlos, betete nicht laut, doch seine Wangen glühten. Geradeaus vor ihm lag eine lichte Mulde im Walde, und in deren Mitte stand eine verkrüppelte Kiefer, kaum mannshoch, knorrig und verwachsen. Die behielt er fortwährend im Auge, obwohl er nicht zu ihr betete, nur weil er das immer tat. Nein, er betete zu dem gleichen Gott wie die andern daheim, darin lag kein Unterschied. Nur hatte er den Seinen hier draußen. Warum, wußte er nicht; es war einfach so geworden. Nicht

---

[8] Pär Lagerkvist, Gast bei der Wirklichkeit. Aus dem Schwedischen von Edzard Schaper. Leipzig: Reclam, 1970, S. 8 (erste, schwedische Ausgabe „Gäst hos verkligheten" 1925, erste deutsche Ausgabe 1952).

[9] Pär Lagerkvist, Gast bei der Wirklichkeit (Anm. 8), S. 9.

um draußen in der Natur zu beten - die hatte für ihn nichts Feierliches an sich, im Gegenteil. Und dennoch. Für ihn hatte es keinen Zweck, daheim zu beten; dort gelang es ihm nicht eifrig, nicht dringlich und gläubig genug, als daß er hätte erhört werden können. Viel war nötig, um bestimmt erhört zu werden. Deshalb hatte es auch gar keinen Sinn, an solchen Tagen hierher zu gehen, an denen es schön war, nur ein Vergnügen, herauszukommen und wieder zu gehen. Dann konnte er es ebensogut bleibenlassen. Ja, er wußte es nicht so recht, aber ihm war es etwas Schweres und Seltsames, daß er hier hinausgehen mußte, es quälte ihn häufig. Doch es sollte ja schwer sein, dagegen war nichts zu machen.

Er mußte sich nach etwas ganz Bestimmtem richten. Er hatte seine eigene Welt, in der er lebte; eine enge Welt von Vorstellungen und Vorschriften, die nicht erschüttert werden durften, gegen die es keine Auflehnung gab; er ging am hellichten Tage wie in einem Keller umher, tastete sich vorwärts. Dagegen war nichts zu machen. So war es nun mal.

Seine Wangen glühten immer heißer. Die Hände fest gefaltet, lag er da auf den Knien. Doch er betete um nicht mehr als das eine:

Daß er nicht sterbe, daß niemand von ihnen allen sterben solle, ganz sicher, niemand! Daß der Vater leben dürfe, die Mutter, die Geschwister, ... er zählte alle auf, ... die alten Großeltern auf dem Lande, alle, alle! Daß ganz sicher niemand sterben möge! Daß alles so bleibe, wie es eben war. Daß nichts sich ändere!

Seine ganze Leidenschaft für das Leben lief darauf hinaus, daß es nicht aufhören sollte. Um irgendwelche anderen Vorteile betete er nicht. Nur: leben zu dürfen. Alles übrige mochte dann werden, wie es wollte. Das machte nichts. Daran konnte niemand was ändern.

Ja, er unterstrich nachdrücklich, daß es im übrigen werden könne, wie es wolle, um so richtig zu zeigen, wie wenig das bedeute. Dann würde er wohl um so gewisser das bekommen, worum er betete, das, was ihm alles bedeutete. Er schloß versunken die Augen, dachte genau an das, was er nannte, so daß er es richtig vor sich sah - er hielt es gleichsam hin. Und betete und betete, daß es so weiter sein dürfe, wie es war, daß es kein Ende nehme. Daß es jetzt Winter werde, daß es zum Sommer hin wieder Sommer werde, daß es weitergehen möge, immer weitergehen - und daß er und alle andern das erleben dürften.[10]

Der Tod bedrückt den Jungen. Das langsame Sterben der Großmutter Stina, der erstarrte Glauben des Großvaters Emil - Anders versteht das alles nicht. Er beobachtet das eingeübte Zeremoniell um das Begräbnis Stinas, wie es die Dorfgemeinschaft althergebracht übt:

Nun wurde die Tür zur Seitenkammer unten geöffnet, und ein eiskalter Hauch ging durch das ganze Haus. Alle drängten sich feierlich dahinein. Vom Fußboden, der bei der Kälte nicht hatte trocknen können, stieg ein Scheuergeruch auf; das ausgestreute Tannenreisig roch feucht von dem Schnee darin, der kaum geschmolzen war. Alle drängten nach vorn, um sie noch ein letztes Mal zu sehen, Abschied zu nehmen. Alte Frauen, die sie ihr Leben lang gekannt hatten, deren Köpfe vor Alter zitterten; jüngere Bauersfrauen, die sie nie anders gekannt hatten,

---

[10] Pär Lagerkvist, Gast bei der Wirklichkeit (Anm. 8), S. 44f.

als wie sie jetzt dalag, alt und grau; alte Männer, die mit ihr auf dem Tanzboden in Hara-
kulla getanzt hatten, als sie noch jung war; Knechte aus Bolsgård und Jutargårn, die einmal
bei Emil gewesen waren und einen Kaffee und ein Gläschen dazu bekommen hatten. Anders
drängte sich nicht mit vor. Er guckte zwischen denen hindurch, die weiter vorn standen, sah ein
wenig von der Stirn und etwas dünnes Haar; als jemand seinen Platz wechselte und er gewahr
wurde, daß der Mund offenstand, weil das Kinn herabgesunken war, zuckte er zusammen und
verkroch sich hinter den andern, so daß er nichts mehr sehen konnte. Helge aber, sein älterer
Bruder, stand die ganze Zeit hindurch vorn bei ihr. Er war es von allen Kindern, der sie am
meisten geliebt hatte, am häufigsten bei ihr gewesen war, und ihn erschreckte nicht, daß sie tot
war, und wunderte ihn ebenso wenig. Er hatte ihr beim Heuen und beim Hüten geholfen, beim
Rübenverziehen und beim Wicken-Dreschen, er hatte für sie Barsche und Rotaugen im Fluß
geangelt, des Morgens nach den Setzangeln gesehen und war schon mit frischgefangenen Aalen
nach Haus gekommen, wenn sie kaum aufgestanden war. Er war hier draußen beinahe mehr
zu Haus als drinnen in der Stadt, und keiner von ihnen hatte mit den Menschen hier so viel
Ähnlichkeit wie er. Nun stand er da und weinte leise vor sich hin, weil er sie geliebt hatte.

Als sie anfingen, den Deckel aufzulegen, hatte Anders das Gefühl, nun müsse er nach vorn
eilen. Aber man mußte ein wenig damit warten, weil der Großvater ihr erst die Wange strei-
cheln wollte. Merkwürdig lange dauerte es dann noch, bis sie ihn festgeschraubt hatten. Doch
als es schließlich getan war, empfand er, wie furchtbar es war, daß er allein nicht richtig Ab-
schied von ihr genommen hatte. Jetzt aber war es zu spät, und er beruhigte sich, merkte, daß
auch er anfangen konnte zu weinen, wie alle andern.

Jakob aus Skärvet, ein ehrwürdiger Greis mit schneeweißem Haar, das ihm tief über die
Schultern fiel, stimmte einen Choral an. Seine Stimme war brüchig, aber sie zitterte nicht; er
war die längste Zeit seines Lebens Kirchenvorsteher gewesen und hatte, so weit er zurückdenken
konnte, immer die Toten „ausgesungen". Dann wurde der Sarg hinausgetragen.

Die Pferde stampften vor allen den Schlitten, wollten davon. Die Mannsleute mit ihren fil-
zigen hohen Hüten schrien sie an und hielten sie beim Zaum, bis die alten Leute Platz gefun-
den hatten. Der Sarg wurde auf den vordersten Schlitten gestellt, und der Knecht aus Jutargårn
lenkte den, weil das Pferd von deren Hof war. Im Stall brüllten die Kühe, unter den Feh-
merstangen[11] liefen die Hühner umher und pickten Hafer auf. Nun waren alle miteinander
fertig, und die Fahrt begann.

Am Gatter aber stand der Großvater, dem es zu schlecht ging, als daß er hätte mitfahren
können, und winkte, solange die Schlitten auf dem Wege zu sehen waren. - Ich komme bald
nach, Stina! war das Letzte, was er gesagt hatte.

Der Weg zur Kirche führte längs des Flusses, der an den Rändern gefroren war. Und die
Bruchwiesen waren gefroren, die ganze Gegend. Die Anwesen lagen so nackt und bloß da, wie
sie's nur im Winter tun, wenn sie sich nicht in den Bäumen verstecken, wie man's gewohnt ist.
Sie lagen da gleichsam verlassen. Es waren ja auch beinahe alle Leute mit beim Begräbnis,

---

[11] *Fehmerstangen* zur Befestigung im Freien aufgeschichteter Stroh-, Heu- oder Getreidefehmen
oder -diemen.

saßen hier in der langen Reihe von Schlitten, die wie Lastfuhren aussahen, so schwer beladen, daß sie kaum vorwärts kommen konnten. Die Kufen schnitten tief ein, wo die Erde bloß lag, und die Insassen wurden auf den Sitzen geschüttelt, wenn sie dasaßen und sich umsahen. Vorn auf dem Sarge saß der Knecht zwischen einem Häuflein Blumen aus der Stadt.

Als man sie von der Kirche her sehen konnte, fing es an zu läuten. Die Turmpforten waren aufgetan, und die Glocken tönten über die ganze Landschaft, die Ödmarken und die verstreuten Dörfer, bis zu den Höfen tief drinnen in den Wäldern. Und so weit sie zu hören waren, nahmen die Männer den Hut ab, wie es der Brauch war, und die Frauen verneigten sich.

[...]

Und dann sollte man hinaus zum Grab.

Die ganze Gemeinde gab das Geleite, die Ungeladenen als Letzte. Das frisch ausgehobene Grab war schon von weitem zu erkennen, denn die aufgeworfenen Erdklumpen lagen in einem riesigen Haufen daneben; man hatte mit dem Brecheisen arbeiten müssen, die Erde war drei Fuß tief gefroren. Alle versammelten sich um die offene Grube, und man konnte es hören, wie sie hinuntergelassen wurde.

Das war trotz allem nicht so schwer, wie er sich's vorgestellt hatte. Alles, was draußen geschieht, ist leichter. Es wehte ein kalter Wind, und man fror - das war deutlich zu fühlen. Und es kam Schnee in die Galoschen. Die Buben, mit denen er gespielt hatte, standen da und guckten ihn an. - Es war nicht so eingesperrt und feierlich. Als er seine Blumen ins Grab warf, konnte er weinen.

Später gingen alle zum Hochamt und nahmen daran teil.

Danach fuhren sie heim, die ganze lange Schlittenreihe wie vorher. Es waren ein paar Flocken Schnee hinzugefallen, so daß es auch dort, wo die Erde bloßgelegen hatte, leichter ging. Die Pferde durften so rasch laufen, wie sie wollten, und es dauerte nicht lange. Auf der Haustreppe stand der Großvater und hieß alle willkommen, sah nach dem leeren Schlitten, der als letzter kam. Die Mutter erzählte ihm von allem, wie es gewesen war, das ganze Begräbnis von Anfang bis Ende. Er fragte auch, wie der Weg gewesen sei - das hatte sie vergessen zu erwähnen.

Aber schon wartete das Mittagessen, war auf zwei langen Tischen, die im Winkel zueinander hingestellt worden waren, aufgetragen. Das war eine Fülle von Essen, und aus der Küche brodelte Dampf herein, wenn jemand die Tür öffnete. Die alten Frauen gingen umher und warfen Seitenblicke auf den Tisch, die Mannsleute rieben sich die Hände nach der Kälte und warteten auf den Branntwein.[12]

Für Anders beginnt nun die Zeit der Jugend. Er fängt an, allein oder mit Freunden in der Stadt und weit in der Runde auf den Landstraßen umherzubummeln, als sei es ihm daheim nicht mehr wohl:

Es lag etwas Beklemmendes in all dieser Gebundenheit und Schwere daheim. Und daß das alles zusammengehörte: die Menschen und das, was um sie herum war, daß das alles etwas

---

[12] Pär Lagerkvist, Gast bei der Wirklichkeit (Anm. 8), S. 62-66.

Einziges, Unauflösliches war. Die alten Möbel und die Luft in den Stuben, die auf dem Land gewebten Flickerläufer und die Menschen, die darauf gingen - das alles war ein und dasselbe. Wenn man zur Tür hereinkam und denen guten Tag sagte, die in den Räumen waren - das bedeutete nur, daß man nach Haus kam. Und wenn man nach dem Abendbrot um die Lampe herumsaß und die Schwestern häkelten und der Schein der Lampe bis zur halben Höhe der Wand hinaufreichte und von draußen die Züge zu hören waren - da war das nur ein Abend daheim. Der Vater und die Mutter lasen in der Bibel, wie sie es immer getan hatten: ernst und beklommen von dem, was sie lasen. Es wälzte sich einem wie eine Last auf die Brust. Und doch atmete alles Frieden. Alles war Geborgenheit und Ruhe. Warum war das so?

Alle gehörten sie zusammen. Alles hatten sie gemeinsam. Saßen da wie in einem Raum für sich eingeschlossen, von der Welt geschieden. Lebten ein und dasselbe: ihr Leben, das sich gleichsam nicht zu verändern schien ...

Es war ein Geschlecht - keine einzelnen Menschen. Man mußte ausbrechen, ein Mensch für sich werden ...!

Und nun begann er auszubrechen! [13]

Pär Lagerkvist schildert seine eigene Kindheit im småländischen Växjö, seinen Weg in die Welt der Erwachsenen und mit ihm den Aufbruch seiner Generation: „Ich wollte wissen / aber durfte nur fragen, / ich wollte Licht / aber durfte nur brennen." [14] Für seinen Roman erhält Lagerkvist 1951, ein Vierteljahrhundert danach, den Nobelpreis.

Das entschwundene Land

Die kleine Stadt hat einen Marktplatz. Da stehen ein kleines gelbgestrichenes Rathaus und mehrere alte hübsche einstöckige Häuser. Ein großes Haus gibt es dort auch, einen dreistöckigen Neubau, der Wolkenkratzer genannt wird, weil er höher ist als alle übrigen Häuser der Stadt. Gemütlich sieht die kleine Stadt in der Frühlingssonne aus. Schmale gepflasterte Straßen drängen sich an die Häuser. In den kleinen Gärten ringsum blühen Schneeglöckchen und Krokus. Es gibt viele kleine Geschäfte. An einem solchen schönen Frühlingsmorgen sind die Bewohner unserer kleinen Stadt unterwegs, gehen ein und aus, und unaufhörlich läuten die Türglocken. So schildert Astrid Lindgren ihr Vimmerby im nordöstlichen Winkel von Småland, auf halbem Wege von Karlskrona im Süden nach Stockholm im Norden, ein Drittel des Wegs von Västervik im Osten zur Südspitze des Vätter-Sees im Westen.

---

[13] Pär Lagerkvist, Gast bei der Wirklichkeit (Anm. 8), S. 72.

[14] Artur Bethke zitiert das Gedicht im Nachwort zu Pär Lagerkvist, Gast bei der Wirklichkeit (Anm. 8), S. 99.

Modern ist Vimmerby geworden. Die Kirche und ein paar altmodische Überbleibsel ringsum mildern die Beliebigkeit. Vor der Kirche biegt links die Drottninggatan ab, der kurz darauf die Prästgårdsgatan folgt. Die hundert Hektar Äcker und Wiesen des Pfarrhofs sind aufgesogen von den Eigenheimen der Stadt. Wo zur Linken ein müder Asphaltgrund auf Autos wartet, fällt rechterhand gelbweiß und gezimmert ein munteres Wohnhaus aus der Norm. Kleidung flattert von der Leine. Ein Wegweiser und ein Trampelpfad lenken ins Grün und um ein falunrotes Landhaus herum zu einer ebenso roten Scheune, die auf gut småländisch *Boa* heißt. Dies ist der Pfarrhof von Näs: Ulmen, Linden, Obst und Kräuter, Wäscheplatz und Blumenrondell, das Refugium, in dem Michel aus Lönneberga seine Holzmännchen schnitzt, und drüben die Villa Kunterbunt.

Großeltern und Eltern der Lindgren kommen aus dem Kirchspiel Pelarne zwei Stunden zu Fuß von Näs nach Westen. Eine der ältesten Holzkirchen Schwedens hat Pelarne, ein Kruzifix von 1250 und einen stolzen Glockenstapel nebenan. Auf halber Strecke nach Mariannelund liegt der Kirchspielort, gleich zur Linken der Chaussee. Eine schmale Straße windet sich ins Kirchspiel hinein. Rechterhand folgt das Gut Pelarnehult, das vor fünfhundert Jahren dem Bischof aus Jönköping gehörte und wo auf dem kleinen Hof nebenan Lindgrens Mutter Hanna geboren ist. In weitem Bogen um den Mos-See führt der Weg weiter nach Sevedstorp, dem Bullerbü der Kinderbücher. Ringsum Hügel und Felsen, magere Äcker und Weiden, Heu auf Diemen, Steine gehäuft, geschichtet, verwachsen, und inmitten ein paar rote Häuser, Ställe und Scheunen, die sich für den sommerlichen Ansturm der Kinder rüsten - hier ist Lindgrens Großvater Samuel Johan Ericsson geboren und ihr Vater Samuel August aufgewachsen. Geboren ist der Vater einen Sprung weiter auf dem Hof in Hamphorva.

Samuel August Ericsson verguckt sich früh schon in die Hanna aus Hult. 1893, mit achtzehn, geht er vom väterlichen Hof und verdingt sich als Knecht. Im Jahr darauf hört Samuel August, daß der Propst den Pfarrhof in Näs verpachten wolle, der dort seit Beginn des 15. Jahrhunderts steht. Großvater Ericsson erhält den Zuschlag. 1895 zieht er mit Sohn Samuel August von Sevedstorp ins falunrote Hofhaus nach Näs. Aus dem 18. Jahrhundert stammt es, hat drei Kammern, Wohnstube und Küche, und mehr sind es bis heute nicht. Sie reichten der weltberühmten Autorin zu sommerlichen Ferien bis zu ihrem Tod. 1920 ist Familie Ericsson ins neuerbaute „gelbe Haus" nebenan gezogen. Dessen Veranda und Küche werden Vorbild für die Villa Kunterbunt.

1905 übernimmt Samuel August vom Vater die Pacht und heiratet endlich seine Hanna aus Hult. Kein Bauer hätte sich eine bessere wünschen können, tüchtig in allem, was eine Bauersfrau können muß, und allerorten geschätzt und geachtet. Ihr eignet eine Sicherheit, der sich niemand entziehen kann. Ihr Mann Samuel August gilt als weltoffen und weitblickend. Er versammelt die Bauern des Kirchspiels und gründet eine Genossenschaftsmolkerei, einen Zuchtverein für Stiere und einen für Hengste, schafft sich einen Ruf als Viehzüchter, Ackerbauer und Flurbereiniger. Astrid Lindgren berichtet, er habe von den Äckern und Feldern zu Näs mehr als achthundert Steinhaufen und zehntausend Steine geschafft. Die Kinder werden geboren: 1906 Gunnar, im Jahr darauf Astrid, 1911 Stina und 1916 schließlich Ingegerd - und es ist schön, Kind von Samuel August und Hanna zu sein:

Warum war es schön? Darüber habe ich oft nachgedacht, und ich glaube, ich weiß es. Zweierlei hatten wir, das unsere Kindheit zu dem gemacht hat, was sie gewesen ist - Geborgenheit und Freiheit. Wir fühlten uns geborgen bei diesen Eltern, die einander so zugetan waren und stets Zeit für uns hatten, wenn wir sie brauchten, uns im übrigen aber frei und unbeschwert auf dem wunderbaren Spielplatz, den wir in dem Näs unserer Kindheit besaßen, herumtollen ließen. Gewiß wurden wir in Zucht und Gottesfurcht erzogen, so wie es dazumal Sitte war, aber in unseren Spielen waren wir herrlich frei und nie überwacht. Und wir spielten und spielten und spielten, so daß es das reine Wunder ist, daß wir uns nicht totgespielt haben. Wir kletterten wie die Affen auf Bäume und Dächer, wir sprangen von Bretterstapeln und Heuhaufen, daß unsere Eingeweide nur so wimmerten, wir krochen quer durch riesige Sägemehlhaufen, lebensgefährliche, unterirdische Gänge entlang, und wir schwammen im Fluß, lange bevor wir überhaupt schwimmen konnten. Keinen Augenblick dachten wir an das Gebot unserer Mutter „aber nicht weiter raus als bis zum Nabel!" Überlebt aber haben wir alle vier.[15]

Die glücklichen Kinder in heiler Familie spiegeln nur eine der Möglichkeiten in Lindgrens Kinderbüchern. Andere Kinder wie in „Mio, mein Mio" leben in brüchiger Familie oder ohne Eltern und müssen sich, und sei es in ihrer Vorstellung, Selbstachtung und Selbstbewußtsein erkämpfen. Pippi Langstrumpf überspielt ihre Einsamkeit mit Kraft, Witz und blühender Phantasie. Die muß auch herhalten, den fernen Vater nach Hause zu träumen.

---

[15] Astrid Lindgren, Das entschwundene Land. Aus dem Schwedischen von Anna-Liese Kornitzky. Hamburg: Oetinger, 1977, S. 33f (erste schwedische Ausgabe „Samuel August från Sevedstorp och Hanna i Hult" 1975). - Zu Leben und Werk von Astrid Lindgren siehe neben anderen Margareta Strömstedt, Astrid Lindgren. Ein Lebensbild. Aus dem Schwedischen von Birgitta Kicherer. Hamburg: Oetinger, 2001 (erste, schwedische Ausgabe „Astrid Lindgren. En levnadsteckning" 1977, in zweiter, überarbeiteter und ergänzter Auflage 1999); Paul Berf und Astrid Surmatz (Hg.), Astrid Lindgren. Zum Donnerdrummel! Ein Werk-Porträt in einem Band. Hamburg: Rogner & Bernhard bei Zweitausendeins, 2001; Vivi Edström, Astrid Lindgren. Im Land der Märchen und Abenteuer. Aus dem Schwedischen von Astrid Surmatz. Hamburg: Oetinger, 1997 (erste, schwedische Ausgabe „Astrid Lindgren. Vildtoring och lägereld" 1992).

Pippi

Der Garten um das Haus der Ericsson ist wunderbar und gut für die Kinder. Es gibt eine herrliche Wiese, die niemals gemäht wird, und alte Rosensträucher, die voll von weißen und gelben und rosa Rosen sind. Nicht besonders feine Rosen, aber sie duften lieblich. Es gibt auch ziemlich viele Obstbäume und - das beste von allem - einige uralte Eichen und Ulmen, in denen man prima klettern kann. Pippi Langstrumpf tut das jedenfalls oft.

Pippi Langstrumpf ist neun und wohnt ganz allein in der Villa Kunterbunt. Ihre Mutter ist früh gestorben. Pippi winkt oft zu ihr hinauf und sagt: „Hab keine Angst um mich! Ich komm schon zurecht!" Pippis Vater ist Kapitän und segelt über die großen Meere. Negerkönig in Taka-Tuka-Land ist er und fast so stark wie Pippi. Die kann ein ganzes Pferd hochheben, wenn sie will. Und das will sie. Sie hat ein eigenes Pferd, das sie für eines ihrer vielen Goldstücke gekauft hat, als sie in die Villa Kunterbunt zog. Jetzt wohnt es auf der Veranda. Und wenn Pippi dort ihren Nachmittagskaffee trinken will, hebt sie ihr Pferd in den Garten hinaus.

Merkwürdig sieht diese Pippi aus. Ihr Haar hat die Farbe einer Möhre und ist in zwei feste Zöpfe geflochten, die vom Kopf abstehen. Ihre Nase gleicht einer kleinen Kartoffel und ist übersät von Sommersprossen. Unter der Nase sitzt ein riesig breiter Mund mit guten weißen Zähnen. Ihr Kleid hat Pippi selbst genäht. Es ist wunderschön gelb, aber der Stoff hat nicht gereicht, und so guckt eine blaue Hose mit weißen Punkten darunter hervor. An ihren staksig dünnen Beinen trägt Pippi lange Strümpfe, einen geringelten und einen schwarzen. Die stecken in einem Paar schwarzer Schuhe, die genau doppelt so groß sind wie ihre Füße. Die Schuhe hat ihr Vater in Südamerika gekauft, damit sie etwas hätte, in das sie hineinwachsen könnte, und Pippi wollte niemals andere haben.

Pippi schließt Freundschaft mit den Nachbarskindern Thomas und Annika. Mit ihnen sucht sie und findet einen *Spunk*:

Eines Morgens kamen Thomas und Annika wie gewöhnlich in Pippis Küche gerannt und riefen: „Guten Morgen!" Aber sie bekamen keine Antwort. Pippi saß mitten auf dem Küchentisch mit Herrn Nilsson, dem kleinen Affen, im Arm und einem glücklichen Lächeln auf den Lippen.

„Guten Morgen", sagten Thomas und Annika noch einmal.

„Stellt euch vor", sagte Pippi verträumt, „stellt euch bloß mal vor, daß ich es gefunden habe! Gerade ich und niemand anders!"

„Was hast du gefunden?" fragten Thomas und Annika. Sie wunderten sich nicht im geringsten darüber, daß Pippi etwas gefunden hatte, denn sie fand immer etwas. Aber sie wollten wissen, was es war. „Was hast du eigentlich gefunden, Pippi?"

„Ein neues Wort", sagte Pippi, und sie schaute Thomas und Annika glücklich an. „Ein funkelnagelneues Wort!"

„Was für ein Wort?" fragte Thomas.

„Ein wunderschönes Wort", sagte Pippi. „Eins der besten, die je gehört habe."

„Dann sag es doch", sagte Annika.

„Spunk!" sagte Pippi triumphierend.

„Spunk?" fragte Thomas. „Was bedeutet das?"

„Wenn ich das bloß wüßte", sagte Pippi. „Das einzige, was ich weiß, ist, daß es nicht Staubsauger bedeutet."

Thomas und Annika überlegten eine Weile. Schließlich sagte Annika:

„Aber wenn du nicht weißt, was es bedeutet, dann nützt es ja nichts!"

„Nein, das ist es ja, was mich ärgert", sagte Pippi.

„Wer hat eigentlich zuerst herausgefunden, was die Wörter alle bedeuten sollen?" fragte Thomas.

„Vermutlich ein Haufen alter Professoren", sagte Pippi. „Und man kann wirklich sagen, daß die Leute komisch sind. Was für Wörter die sich ausgedacht haben! Wanne und Holzpflock und Schnur und all so was - kein Mensch kann begreifen, wo sie das herhaben. Aber Spunk, was wirklich ein schönes Wort ist, darauf kommen sie nicht. Was für ein Glück, daß ich es gefunden habe! Und ich werde schon noch rauskriegen, was es bedeutet."

Sie dachte eine Weile nach.

„Spunk! Ob es vielleicht die oberste Spitze von einer blau angestrichenen Fahnenstange sein kann?" sagte sie zögernd.

„Es gibt doch keine Fahnenstangen, die blau gestrichen sind", meinte Annika.

„Nein, da hast du recht. Ja, dann weiß ich wirklich nicht. Ob es vielleicht das Geräusch sein kann, das entsteht, wenn man im Matsch watet und der Matsch quillt einem zwischen den Zehen hoch? Wir wollen mal hören, wie das klingt: Annika watete im Matsch herum, und da hörte man den allerherrlichsten Spunk."

Sie schüttelte den Kopf.

„Nein, das geht nicht. Da hörte man das allerherrlichste Tjipp, müßte es besser heißen."

Sie raufte sich die Haare.

„Das wird immer geheimnisvoller. Aber was es auch sein mag, herauskriegen werde ich es. Vielleicht kann man es im Geschäft kaufen? Kommt, wir wollen hingehen und fragen."

Thomas und Annika hatten nichts dagegen. Pippi ging an ihren Koffer, der voller Goldstücke war.

„Spunk", sagte sie. „Das klingt so, als ob es teuer wäre. Es ist wohl am besten, wenn ich ein Goldstück mitnehme."

Und das tat sie. Herr Nilsson sprang wie gewöhnlich auf ihre Schulter. Und dann hob Pippi das Pferd von der Veranda.

„Es ist eilig", sagte sie zu Thomas und Annika. „Wir reiten. Denn sonst ist vielleicht kein Spunk mehr übrig, wenn wir kommen. Es sollte mich nicht wundern, wenn der Bürgermeister das letzte Stück gekauft hätte."

Als das Pferd durch die Straßen der kleinen Stadt mit Pippi und Thomas und Annika auf dem Rücken galoppierte, klapperten die Hufe so laut auf den Pflastersteinen, daß alle Kinder es hörten, und sie kamen fröhlich angelaufen, denn sie hatten Pippi furchtbar gern.

„Pippi, wo willst du hin?" riefen sie.

„Ich will Spunk kaufen", sagte Pippi und hielt das Pferd an. Die Kinder blieben stehen und sahen ganz verwirrt aus.

„Ist das was Gutes zu essen?" fragte ein kleiner Junge.

„Und ob!" sagte Pippi und leckte sich die Lippen. „Es ist herrlich. Wenigstens hört es sich so an."

Vor einer Konditorei sprang sie vom Pferd und hob Thomas und Annika herunter. Dann gingen sie hinein.

„Ich möchte gern eine Tüte Spunk kaufen", sagte Pippi. „Aber es soll knusprig sein."

„Spunk", sagte das nette Fräulein hinter dem Ladentisch nachdenklich. „Ich glaube nicht, daß wir es haben."

„Doch, das müssen Sie haben", sagte Pippi. „Das muß es in allen guten Geschäften geben."

„Ja, aber es ist ausverkauft", sagte das Fräulein, das noch nie etwas von Spunk gehört hatte, aber nicht zugeben wollte, daß ihr Geschäft nicht eine ebenso gute Auswahl hatte wie alle anderen.

„Oh, haben sie es gestern gehabt?" rief Pippi eifrig. „Liebes Fräulein, sagen Sie mir, wie es ausgesehen hat. Ich hab noch nie in meinem Leben Spunk gesehen. Ist es rot gestreift?"

Das nette Fräulein wurde ganz rot, und dann sagte sie:

„Ach, ich weiß nicht, was das ist! Wir haben es jedenfalls nicht."

Pippi ging sehr enttäuscht hinaus.

„Dann muß ich weitersuchen", sagte sie. „Ohne Spunk geh ich nicht nach Hause."

Das nächste Geschäft war ein Eisenwarengeschäft. Ein Verkäufer verbeugte sich höflich vor den Kindern.

„Ich möchte gern einen Spunk haben", sagte Pippi. „Aber es soll die beste Qualität sein, einer, mit dem man Löwen totschlagen kann."

Der Verkäufer machte ein verschmitztes Gesicht.

„Wollen mal sehen, wollen mal sehen", sagte er und kratzte sich hinterm Ohr.

Er nahm eine kleine Harke und gab sie Pippi.

„Ist die richtig?" fragte er.

Pippi sah ihn ärgerlich an.

„Das ist das, was die Professoren eine Harke nennen", sagte sie. „Aber ich will nun mal zufällig einen Spunk haben. Versuch nicht, ein kleines, unschuldiges Kind reinzulegen."

Da lachte der Verkäufer und sagte:

„So etwas haben wir hier leider nicht. Frag im Kurzwarengeschäft an der Ecke nach."

„Kurzwarengeschäft", brummte Pippi, als sie und Thomas und Annika auf die Straße kamen. „Da gibt es das nicht, so viel weiß ich."

Sie sah eine Weile ganz traurig aus, aber dann hellte sich ihr Gesicht wieder auf.

„Vielleicht ist Spunk eine Krankheit", sagte sie. „Wir wollen den Doktor fragen."

Annika wußte, wo der Doktor wohnte, denn sie war dort gewesen, als sie geimpft worden war.

Pippi läutete an der Tür. Eine Krankenschwester öffnete.

„Ist der Herr Doktor da?" fragte Pippi. „Es ist ein sehr ernster Fall, eine kolossal schwere Krankheit."

„Bitte sehr, durch diese Tür hier", sagte die Krankenschwester.

Der Doktor saß an seinem Schreibtisch, als die Kinder hereinkamen. Pippi ging direkt zu ihm, machte die Augen zu und streckte die Zunge heraus.

„Was fehlt dir denn?" fragte der Doktor.

Pippi schlug ihre klaren blauen Augen wieder auf und nahm die Zunge wieder in den Mund.

„Ich fürchte, daß ich Spunk habe", sagte sie. „Denn mich juckt es am ganzen Körper. Und die Augen fallen mir vollständig zu, wenn ich schlafe. Manchmal hab ich Schluckauf. Und Sonntag ging es mir gar nicht gut, nachdem ich einen Teller Schuhkrem mit Milch gegessen hatte. Ich habe sehr guten Appetit, aber ich krieg das Essen so oft in die falsche Kehle, und da nutzt es einem nicht viel. Ich muß wohl Spunk bekommen haben. Sag mir nur eins: Ist es ansteckend?"

Der Doktor schaute in Pippis gesundes kleines Gesicht, und dann sagte er: „Ich glaube, es geht dir besser als den meisten Leuten. Ich bin sicher, daß du nicht an Spunk leidest."

Pippi faßte ihn voller Eifer am Arm.

„Aber es gibt jedenfalls eine Krankheit, die so heißt, ja?"

„Nein", sagte der Doktor, „die gibt es nicht. Aber wenn es sie gäbe, so glaube ich nicht, daß sie dich angreifen würde."

Pippi sah düster aus. Sie machte einen tiefen Knicks vor dem Doktor, und das tat Annika auch. Thomas verbeugte sich. Und sie gingen hinaus zum Pferd, das am Zaun vor dem Haus wartete.

Nicht weit entfernt stand ein hohes, dreistöckiges Haus. Ein Fenster im obersten Stockwerk war offen. Pippi zeigte hinauf und sagte:

„Es sollte mich nicht wundern, wenn der Spunk da oben ist. Ich klettere rauf und seh nach."

Rasch kletterte sie am Regenrohr hoch. Als sie in gleicher Höhe mit dem Fenster war, warf sie sich, ohne nachzudenken, in die Luft und ergriff das Fensterblech. Sie zog sich an den Armen hoch und steckte den Kopf durch das offene Fenster.

Im Zimmer saßen zwei Damen am Fenster und unterhielten sich. Kein Wunder, daß sie erstaunt waren, als plötzlich ein roter Kopf über dem Fensterbrett auftauchte und eine Stimme sagte:

„Ich möchte gern wissen, ob ein Spunk hier drinnen ist."

Die beiden Damen fingen vor Schreck an zu schreien.

„Gott bewahre, was sagst du, Kind? Ist es einer, der ausgebrochen ist?"

„Das ist es ja gerade, was ich wissen möchte", sagte Pippi höflich.

„Oh, vielleicht ist er unter dem Bett!" schrie die eine der Damen. „Beißt er?"

„Ich glaube es beinah", sagte Pippi. „Es klingt, als ob er prächtige Hauzähne hätte."

Die beiden Damen klammerten sich aneinander fest. Pippi schaute sich interessiert um, aber schließlich sagte sie wehmütig:

„Nein, hier ist nicht mal so viel wie ein Schnurrbarthaar von einem Spunk. Entschuldigen Sie bitte die Störung! Ich wollte bloß mal nachfragen, weil ich zufällig vorbeiging."

Sie ließ sich wieder am Regenrohr hinunter.

„Traurig", sagte sie zu Thomas und Annika. „Es gibt keinen Spunk in dieser Stadt. Wir reiten wieder nach Hause."

Und das taten sie. Als sie vor der Veranda vom Pferd sprangen, fehlte nicht viel, und Thomas hätte auf einen kleinen Käfer getreten, der auf dem Sandweg entlangkroch.

„Oh, Vorsicht, ein Käfer!" rief Pippi.

Sie hockten sich alle drei hin, um ihn zu betrachten. Er war so klein. Die Flügel waren grün und glänzten wie Metall.

„So ein hübscher kleiner Käfer", sagte Annika. „Ich möchte wissen, was es für einer ist."

„Ein Maikäfer ist es nicht", sagte Thomas.

„Ein Mistkäfer ist es auch nicht", sagte Annika. „Und auch kein Hirschkäfer. Was das wohl für einer ist?"

Über Pippis Gesicht breitete sich ein seliges Lächeln.

„Ich weiß", sagte sie. „Es ist ein Spunk."

„Bist du ganz sicher?" fragte Thomas.

„Glaubst du etwa nicht, daß ich einen Spunk erkenne, wenn ich einen vor mir hab?" sagte Pippi. „Hast du jemals in deinem Leben etwas so Spunkartiges gesehen?"

Sie brachte den Käfer vorsichtig an eine sichere Stelle, wo niemand auf ihn treten konnte.

„Mein lieber, kleiner Spunk", sagte sie zärtlich. „Ich wußte ja, daß ich schließlich doch einen finden würde. Aber komisch ist es schon. Wir sind in der ganzen Stadt herumgejagt, um einen Spunk zu finden, und dann ist er die ganze Zeit direkt vor der Villa Kunterbunt gewesen."[16]

1923 schließt Astrid Ericsson die Realschule ab und volontiert beim Heimatblatt in Vimmerby. Als sie schwanger wird, geht sie nach Stockholm, um dem Vater ihres unehelichen Kindes in der kleinen Stadt nicht ständig über den Weg

---

[16] Astrid Lindgren, Pippi Langstrumpf. Aus dem Schwedischen von Cäcilie Heinig. Hamburg: Oetinger, 1987, S. 302-310 (Gesamtausgabe; erste deutsche Ausgaben der Einzelbände „Pippi Langstrumpf" 1949, „Pippi Langstrumpf geht an Bord" 1950, „Pippi in Taka-Tuka-Land" 1951; erste deutsche Gesamtausgabe 1967; erste, schwedische Ausgaben „Pippi Långstrump" 1945, „Pippi Långstrump går om bord" 1946, „Pippi Långstrump i söderhavet" 1948).

zu laufen. Ihren Sohn Lars bringt sie 1926 in Kopenhagen zur Welt, wo sie ihn die ersten drei Jahre in Pflege gibt. Fünf Jahre darauf heiratet Astrid, die nun Sekretärin beim Automobilclub ist, ihren Chef Sture Lindgren. Tochter Karin wird 1934 geboren. Anfang der Vierziger zieht die Familie an die Dalagatan mit Blick auf den Vasapark, wo Lindgren bis ans Ende ihres Lebens wohnen bleibt. Ein paar Blocks weiter, auf einer Bank im Tegnérpark im Schatten des trotzenden Strindberg, halten die Stockholmer Astrid Lindgren mit jenem bitter einsamen Jungen in ihrer Erinnerung, den sie just dort fand und den sie als als Märchenprinzen Mio in den Sternenhimmel versetzt.

Seit den Vierzigern schreibt Lindgren erste Märchen und Kindergeschichten. 1945 erscheint „Pippi Långstrump". Es folgen „Meisterdetektiv Blomquist", „Wir Kinder aus Bullerbü", „Mio, mein Mio", „Lillebror und Karlsson vom Dach" und 1963 „Emil i Lönneberga", zu deutsch „Michel in der Suppenschüssel".

Michel

Die Bücher über Michel aus Lönneberga führen am tiefsten in die Kindheit, und sie haben Lindgren den größten Spaß gemacht. Hinter diesem Michel (im Schwedischen Emil, doch der schien im Deutschen durch Erich Kästners „Emil und die Detektive" besetzt) und auch hinter Lasse aus Bullerbü verstecken sich Astrids älterer Bruder Gunnar, der für jeden Streich in den Schuppen gesperrt wird und sich seine Strafe mit dem Schnitzen von Holzmännchen vertreibt, und ebenso der pfiffig-tüchtige Vater, dessen Erzählungen „über Pfortengeld, Krebsefangen, verrückte Kühe und kitzlige Pferde, Auktionen, Glaubensbefragung und Jahrmärkte und Bauernschmaus" in Michels Geschichten fließen.[17]

Bei Michel hat es ganz einfach mit dem Namen begonnen, im Sommer 1962. Um einen wütend brüllenden Dreijährigen zum Schweigen zu bringen, schreit die Lindgren noch lauter: „Weißt du, was Emil aus Lönneberga gemacht hat?" Da schweigt der Bengel. Natürlich will er wissen, was dieser Emil getan hat. Und Astrid Lindgren erzählt von einem phantastisch genialen und furchtlosen Jungen, der den Kopf in die Suppenschüssel steckt und seine Schwester auf den Fahnenmast hißt[18]:

---

[17] Astrid Lindgren, Författaren har ordet. In: „Vår skola: Lågstadiet", Heft 2, 1972. Zitiert bei Vivi Edström (Anm. 15), S. 328, Anm. 28.
[18] Astrid Lindgren, Das entschwundene Land (Anm. 15), S. 97.

Sonntag, den 10. Juni, war ein Festessen auf Katthult. Viele Leute sollten aus Lönneberga und von woandersher kommen. Michels Mama hatte mehrere Tage lang Essen gekocht.

„Das hier wird teuer", sagte Michels Papa. „Aber wenn schon gegessen werden soll, dann soll gegessen werden! Nur nicht knausern! Obwohl man die Fleischklöße ruhig etwas kleiner hätte machen können."

„Ich mache die Fleischklöße genau richtig", sagte Michels Mama. „Genau richtig groß, genau richtig rund und genau richtig braun." Und das stimmte. Außerdem machte sie Rippchen und Kalbsrouladen und Heringssalat und eingelegten Hering und Apfelkuchen und Aal in Gelee und Geschmortes und Pudding und zwei riesige Käsekuchen und dann eine besondere Art Wurst, die so gut war, daß viele Leute gern lange Wege fuhren, sogar von Vimmerby und Hultsfred her, nur um sie essen zu können.

Auch Michel mochte diese Wurst sehr gern.

Nun war dieser Tag wirklich dazu geschaffen, ein Fest zu feiern. Die Sonne schien, die Apfelbäume und der Flieder blühten. Die Luft war voll Vogelgesang, ganz Katthult war so schön wie ein Traum, wie es da auf seiner Anhöhe lag. Der Hof war frisch geharkt, das Haus an allen Ecken und Kanten gescheuert, das Essen war fertig, es fehlte an nichts mehr. Doch, etwas fehlte.

„Oh, wir haben ja vergessen, die Flagge zu hissen", sagte Michels Mama.

Das brachte Michels Papa in Trab. Er sauste hinaus zur Fahnenstange, und dicht hinter ihm her sausten Michel und Klein-Ida. Sie wollten sehen, wie die Flagge hochgezogen wurde.

„Ich glaube, das wird diesmal ein lustiges und gemütliches Essen", sagte Michels Mama zu Lina, als sie allein in der Küche waren.

„Ja, aber wäre es nicht sicherer, den Michel einzusperren wie das letzte Mal?" fragte Lina.

Michels Mama sah sie vorwurfsvoll an, sagte aber nichts.

Da warf Lina den Kopf in den Nacken und murmelte:

„Na ja, meinetwegen! Wir werden ja sehen, was passiert."

„Michel ist ein netter kleiner Junge", sagte seine Mama sehr bestimmt. Durch das Küchenfenster konnte sie sehen, wie der nette Junge herumlief und mit seiner kleinen Schwester spielte. Alle beide waren sie so schön wie zwei kleine Engel, fand Michels Mama, Michel in seinem gestreiften Sonntagsanzug und mit der Schirmmütze auf dem wolligen Kopf, Ida in dem neuen roten Kleid mit der weißen Schärpe um den rundlichen Bauch. Michels Mama schmunzelte. Aber dann schaute sie unruhig den Weg hinunter und sagte:

„Wenn doch Anton endlich die Flagge hissen würde, denn unsere Gäste können jeden Augenblick hier sein."

Es sah aus, als müßte alles gutgehen. Aber wie ärgerlich - gerade als Michels Papa mit der Flagge beschäftigt war, kam Alfred vom Stall her gelaufen und rief:

„Die Kuh kalbt, die Kuh kalbt!"

Das war natürlich Broka - so eine unvernünftige Kuh, ausgerechnet jetzt mußte sie kalben, wo es so eilig war mit allem anderen und die Flagge gerade hochsteigen sollte!

Michels Papa mußte alles liegenlassen und zum Stall rennen. Aber Michel und Ida standen noch bei der Fahnenstange.

Ida legte den Kopf nach hinten, so weit sie konnte, und sah empor zu der Goldkugel an der Spitze der Stange.

„Wie hoch sie ist", sagte sie. „Von dort oben kann man bestimmt bis nach Mariannelund sehen!"

Michel dachte nach, aber nicht lange.

„Das können wir schnell ausprobieren", sagte er. „Willst du, daß ich dich hochziehe?"

Klein-Ida lachte. Oh, wie nett doch der Michel war, und was für lustige Ideen er immer hatte!

„Ja, ich möchte Mariannelund sehen", sagte Klein-Ida.

„Das sollst du haben", sagte Michel freundlich. Er nahm den Haken, der dazu da war, die Flagge einzuhaken, und hakte ihn in Idas Schärpe. Dann nahm er die Flaggenleine fest in beide Hände. „Jetzt geht's los", sagte Michel.

„Hihi", lachte Klein-Ida.

Und hoch ging es mit der kleinen Ida - bis hinauf zur Spitze der Fahnenstange. Dann band Michel die Leine fest, genauso, wie Papa es immer machte, denn er wollte nicht, daß Ida herunterfiel und sich weh tat. Und da oben hing sie nun, so fest und ordentlich wie nie zuvor.

„Siehst du Mariannelund?" schrie Michel.

„Nein", schrie die kleine Ida, „nur Lönneberga."

„Ach, nur Lönneberga ... Du willst also wieder runter?" schrie Michel.

„Nein, noch nicht", schrie Ida. „Es macht doch Spaß, Lönneberga zu sehen - aber - oh, jetzt kommt der Besuch! Jetzt kommen sie alle!"

Und sie kamen wahrhaftig. Der Hofplatz war bereits voll mit Wagen und Pferden, und bald strömten die Gäste durch die Pforte und gingen langsam auf das Haus zu.

Voran ging die feine Frau Petrell. Sie war sogar mit der Kutsche von Vimmerby gekommen, um von Mutter Almas Wurst zu essen. Sie war eine sehr feine Frau mit Straußenfedern auf dem Hut und prächtig von vorn und von hinten. Zufrieden sah sie sich um. Katthult war schön, wie es so dalag im Sonnenschein zwischen Apfelbäumen und Flieder. Oh, es war alles so festlich, und die Fahne war gehißt. Ja, sie war gehißt, das sah Frau Petrell, wenn sie auch etwas kurzsichtig war.

Die Fahne? Plötzlich blieb Frau Petrell ganz verwirrt stehen. Was in aller Welt dachten sich Svenssons auf Katthult? Das mußte man sich wirklich fragen.

Michels Papa kam gerade aus dem Stall und Frau Petrell rief ihm zu:

„Bester Anton, was soll das hier bedeuten? Warum habt ihr den Danebrog gehißt?"

Michel stand neben ihr. Er wußte nicht, was der Danebrog war. Er hatte keine Ahnung, daß das der Name für die rot-weiße Flagge war, die sie in Dänemark haben, wo die Dänen wohnen. Aber so viel wußte er, daß das Rote und Weiße an der Spitze seiner Fahnenstange kein Danebrog war.

„Hihi", sagte Michel, „das ist nur Klein-Ida!"

Und die kleine Ida hoch oben lachte auch.

„Hihi, ich bin es nur!" schrie sie. „Ich kann ganz Lönneberga sehen."

Michels Papa lachte nicht. Er beeilte sich, Klein-Ida herunterzulassen, und da sagte Ida:

„Soviel Spaß hab ich nicht mehr gehabt, seit Michel mich damals in das Preiselbeermus getaucht hat."

Sie meinte den Tag, als sie Indianer gespielt hatten und als Michel sie in den Preiselbeerbottich gestopft hatte, damit sie am ganzen Körper rot würde wie ein Indianer.

Ja, Michel sorgte schon dafür, daß Ida Spaß hatte. Aber niemand dankte es ihm. Im Gegenteil! Jetzt packte ihn sein Papa hart am Arm und schüttelte ihn.

„Was hab ich gesagt", sagte Lina, als sie die beiden zum Tischlerschuppen gehen sah. Das war der Platz, wo Michel immer sitzen mußte, wenn er Unfug gemacht hatte.

Michel schrie und weinte. „Sie wollte doch Ma-ri-anne-lu-und sehen", schluchzte er.

Michel fand seinen Papa ziemlich ungerecht. Keiner hatte ihm jemals gesagt, daß er der kleinen Ida nicht Mariannelund zeigen dürfe. Und es war nicht seine Schuld, daß sie nicht mehr sehen konnte als Lönneberga!

Michel hörte nicht auf zu weinen. Aber nur, bis sein Papa die Tür abgeschlossen hatte und gegangen war. Dann hörte er auf. Eigentlich war es gemütlich im Tischlerschuppen. Da gab es so viele Holzstücke und Bretterreste, aus denen man etwas machen konnte. Michel schnitzte sich jedesmal, wenn er nach irgendeinem Unfug im Tischlerschuppen saß, ein lustiges Männchen. Er hatte schon vierundfünfzig Stück, und es sah ganz so aus, als könnten es mehr werden.[19]

Als Michel alias Bruder Gunnar dann erwachsen wird, wählen ihn die Leute von Lönneberga zum Präsidenten ihres Gemeinderats. Gunnar schafft es bis zum Abgeordneten im schwedischen Reichstag, von 1948 bis 1956.

Hanna aus Hult stirbt mit zweiundachtzig, Samuel August überlebt Hanna noch um acht Jahre und wird vierundneunzig; ebenso alt wird ihre Tochter Astrid. Sechsundfünfzig Jahre hält die Ehe der Eltern - bis der Tod sie trennt. Lindgren hat ihnen im „Entschwundenen Land" ihr Dankeschön geschrieben für eine Kindheit aus Magie und Haferbrei, aus ungehemmter Freude und grenzenloser Trauer. Frage man sie aber, so Lindgren, nach ihren Erinnerungen, dann gelte ihr erster Gedanke trotz allem nicht den Menschen, sondern der Natur:

Sie umschloß all meine Tage und erfüllte sie so intensiv, daß man es als Erwachsener gar nicht mehr fassen kann. Der Steinhaufen, wo die Walderdbeeren wuchsen, die Leberblümchenstellen, die Schlüsselblumenwiesen, die Blaubeerplätze, der Wald mit den rosa Erdglöckchen im Moos, das Gehölz rings um Näs, wo wir jeden Pfad und jeden Stein kannten, der Fluß mit

---

[19] Astrid Lindgren, Immer dieser Michel. Aus dem Schwedischen von Karl Kurt Peters. Hamburg: Oetinger, 1988, S. 35-46 (Gesamtausgabe; erste deutsche Ausgaben der Einzelbände „Michel in der Suppenschüssel" 1964, „Michel muß mehr Männchen machen" 1966 und „Michel bringt die Welt in Ordnung" 1970; erste deutsche Gesamtausgabe 1972; erste, schwedische Ausgaben „Emil i Lönneberga" 1963, „Nya hyss av Emil i Lönneberga" 1966, „Än lever Emil i Lönneberga" 1970).

den Seerosen, die Gräben, die Bäche und Bäume, an all das erinnere ich mich besser als an die Menschen. Steine und Bäume, sie standen uns nahe, fast wie lebende Wesen, und die Natur war es auch, die unsere Spiele und Träume hegte und nährte. In der Natur ringsum war auch all das angesiedelt, was unsere Phantasie zu erfinden vermochte. Alle Sagen und Märchen, alle Abenteuer, die wir uns ausgedacht oder gelesen oder gehört hatten, spielten sich nur dort ab, ja sogar unsere Lieder und Gebete hatten dort ihren angestammten Platz. So begann „Ein reines Herz ..." beispielsweise an der Holzschuppenecke und hörte am Graben hinter dem Waschhaus auf, das stand jedenfalls für mich fest. Als ich dies aber zufällig meinem Bruder Gunnar gegenüber erwähnte, rief er bestürzt aus: „Ja, bist du denn ganz und gar verrückt? ‚Ein reines Herz' geht doch hinterm Kuhstall lang!"

Noch heute ist es mir unbegreiflich, daß er „Ein reines Herz" auf einem so trivialen Platz wie hinter der Jauchegrube ansiedeln konnte. Wie gut hatte es da doch mein „Ein reines Herz", das so fromm den kleinen Pfad zwischen Faulbaum und Haselstrauch dahinwandern durfte, den Bach entlang, wo im Frühling die Sumpfdotterblumen gelb leuchteten, am Feldrain vorüber mit all den Walderdbeeren und danach an der Quelle, der tiefen und geheimnisvollen, wo in der Sommerhitze die Milch gekühlt wurde, bis hin zu dem uralten Waschhaus, das dort so einsam im Grünen versteckt lag, um schließlich - amen! - am Graben aufzuhören, wo das Goldmilzkraut wuchs.

Einen lieblicheren Wanderweg kann kein Gebet je gehabt haben. Heute freilich muß sich „Ein reines Herz" ganz heimatlos und verloren vorkommen. Denn der kleine Pfad ist verschwunden, der Bach mit den Sumpfdotterblumen fort, ebenso die Quelle und der Graben mit dem Goldmilzkraut, das Waschhaus steht nicht mehr, nie wieder können Kinder dort am Samstagabend im Zuber gebadet werden und hinterher heiß und reingeschrubbt in Frühjahrskühle, Herbstregen oder Winterschnee den „Ein reines Herz"-Pfad nach Hause laufen. All das ist nicht mehr, nur in der Erinnerung einiger weniger lebt es noch.[20]

Im März 2002 nehmen Jung und Alt im Stockholmer Dom von Astrid Lindgren Abschied. Sie betrauern die Autorin, die den Kindern die Rechte der Erwachsenen gab und den Erwachsenen ihr Recht auf Kindheit. Und sie trauern um eine Persönlichkeit, die den erstickenden Fürsorgestaat ebenso an den Pranger stellte wie seine Massentierhaltung oder die Kernenergie.[21] Um den weißen Sarg Astrid Lindgrens sind die Familie, der König, das Kabinett versammelt. In Vimmerby wollte sie bestattet sein, im Grab ihrer Familie. Zu ihrem hundertsten Geburtstag im Jahre 2007 soll auf dem Hauptplatz von Vimmerby ein richtiges Lindgren-Denkmal entstehen und im Pfarrhaus von Näs ein Museum für Schwedens weltweit geliebte Autorin.

---

[20] Astrid Lindgren, Das entschwundene Land (Anm. 15), S. 62-64.
[21] Zur politischen Haltung Lindgrens vgl. Margareta Strömstedt, Astrid Lindgren (Anm. 15), S. 303-339.

III
Östergötland

Östergötland erstreckt sich vom mächtigen Vätter-See im Westen bis zu den Schären und Felsen der Küste im Osten. Im Süden grenzt es an Småland, im Norden an die Wälder und Seen von Närke und Södermanland. Nur der west-östliche Streifen vom Omberg am Vättern bis zum einst erzreichen Kolmården jenseits Norrköping ist dichter besiedelt, und dies seit vorgeschichtlicher Zeit. Das hohe Mittelalter gründet seine Klöster in Alvastra am Omberg, in Vreta am Roxen und in Vadstena; 1120 schon wird Linköping Bischofssitz. Auf dem Eisen ruht der Reichtum im Norden des Landes. Der Bau des Göta-Kanals in den Jahren 1810 bis 1832 von Söderköping am Slätbakenfjord nach Motala am Vättern läßt früh die Industrie aufblühen.

Övralid

Fahren wir in Motala an den Schleusentreppen des Göta-Kanals vorüber die Landstraße 50 nordwärts und biegen zum Vätter-See Richtung Lemunda gård, taucht bald aus den tiefgrünen Hängen des Äske-Bergs auf halber Höhe weißleuchtend solitär ein Herrensitz, Wind und Sonne preisgegeben, ein Quader doppelstöckig auf Feldstein gegründet, schmal und sparsam die Fenster, der schützende Walm wie mit Blei gedeckt. Unaufdringlich wie der Herr des Hauses führt eine Freitreppe zum Eingang im Hochparterre.

Wir stehen vor dem Ruhesitz des Verner von Heidenstam, der vor hundert Jahren seine Leser auch in Deutschland hatte. Mit vierzig Jahren schreibt Heidenstam die „Karolinerna" (1897/98, deutsch „Karl der Zwölfte und seine Krieger" 1898) und „Der heiligen Birgitta Pilgerfahrt" (1901, deutsch 1925), später dann „Folkungaträdet" (1905-1907, deutsch „Der Stamm der Folkunger" 1909/10). Heidenstam, von altem Adel, elitär und egozentrisch, lebt heiter, liebt und trennt sich wieder, wandert, läßt sich treiben. Um 1900 zieht er in die Ufervilla von Naddö am jenseitigen Ufer der Bucht von Vadstena, leuchtend weiß unter rotem Walm. 1916 gewinnt Heidenstam den Nobelpreis und schreibt fortan keine Zeile mehr. Anfang der zwanziger Jahre baut er seinen Traum Övralid, einen Ort das Leben zu beschließen:

Nirgends breitet sich der See einsamer aus als hier. Kein Hof, keine Fischerhütte ist zu sehen, und Stunden können vergehen, ehe irgendein Segel über dem leeren Wasserspiegel auftaucht. Das östliche Ufer, das oberhalb von Grennas Gärten jäh zu bedeutender Höhe an-

steigt, geht nördlich vom Omberge in eine Ebene über, die in der Entfernung mit dem Wasser eins zu sein scheint. Bei klarem Wetter kann ich das Schloß von Vadstena erkennen und die Klosterkirche, die Palmkirche, die sich in Form eines Heiligenschreines wie eine blauschwarze Schäre am Horizonte erhebt und darum im Volksmunde Blaukirche genannt wird. Zuweilen wenn es windstill ist, oder der Wind von Vadstena herüberweht, glaube ich Glockenläuten zu vernehmen, aber immer so schwach, daß ich nicht unterscheiden kann, ob es nur ein Spiel meiner Einbildung sei. Die einzigen bestimmten Laute, die das Ohr erreichen, sind die Schreie der Möwen und das glucksende Wassergeplätscher. „Die Fische des Wettern werden alt,“ schreibt im siebzehnten Jahrhundert der Pfarrer von Hammar, Daniel Tiselius, „denn das Wasser ist gar fein und ausgearbeitet,“ und gerade das Wort „ausgearbeitet“ ist das richtige, denn jeder Wellenschlag zerbricht in eine endlose Zahl kleiner melodischer Schläge wie von weichen Korkhämmern auf einer Glasharmonika. Selbst mit verbundenen Augen, ohne zu wissen, wo ich mich befände, würde ich sofort den Wellenschlag des Wettern von dem aller anderen Seen unterscheiden können. Schnell und ungleichmäßig schlagen die Wellen ans Ufer und sinken, ohne zu rauschen, zurück mit einer ganz übermütigen kleinen Melodie glucksender und leis singender Töne. Immer ist es eine gewisse wiederkehrende Tonskala von unten nach oben und dann wieder nach unten, ehe sie jedoch ganz abgeschlossen ist, stimmt schon der nächste eilige Wellenschlag ein. Es macht mein Herz so sehnsuchtsvoll, diesem sorglosen Spiele zu lauschen. Tief in dem quellenklaren Wasser sehe ich die schlammigen Felsblöcke, und die Bläue des Sees und die hohen Küsten führen meine Gedanken nach Odysseus Inselreiche im südlichen Meere.[1]

Vom Schlößchen Övralid reicht der Blick weit über den See ans Ufer im Nordwesten des Vättern, der dort schon Teil der Landschaft Närke ist. Als heller Fleck schimmert übers Wasser das Rittergut von Olshammar, Ort der Kindheit Verner von Heidenstams:

Geboren bin ich im Schatten der sagenumsponnenen Kirche von Olshammar. Dort wurde auch meine Mutter geboren. Es lebten dort gute und deshalb glückliche Menschen, und sie liebten ihren Hof. Oft habe ich von der fernen Lebensreise in wachen Träumen sehnsüchtig zurückgeblickt zu der weißen Kirche auf ihrer Landzunge zwischen zwei Wetterseebuchten.

Der Hof war mit mehreren Eisenhütten und anderen Höfen vereint, und sie bildeten zusammen ein Gut, das sich vom Wettsee durch das Waldgebiet des Tived bis zum Unden[2] *erstreckte.*

War einer der Wege schwarz wie Ruß, dann führte er zu den Schmieden. Unter Funkenregen und Donner verrichteten dort die Nachkommen der eingewanderten Wallonen ihre Arbeit. Nur mit dem Hemd bekleidet, die Augen von der Brille beschützt, wendeten barfüßige Schmiede das glühende Schmelzbad, und wenn am Sonnabend Feierabend gemacht wurde, ver-

---

[1] Verner von Heidenstam, Der heiligen Birgitta Pilgerfahrt. Aus dem Schwedischen von Ilse Meyer-Lüne. München: Langen, 1925, S. 5f (erste deutsche Ausgabe 1903; erste, schwedische Ausgabe „Heliga Birgittas pilgrimsfärd" 1901).

[2] Der *Unden*-See liegt 15 km östlich von Olshammar in Västergötland.

gaßen sie nicht, vor dem Weggehen dem Wichtelmann einen Schnaps und ein Stück Brot hinzusetzen.

Begann der Weg nach stundenlanger Fahrt durch die Wälder, von Schlacken bestreut, edelsteinbunt zu glitzern, gelangte man bald zu den flammenden Türmen der Hochöfen. Ein roter Weg dagegen führte zu einer stillen Ziegelei. Geduldig stapften die Ochsen ihren Kreis um die Tonmühle, genau noch wie damals, als der erste Ziegel für den Klosterbau in Vadstena geformt wurde.

Das ältere Wohngebäude auf Olshammar brannte zu Ende des 18. Jahrhunderts nieder, scheint aber unbedeutend gewesen zu sein, nach dem Steinpflaster zu urteilen, das den Grund bildete und in einem Viereck von großen Fliederhecken zwischen Hofplatz und See noch vorhanden war. Die jetzigen Gebäude hatte mein Großvater aufgeführt, als er den Hof von seinem Vater erbte und sich verheiratete. Nach Großvaters Tod erbten meine Eltern ihren Anteil an dem Gut und den mit ihm verbundenen Eisenhütten, aber meine Großmutter behielt den eigentlichen Haupthof als Witwensitz. Bis zu meinem einundzwanzigsten Jahre war ich dann jeden Sommer dort mit meiner Mutter zu Besuch, und auf diese Weise war Olshammar ebensosehr meine eigentliche Kinderheimat wie die ihrige.

Auf der einen Seite des Hofplatzes lag die weißgestrichene Holzkirche mit ihrem viereckigen Turm. Nach alter, glaubwürdiger Legende war sie eine Gründung Birgittas, aber ihre jetzige Gestalt verdankte sie einem Umbau von 1770.

Birgitta lebte noch in der Volksphantasie fort, doch weniger als eine fromme Wohltäterin der Armen, denn als ein strenges, drohendes Sagenwesen in schwarzem Schleier. In den Herbstnächten wollte man sprühende Hufspuren ihres Pferdes im Wellengekräusel am schilfigen Ufer erblicken - dort, wo sie zwischen Vadstena und Olshammar über den See geritten war. Die große Birke, die bei Hindstorp[3] ihre Krone über die Dächer breitete, schoß auf dem Fleck aus der Erde empor, wo sie einmal ihre Reitpeitsche weggeworfen hatte. Eine Sage wußte doch von ihrer Demut zu berichten. Als sie nach einer Kirchmesse heimreiten wollte und zum Strande hinunterkam, weigerte sich das Pferd, auf das Wasser hinauszugehen. Da fiel ihr ein, daß sie einen armen Mann mehrmals in der Kirche hatte niesen hören, ohne ihm ein christliches Gott helf zuzusprechen. Alsbald drehte sie um und ritt in die Kirche zurück bis vor den Altar. Dort sprach sie deutlich, und indem sie das Haupt neigte, diese beiden Worte zu dem Alten, worauf das Pferd sich nicht länger widerspenstig zeigte, sondern mit raschen Sätzen über den Wettersee nach Hause jagte.

Hier ist schon früher von Birgittas Stein berichtet worden. Unter den Alten des Gutes ging eine Sage, daß, wenn jemand von der Herrschaft einen weiten Ritt tat und sich vom Birgittastein auf das Pferd schwang, er den Stein um Glück auf den Weg bat. Kam er wohlbehalten zurück, lüftete er erst dankbar den Hut vor dem Stein, ehe er den Leuten zunickte und aus dem Sattel glitt. Unglück sollte es bringen, wenn jemand versuchte, den Stein von der Stelle zu rücken. Ein übermütiger Knecht wälzte ihn des ungeachtet einmal an die Wand der Kirchenhalle. Besser hätte er seine Zeit verwandt, wenn er statt dessen ein Paar Ochsen gestriegelt hät-

---

[3] *Hindstorp* nahe Tjällmo, 20 km im Nordosten von Motala

te, denn in der Nacht rollte der Stein wieder an seinen alten Platz, und dort lag er, als der Hahn krähte. Trotzdem wollte der Knecht nicht klein beigeben, sondern lachte und drehte den Stein um, also mit dem flachen Teil gegen die Erde und der bauchigen Unterseite nach oben. Dann graute wieder der Morgen, aber in der Nacht geschah es, daß das alte Wohnhaus vom Boden bis zur Decke abbrannte.

Neben Birgittas Stein stand ein Sonnenzeiger, der auch aus Stein und in der Ecke mit dem Adelswappen der Handschen Familie gezeichnet war. Prächtige Käfer pflegten sich auf der Scheibe zu sonnen, ihren Harnisch zu heben und mit den Flügeln zu surren.

Im Flügelgebäude befand sich die Küche mit ihrem großen Backofen, und dort lohnte es sich nicht, mit dem Holz zu sparen. Zwei Mägde mußten die Speisen und das Porzellan zu allen Mahlzeiten in einem gewaltigen Menagekorb über den Hof tragen. In dem großen Hause waren die Zimmer anfangs leimfarben, in ruhigen, hellen Tönen gehalten, wurden aber dann während der allgemeinen Geschmacksverschlechterung mit Tapeten überklebt. Ein paar der ursprünglichen Kachelöfen standen dagegen noch immer da. Sie waren aus Ziegeln gefügt, sehr breit, fast wie Herde, mit großen Eisenklappen und marmoriert oder grau übermalt. Sie wärmten schlecht, waren aber gemütlich und stattlich. Ihre Ziegel waren auf dem Gut gebrannt worden. Die Wandbalken, die Dielenplanken, Ringe und Nägel, die Teppichläufer und handgewebten Kleider der Mägde, um die Felldecken in den Schlitten, den Lachs auf der Schüssel und das Obst auf der Schale nicht aufzuzählen - alles entstammte den Domänen des abgesonderten kleinen Reiches. Sogar die Möbel waren zum großen Teil von geschickten Bauerntischlern angefertigt. Nur das Eisenerz wurde in großen Fuhren aus den Gruben der nördlichen Gegenden Närkes geholt.

Die Dienstboten waren meist auf dem Gut geboren und wurden später dort angelernt. Viele von ihnen hatten niemals den Pfiff einer Eisenbahn vernommen und lauschten andächtig all dem Merkwürdigen, was Stockholmreisende zu erzählen wußten. In dem Umkreis von Wäldern und Bergen, wo sie ihre ersten Schritte taten, sich verheirateten, alterten und starben, besaßen sie ihre Welt. Jene andere, die außerhalb lag, kannten sie nur vom Hörensagen.[4]

Der alte Gutshof Olshammar gård hat sich zu einem kulturellem Refugium gewandelt samt Herberge, Tagungsräumen, Bibliothek und einem kleinen Museum für Olshammars Dichtersohn.

Auch Övralid am jenseitigen Ufer des Vättern steht - im Sommer - den Besuchern offen. Heidenstam hat seinen Altersitz mit Bedacht inszeniert, Interieurs für die Nachwelt, Erinnerungen, Medaillen und Preise, die Bücher nach der Farbe ihres Einbands geordnet, die mit goldenem Rücken ins Licht der Abendsonne gerückt. Störung bleibt fern. Fünfzehn Jahre hat Heidenstam noch den Frieden seines Alters hier genießen können. 1940 stirbt er. Sein Grab in Front Övralids,

---

[4] Verner von Heidenstam, Als die Kastanien blühten. Aus dem Schwedischen von Anny Carlsson. Frauenfeld: Huber, 1948, S. 114-119 (erste, schwedische Ausgabe „När kastanjerna blommade" 1941).

an der Seite dreier seiner Frauen, hat Heidenstam selbst entworfen, einen würdig kraftvollen Schluß: „Hier ruht der Staub eines alten Mannes. Dankbar preiset er das Unfaßbare, daß ihm vergönnte, auf der Erde das Leben eines Menschen zu leben."

Zu den Geburtstagen Heidenstams wird bis zum heutigen Tag an Övralids Tafel das Hochzeitsgeschirr der Familie aufgedeckt und einer Runde ehrenwerter Personen ein Menu serviert, wie Heidenstam selbst es sich zu Lebzeiten wählte - zu Lob und Preis von Dichtung und Lebenskunst.

Vadstena

In jenem Olshammar am Westufer des Vättern hat vor siebenhundert Jahren Ulf Gudmarsson seinen Hof „Ulvs Hammer". Mit dreizehn wird Birgitta Birgersdotter die Frau Ulfs. Diese Birgitta zwingt nach dem Tode ihres Mannes ihre acht Kinder und ihre Gefolgschaft ins Büßergewand, vernichtet Lebenslust und Eheglück um ihrer himmlischen Seligkeit willen. Sie hat die Vision eines Klosters in Vadstena, einfach und streng und revolutionär, für Frauen und Männer unter einem Dach. Mitte des 14. Jahrhunderts pilgert Birgitta ins sündige Rom und erwirkt vom Papst 1370 die Stiftung des Ordo Sanctissimi Salvatoris („Orden des Heiligsten Erlösers") und die Erlaubnis zur Gründung des Klosters. Sie zieht weiter ins Heilige Land, kehrt zurück nach Rom und stirbt dort 1373, ohne ihre Heimat wiederzusehen. 1391 wird Birgitta heiliggesprochen, ihr Leichnam nach Vadstena ins neue Kloster überführt. Seither ruhen die Reliquien Birgittas und ihrer Tochter Katarina, der ersten Äbtissin, in goldenem Schrein im Chor der Klosterkirche.

Vom Schloß Övralid sah Heidenstam über die Bucht des Vättern fernweg das Blau der Kirche von Vadstena leuchten. Ihm ist die Büßerlaune Birgittas fremd. Feindselig zeichnet er die Härte und Unduldsamkeit dieser Frau, den Triumph, den ihr die Entsagung schafft, den Stolz, den sie aus der Demut schöpft. Hatte Birgitta in den Jahren der Ehe und Familie denn *ihr* Leben gelebt? Uns scheint, erst die Pilgerfahrt hat Birgitta zu sich selbst gebracht.

Wenige Jahre nach der Überführung Birgittas wird das Chorgewölbe der Klosterkirche fertiggestellt, zwei Jahrzehnte später das Kirchengewölbe. 1430 ist König Erik von Pommern bei der Weihe der Kirche dabei. Nochmals ein Vierteljahrhundert, und der Dachreiter wird aufgesetzt. 1550 verlassen die Mönche das Kloster; die Lutheraner übernehmen die Kirche. Als Gustav I. Wasa die Klöster des Reiches schleifen läßt, um Ziegel zu gewinnen für seine Festungen, überlebt Vadstena. 1595 liegt das Kloster ausgestorben. Ins Haus der Nonnen, das im 13. Jahrhundert schon Königshaus war, ziehen die „Kriegsmannen", dann die Invaliden, schließlich die Irren der weitläufigen Krankenanstalt von Vadstena. Seit Anfang des 19. Jahrhunderts hat die Stadtgemeinde ihre Gottesdienste in die Klosterkirche gelegt.

Ein Reisender aus Leidenschaft und Neugier, belesen, klug und voller Phantasie, besucht Hans Christian Andersen Ende Juli 1849 für ein paar Tage Birgittas Vadstena. Schleswig und Holstein haben sich erhoben, Dänemark steht mit Preußen im Krieg. Andersen ist ins Nachbarland gewichen:

Wir gehen zum Klostergebäude, zu dem alten Rest, der noch davon steht, und betreten die Zelle der heiligen Birgitta. Sie ist noch unverändert: niedrig, eng und klein, vier winzige Scheiben bilden das ganze Fenster, doch hat man von dort eine Aussicht über den Garten, den Vätter-See, dieselbe schöne Landschaft, welche die Heilige als Rahmen ihres Gottes sah, wenn sie ihr Morgen- und Abendgebet sprach. In die Ziegelsteine des Fußbodens ist ein Rosenkranz eingeritzt; davor lag sie auf bloßen Knien und sprach für jede angedeutete Perle ein Vaterunser. Hier gibt es keinen Kamin und keinen Platz dafür, es ist kalt und einsam, wie einst, als hier die berühmteste Frau des Nordens wohnte, durch ihre eigene Klugheit und vom Zeitalter auf den Thron der Heiligen gehoben.

Aus der armen Zelle treten wir in eine noch geringere, die noch enger und kälter ist, in die das spärliche Tageslicht durch einen langen Spalt in der Mauer fällt; niemals war Glas davor, der Wind weht herein - wer war sie, die hier einmal wohnte?

Unsere Zeit hat ganz in der Nähe helle, angenehm warme Zimmer eingerichtet, an dem breiten Gang öffnet sich eine ganze Reihe, man hört lustigen Gesang - doch auch Lachen und Weinen, sonderbare Gestalten nicken uns zu. Wer sind diese? Das reiche Kloster der heiligen Birgitta, Wallfahrtsort von Königen, ist jetzt Schwedens Irrenhaus; und Reisende die Menge schrieben hier ihre Namen auf die Mauer. - Wir eilen fort und zu der riesigen Klosterkirche, der „Blaukirche", wie sie wegen ihrer Mauer aus Blaustein heißt, und hier, auch hier, wo die großen Steine des Fußbodens mächtige Herren, Äbtissinnen und Königinnen bedecken, ragt nur ein Monument heraus: hoch vor dem Altar erhebt sich, in Stein gehauen, eine Rittergestalt, es ist der wahnsinnige Herzog Magnus.[5] Von den Toten tritt gleichsam nur er hervor und meldet von jenem Leben, das sich heute dort rührt, wo einst die heilige Birgitta herrschte.

Geh mit leichtem Schritt über den Fußboden, dein Fuß berührt die Gräber von Frommen! Der flache, schmucklose Stein hier im Winkel bedeckt den Staub der edlen Königin Filippa - sie, die Tochter des mächtigen Englands, diese durch Herzensgröße unsterbliche Frau, hatte mit Klugheit und Mut den Thron ihres Gemahls verteidigt, der sie mit Roheit und Mißhandlungen verstieß. Das Kloster Vadstena gab ihr Schutz, dieses Grab schenkte ihr Ruhe.

---

[5] *Herzog Magnus* zweiter Sohn Gustavs I. Wasa; sein Grabdenkmal steht heute im westlichen Kirchenschiff unterhalb der Orgel.

Ein Grab suchen wir, so unbekannt und vergessen wie zu Lebzeiten jene Frau - und wer war sie? Die Klosterschwester Elisabeth, die holsteinische Grafentochter, einst die Braut König Haakons von Norwegen! Sie war schon mit Brautschmuck und Hofstaat zu ihrem königlichen Gemahl unterwegs, als König Valdemar kam, mit Gewalt und List ihre Reise aufhielt und Haakon bewog, sich mit der elfjährigen Margrete zu vermählen, die dadurch Norwegens Krone erhielt. Elisabeth wurde ins Kloster Vadstena geschickt, nach ihrem Willen wurde nicht gefragt. Als Margrete, die in der Geschichte des Nordens zu Recht einen großen Platz, in der des Herzens jedoch einen kleineren einnimmt, dann Herrscherin war, mächtig und angesehen, und das blühende Vadstena besuchte, dessen Äbtissin die Enkeltochter der heiligen Birgitta, die Kindheitsfreundin war, küßte sie jeden Mönch auf die Wange - man kennt die Sage, daß sich der schönste dabei schämte -, jeder Nonne die Hand, auch Elisabeth, die sie eben hier hatte sehen wollen - wessen Herz hat bei diesem Kuß wohl am stärksten gepocht? Arme Elisabeth! Dein Grab ist vergessen, doch nicht das Unrecht, das du erlitten.

Wir gehen in die Sakristei; hier ruhen unter doppeltem Sargdeckel die Überreste der Heiligsten eines Zeitalters im Norden, Glanz und Krone des Klosters Vadstena, der heiligen Birgitta. Die Legende erzählt, daß sich in jener Nacht, da sie geboren wurde, am Himmel eine strahlende Wolke zeigte, und darauf stand eine majestätische Jungfrau und sprach: „Birger ist geboren eine Tochter, deren wundersame Stimme über die ganze Welt gehört werden soll." In der Burg ihres Vaters, des Ritters Birger Brahe wuchs das zarte, eigene Kind heran; sie hatte Erscheinungen und Offenbarungen, und diese verstärkten sich, als sie mit nur dreizehn Jahren den reichen Ulf Gudmarsson zu Ulfåsa heiratete und Mutter zahlreicher Kinder wurde. „Du sollst meine Braut und mein Werkzeug sein!" hörte sie Christus sagen, und jede ihrer Handlungen war, wie sie sagte, nach seinem Gebot; ihm folgend zog sie nach Nidaros, zu Sankt Olavs heiligem Schrein, ihm folgend ging sie nach Deutschland, Frankreich, Spanien und Rom. Bald geehrt, bald verspottet, zog sie herum, sogar nach Zypern und Palästina. Sterbend kehrte sie zurück nach Rom, wo ihre letzte Offenbarung war, daß sie in Vadstena ruhen solle und daß dieses Kloster die Gnade und Liebe Gottes im besonderen besitze.[6]

Auch recht irdische Liebe schafft sich im Kloster ihren Raum:

An einer alten Mauer, schon seit Jahrhunderten grün von Schimmel, machen wir halt, dahinter befand sich das Kloster, von dem jetzt noch ein Flügel steht. In dem jetzt armen Garten blühen noch Bärenlauch und andere einstmals seltene Blumen. Darin wandelte eines Abends König Johan mit der Äbtissin Anna Gylte, und der König fragte listig, ob denn die Jungfrauen im Kloster niemals von der Liebe angefochten würden, und die Äbtissin antwortete, indem sie auf einen Vogel zeigte, der gerade über sie hinwegflog: „Das kann wohl geschehen. - Man kann

---

[6] Hans Christian Andersen, In Schweden. In: Reisebilder aus Schweden und England. Hg. und aus dem Dänischen übertragen von Gisela Perlet. Leipzig und Weimar: G. Kiepenheuer, 1985, S. 5-160, hier S. 39-42 (erste, dänische Ausgabe „I Sverrig" und erste deutsche Ausgabe 1851).

nicht einstehen dafür, daß der Vogel über den Kräutergarten fliegt, wohl aber verhindern, daß er ein Nest darin baut!"

So dachte die fromme Äbtissin, und es hat Schwestern gegeben, die dachten und handelten wie sie. Doch es ist auch gewiß, daß im gleichen Garten ein Birnbaum stand, den man den Baum des Todes nannte, und von ihm ging die Sage, daß, wer sich ihm nähere und von seinen Früchten pflücke, bald darauf sterben müsse. Gelbe und rote Birnen zogen die Zweige zur Erde, der Stamm war ungewöhnlich groß, um ihn herum wuchs hohes Gras, und in so mancher Morgenstunde sah man es niedergetreten. Wer war dort in der Nacht gewesen?

Da erhob sich nachts ein Sturm vom See, und am Morgen darauf lag der große Baum am Boden, der Stamm war zerbrochen, und aus ihm heraus waren dünne Menschengebeine gefallen; im Gras lagen schimmernd weiß die Gerippe von getöteten Neugeborenen.[7]

Es gehen die Zeiten. Der seewärtige Flügel des Klosters der Nonnen ist zum Hotel mutiert; gregorianischer Gesang im Hintergrund stimmt die Gäste ein. Die werden zum Frühstück in den Königssaal des Nonnenhauses gebeten. Das Haus der Mönche nebenan birgt ein nobles Restaurant. Schloß Vadstena gegenüber, das Hans Christian Andersen nur als Ruine sah, demonstriert wie einst Gustav Wasas Willen zur Macht.

Um 1930 sammeln sich die Birgittinen von neuem. 1973 kehren sie nach Vadstena heim. Ein Dutzend Schwestern sind sie und dazu die Äbtissin. 1998 wechseln ein paar von ihnen ans neue Heilig-Kreuz-Kloster unten am Omberg überm Vättersee. Auch die Lutheraner knüpfen an die Klostertradition. Ausgetretene Pilgerschuhe seitab im Kirchenschiff zeugen von gläubiger Wanderung auf den Wegen Birgittas. Papst Johannes Paul II. ist in Vadstenas Blaukirche vor dem Schrein der heiligen Birgitta in die Knie gesunken. Groß sind Weitsicht und Geduld der katholischen Mutter.

---

[7] Hans Christian Andersen, In Schweden (Anm. 6), S. 33f. Weitere Notate Andersens zu Gustav Eriksson (Gustav I. Wasa) und zum Wasserfall von Trollhättan siehe S. 151-153 und S. 199-203.

Keys Strand

Ach Ellen Key! Ihr Stern verblaßt vor der strahlenden Gewißheit einer Birgitta wie vor dem großzügig-weisen Rückzug des preisgekrönten Heidenstam. Eine
Stunde im Süden von Vadstena und außer Sicht von Övralid wählt Ellen Key
mit Bedacht den Bauplatz für *ihren* Lebenstraum - einen Katzensprung nur von
den Zisterziensern von Alvastra, am Südwesthang des Ombergs, weit geöffnet
zur Sonne und Freiheit über dem Vätter-See. Dort baut sie sechzigjährig ihr
Haus, „Keys Strand", hangabwärts, einstöckig, an den Längsseiten doppelter, an
den Giebeln gekrüppelter Walm, der Raum gibt für die vielen Mansarden und
den vor Blicken und Wind geschützten Balkon über der Treppe zum See. Dunkel das Dach, in Schönbrunner Gelb der Putz. Ein nackter Narziß aus Pompeji
verschönt das Sonnenbad. Im Juni 1911 zieht Ellen Key ein. Hier stirbt sie fünfzehn Jahre später.[8]

Errötend ist Ellen Key ein Gutteil ihres Lebens den Spuren des göttlich ge-
liebten Rilke gefolgt.[9] Doch Rilke ist nie zu Gast in Keys Strand. Von Jonsered
bei Göteborg besucht er im Spätherbst 1904 die Key bei ihrem Bruder auf Gut
Oby am Salen-See im Süden von Alvesta, im Herzen Smålands, sieben Bahn-
stunden und eine Schlittenfahrt in früher Dämmerung durch lautlos schneienden
Nachmittag. Dort in Oby findet Rilke „schwarz und unscheinbar, aber lauter
Freude unter dem weißen Haar" die Key, wie sie „auf einem roten Kanapee ihrer
Großmutter sitzend, den zweiten Teil ihrer Lebenslinien schreibt und ihre unzähligen Briefe beantwortet an lauter junge Mädchen und junge Frauen und jun-
ge Männer, die von ihr wissen wollten, wo das Leben anfängt".[10]

Rilke schreibt dies der Gefährtin Lou Andreas-Salomé. Er nimmt Ellen Key
und den Besuch auf Oby in die „Aufzeichnungen des Malte Laurids Brigge", in
die zweiundvierzigste Episode um Wjera Schulin auf Lystager, sprich Ellen Key
auf Oby - Faszination für das Vergangene: „Oft, wenn Besuch da war, hieß es,
daß Schulins sich einschränkten. Das große, alte Schloß war abgebrannt vor ein

---

[8] Vgl. Märta Holkers, Strand. Ellen Keys villa vid Vättern. In: „Antik & Auktion", Mai 1994,
S. 30-37.

[9] Vgl. Ellen Key, Ein Gottsucher (Rainer Maria Rilke). In: Ellen Key, Seelen und Werke.
Essays. Berlin: S. Fischer, 1911, S. 153-232 (Erstdruck „En Osterikisk Diktare" in „Ord och
Bild", 13. Jg. Hefte 9 und 10, September und Oktober 1904); Theodore Fiedler (Hg.), Rainer
Maria Rilke. Ellen Key. Briefwechsel. Frankfurt am Main und Leipzig: Insel, 1993; Reidar
Ekner, Rilke, Ellen Key och Sverige. In: „Samlaren" (Uppsala) Jg. 86 (1965), S. 3-43.

[10] Rainer Maria Rilke an Lou Andreas-Salomé, Charlottenlund bei Kopenhagen, 4. Dezember
1904. In: Rainer Maria Rilke, Briefe aus den Jahren 1902-1906. Hg. von Ruth Sieber-Rilke
und Carl Sieber. Leipzig: Insel, 1929, S. 232f, hier S. 233.

paar Jahren, und nun wohnten sie in den beiden engen Seitenflügeln und schränkten sich ein. Aber das Gästehaben lag ihnen nun einmal im Blut." [11]

Draußen in der Dämmerung liegt die Treppe zum Schloß, die ins Leere führt:

Ich wurde unter den Frauen weitergegeben und befühlt und befragt. Aber ich hatte mir fest vorgenommen, wenn das vorüber sei, irgendwie hinauszugleiten und mich nach dem Haus umzusehen. Ich war überzeugt, daß es heute da sei. Das Hinauskommen war nicht so schwierig; zwischen allen den Kleidern kam man unten durch wie ein Hund, und die Tür nach dem Vorraum zu war noch angelehnt. Aber draußen die äußere wollte nicht nachgeben. Da waren mehrere Vorrichtungen, Ketten und Riegel, die ich nicht richtig behandelte in der Eile. Plötzlich ging sie doch auf, aber mit lautem Geräusch, und eh ich draußen war, wurde ich festgehalten und zurückgezogen.

„Halt, hier wird nicht ausgekniffen", sagte Wjera Schulin belustigt. Sie beugte sich zu mir, und ich war entschlossen, dieser warmen Person nichts zu verraten. Sie aber, als ich nichts sagte, nahm ohne weiteres an, eine Nötigung meiner Natur hätte mich an die Tür getrieben; sie ergriff meine Hand und fing schon an zu gehen und wollte mich, halb vertraulich, halb hochmütig, irgendwohin mitziehen. Dieses intime Mißverständnis kränkte mich über die Maßen. Ich riß mich los und sah sie böse an. „Das Haus will ich sehen", sagte ich stolz. Sie begriff nicht.

„Das große Haus draußen an der Treppe."

„Schaf", machte sie und haschte nach mir, „da ist doch gar kein Haus mehr." Ich bestand darauf.

„Wir gehen einmal bei Tage hin", schlug sie einlenkend vor, „jetzt kann man da nicht herumkriechen. Es sind Löcher da, und gleich dahinter sind Papas Fischteiche, die nicht zufrieren dürfen. Da fällst du hinein und wirst ein Fisch."

Damit schob sie mich vor sich her wieder in die hellen Stuben. Da saßen sie alle und sprachen, und ich sah sie mir der Reihe nach an: die gehen natürlich nur hin, wenn es nicht da ist, dachte ich verächtlich; wenn Maman und ich hier wohnten, so wäre es immer da. Maman sah zerstreut aus, während alle zugleich redeten. Sie dachte gewiß an das Haus.

Zoë setzte sich zu mir und stellte mir Fragen. Sie hatte ein gutgeordnetes Gesicht, in dem sich das Einsehen von Zeit zu Zeit erneute, als sähe sie beständig etwas ein. Mein Vater saß etwas nach rechts geneigt und hörte der Marchesin zu, die lachte. Graf Schulin stand zwischen Maman und seiner Frau und erzählte etwas. Aber die Gräfin unterbrach ihn, sah ich, mitten im Satze.

„Nein, Kind, das bildest du dir ein", sagte der Graf gutmütig, aber er hatte auf einmal dasselbe beunruhigte Gesicht, das er vorstreckte über den beiden Damen. Die Gräfin war von ihrer sogenannten Einbildung nicht abzubringen. Sie sah ganz angestrengt aus, wie jemand, der

---

[11] Rainer Maria Rilke, Die Aufzeichnungen des Malte Laurids Brigge. In: Rainer Maria Rilke, Werke. Kommentierte Ausgabe in vier Bänden. Hg. von Manfred Engel, Ulrich Fülleborn, Horst Nalewski, August Stahl. Frankfurt am Main und Leipzig: Insel, 1996, Band 3: Prosa und Dramen, hg. von August Stahl, S. 453-635, hier S. 552 (erste, deutsche Ausgabe 1910).

nicht gestört sein will. Sie machte kleine, abwinkende Bewegungen mit ihren weißen Ringhänden, jemand sagte „sst", und es wurde plötzlich ganz still.

Hinter den Menschen drängten sich die großen Gegenstände aus dem alten Hause, viel zu nah. Das schwere Familiensilber glänzte und wölbte sich, als sähe man es durch Vergrößerungsgläser. Mein Vater sah sich befremdet um.

„Mama riecht", sagte Wjera Schulin hinter ihm, „da müssen wir immer alle still sein, sie riecht mit den Ohren", dabei aber stand sie selbst mit hochgezogenen Augenbrauen da, aufmerksam und ganz Nase.

Die Schulins waren in dieser Beziehung ein bißchen eigen seit dem Brande. In den engen, überheizten Stuben kam jeden Augenblick ein Geruch auf, und dann untersuchte man ihn, und jeder gab seine Meinung ab. Zoë machte sich am Ofen zu tun, sachlich und gewissenhaft, der Graf ging umher und stand ein wenig in jeder Ecke und wartete; „hier ist es nicht", sagte er dann. Die Gräfin war aufgestanden und wußte nicht, wo sie suchen sollte. Mein Vater drehte sich langsam um sich selbst, als hätte er den Geruch hinter sich. Die Marchesin, die sofort angenommen hatte, daß es ein garstiger Geruch sei, hielt ihr Taschentuch vor und sah von einem zum andern, ob es vorüber wäre. „Hier, hier", rief Wjera von Zeit zu Zeit, als hätte sie ihn. Und um jedes Wort herum war es merkwürdig still. Was mich angeht, so hatte ich fleißig mitgerochen. Aber auf einmal (war es die Hitze in den Zimmern oder das viele nahe Licht) überfiel mich zum erstenmal in meinem Leben etwas wie Gespensterfurcht. Es wurde mir klar, daß alle die deutlichen großen Menschen, die eben noch gesprochen und gelacht hatten, gebückt herumgingen und sich mit etwas Unsichtbarem beschäftigten; daß sie zugaben, daß da etwas war, was sie nicht sahen. Und es war schrecklich, daß es stärker war als sie alle.

Meine Angst steigerte sich. Mir war, als könnte das, was sie suchten, plötzlich aus mir ausbrechen wie ein Ausschlag; und dann würden sie es sehen und nach mir zeigen. Ganz verzweifelt sah ich nach Maman hinüber. Sie saß eigentümlich gerade da, mir kam vor, daß sie auf mich wartete. Kaum war ich bei ihr und fühlte, daß sie innen zitterte, so wußte ich, daß das Haus jetzt erst wieder verging.

„Malte, Feigling", lachte es irgendwo. Es war Wjeras Stimme. Aber wir ließen einander nicht los und ertrugen es zusammen; und wir blieben so, Maman und ich, bis das Haus wieder ganz vergangen war.[12]

Diese Zwischenwelt bleibt Keys Strand fremd. Ellen Keys Haus leuchtet. Alle Details tüftelt sie selbst und hegt sie als Dogma: Kissenbezug und Flickenteppich, Tapetenmuster und Einbauschrank, Gardinenkordel und Türbeschlag. Das wird freundlich und steril dem Besucher präsentiert, wo Ironie und Witz es näher brächten. Anders als die Key *spielt* Larsson oben in Sundborn mit seiner Welt. Hierzu fehlen der Key die Kinder, der Mann wohl auch.

---

[12] Rainer Maria Rilke, Die Aufzeichnungen des Malte Laurids Brigge (Anm. 11), S. 554-556.

Rilke hat Keys Kampf für die Rechte der Kinder hoch gelobt. Während seines Aufenthalts bei den Gibsons in Jonsered besucht Rilke Göteborgs „Högre Samskola", 1901 gegründet. Sie erhielt ihre Impulse von Ellen Keys „Jahrhundert des Kindes". Rilkes Gastgeber gehören zu den Stiftern des Schulversuchs. Die Berliner „Zukunft" druckt zum Jahresbeginn 1905 Rilkes Essay „Samskola":

> *Ich werde erzählen, was sich neulich in Gothenburg begeben hat. Es ist merkwürdig genug. Es geschah in dieser Stadt, daß mehrere Kinder zu ihren Eltern kamen und erklärten, sie wollten auch nachmittags in der Schule bleiben, auch wenn kein Unterricht ist, immer. Immer? Ja, so viel wie möglich. In welcher Schule?*
>
> *Ich werde von dieser Schule erzählen. Es ist eine ungewöhnliche, eine völlig unimperative Schule; eine Schule, die nachgibt, eine Schule, die sich nicht für fertig hält, sondern für etwas Werdendes, daran die Kinder selbst, umformend und bestimmend, arbeiten sollen. Die Kinder, in enger und freundlicher Beziehung mit einigen aufmerksamen, lernenden, vorsichtigen Erwachsenen, Menschen, Lehrern, wenn man will. Die Kinder sind in dieser Schule die Hauptsache. Man begreift, daß damit verschiedene Einrichtungen fortfallen, die an anderen Schulen üblich sind. Zum Beispiel: jene hochnotpeinlichen Untersuchungen und Verhöre, die man Prüfungen genannt hat, und die damit zusammenhängenden Zeugnisse. Sie waren ganz und gar eine Erfindung der Großen. Und man fühlt gleich, wenn man die Schule betritt, den Unterschied. Man ist in einer Schule, in der es nicht nach Staub, Tinte und Angst riecht, sondern nach Sonne, blondem Holz und Kindheit.*
>
> *Man wird sagen, daß sich eine solche Schule nicht halten kann. Nein, natürlich. Aber die Kinder halten sie.*[13]

Als Rilke dies schreibt, wachsen bereits seine Skepsis und Ablehnung gegenüber dem Wirken der Key. Eifersüchtig sei Key auf die Zukunft geworden, schreibt Rilke in seiner Würdigung ihres sechzigsten Geburtstages, und wo etwas Neues entstehe, widersetze sie sich oder, wenn es doch überdaure, adoptiere sie das Neue wie ein Unmündiges. So hebe sie gewissermaßen jeden Verkündiger auf, erst durch Widerspruch und dann durch Anhängerschaft. Es gebe, so Rilke, keinen Heilbringer ohne die Versuchung dieses Schicksals:

> *Wir kennen es und doch, da wir aufsahen und es vollzog sich an einer Frau, erschien es uns quälender und verwirrender als wir es kannten: da war eine Stimme aufgekommen, einseitig selig wie eines Kindes Freude, unbeweisbar: und nun drang sie nur noch schwach durch Zeugnisse und Bücherstellen und Rechtfertigungen. An dem Platze einer reinen Erscheinung war ein gefühliger Wallfahrtsort entstanden mit überflüssigen Mirakeln und vorübergehenden Heilungen. Und die Mittler-Gestalt verlor sich in diesem Gedränge umso verhängnisvoller, als nicht*

---

[13] Rainer Maria Rilke, Samskola. In: Rainer Maria Rilke, Werke (Anm. 11), Band 4: Schriften, hg. von Horst Nalewski, S. 576-582, hier S. 576 (Erstdruck in „Die Zukunft", Berlin, 13. Jg., 1. Januar 1905). Zu Rilke in Jonsered siehe weiter unten S. 204-206.

der Reiz und Irrtum des Erfolges sie darin festhielt, sondern ihr wahrestes Wesen, das bis zur Vernichtung gefährdet war. Aber da, völlig verschwunden in dem bewundernden Mißbrauch, der um sie zusammenschlug, muß diese Seele die ganze Gefahr überstanden haben; wahrscheinlich weil sie sie nicht kannte: wie Kinder überstehen.

Und nun mag man sie feiern; nicht ihre Güte und Hülfsfertigkeit, aber die lautere Stärke ihres Daseins; nicht ihre Wirkungen, aber ihr unsichtbares inneres Heldentum. Dieses wird ihre ewige Schönheit werden. Und wie anderen, im Alter, die Vergangenheit seltsam deutlich wird, so wird ihr, in ihrer Zurückgezogenheit, die Zukunft nahe sein.[14]

Zwei Jahre später zieht Key an den Omberg, wird die „Seherin von Strand" - „Sierskan på Strand". Im August 1911 besucht Lou Andreas-Salomé die Key in Strand und findet dort den Weg zu Sigmund Freud, dem dritten ihrer Weggefährten.[15] Beide, Rilke und Key, begegnen einander weiter, wechseln noch etliche Briefe, den letzten Ende 1921.

Im Sommer 1925 wandert die siebzehnjährige Astrid Lindgren mit einigen Freundinnen durch Östergötland. Sie machen Halt vor Ellen Keys Strand, wollen Haus und Herrin besuchen. Die erscheint auf dem Balkon, im Negligé, ungnädig und imposant, die Seherin bei ihrer Morgentoilette, wenig geneigt, ihre Verehrer zu empfangen. Statt ihrer stürzt ihr Bernhardiner heraus und beißt einem der Mädchen ins Bein. Nun dürfen sie ins Haus, die Key erscheint im Unterrock. Barsch fordert sie Lindgren auf, ihr den Rock zuzuknöpfen.

Der Bericht Lindgrens in den „Vimmerby Tidning" schont die alte Dame. Umso vergnügter erzählt Lindgren ihrer Biographin, wie sie an der Taille der Key herumnesteln durfte. Da hat Lindgren selber die Siebzig erreicht und ein Jahrhundert des Kindes geprägt, das von der großen Key eingeläutet worden war.[16]

---

[14] Rainer Maria Rilke, Ellen Key zum sechzigsten Geburtstag. In: Rainer Maria Rilke, Werke, Band 4 (Anm. 13), S. 659f, hier S. 659 (Erstdruck in „Idun. Illustrerad Tidning för Kvinnan och Hemmet", 22. Jg., 5. Dezember 1909). - Die Bedeutung Ellen Keys untersucht rückblickend Gabriela Häfner, Ellen Key und das kulturelle Selbstverständnis Schwedens zwischen Tradition und Moderne. Berlin: Humboldt-Universität, 1998 (Arbeitspapiere „Gemeinschaften" 18).

[15] Siehe Werner Ross, Lou Andreas-Salomé. Weggefährtin von Nietzsche, Rilke, Freud. Berlin: Siedler, 1992, S. 98.

[16] Margareta Strömstedt, Astrid Lindgren. Ein Lebensbild. Aus dem Schwedischen von Birgitta Kicherer. Hamburg: Oetinger, 2001, S. 178f (erste, schwedische Ausgabe „Astrid Lindgren. En levnadsteckning" 1977, in zweiter, überarbeiteter und ergänzter Auflage 1999).

Der Weg nach Glockenreich

Harry Martinson, das Gemeindekind aus Blekinge, Wanderarbeiter dann und Seemann, kehrt Ende der zwanziger Jahre wieder heim nach Schweden, um Kindheit und Jugend niederzuschreiben - „Die Nesseln blühen" und „Der Weg hinaus". Mitte der Dreißiger beginnt Martinson die Arbeit an seinem Lebensroman, den er „Vägen till Klockrike" nennen wird, den „Weg nach Glockenreich". Martinson erzählt die Geschichte vom Zigarrenmacher Bolle, der sein Handwerk quittiert und der Sehnsucht folgt.

Bolle geht auf die Walz. Schuld sind die Bilder auf den Kisten, die den Rauchern Märchen gaukeln - je schlechter die Zigarren, desto verheißender die Träume. Und so nimmt Bolle an schönen Tagen, wenn der Himmel blau ist, Ranzen und Stock und geht seiner Wege, immer wieder und schließlich ganz. Bolle ordnet sich in die Reihen der Tippelbrüder, die sich durch Schweden betteln. Staubig von den wärmenden Ziegeleien und mit verdorrten Schuhen sammeln sie sich bei den Wegweisern, die wie erstarrte Flügel deuten - nach Rosensjödal und Rök und Glockenreich.

Martinson verwischt die Topographie. Klockrike, Glockenreich, heiße eine Gemeinde im Kreis Boberg, schreibt er. Für diejenigen, die dort wohnen, sei es eine ganz gewöhnliche Gemeinde. Für Tippelbrüder sei sie schwer zu erreichen. Sie liege genau auf halbem Wege zwischen zwei Bezirken, die beide eine berittene Landpolizei haben. Die Hunde der Landpolizisten seien auf Tippelbrüder dressiert, und ihre Herren warten häufig bis nach Mitternacht. Passe der Tippelbruder nicht auf, müsse er schon lange vor Glockenreich büßen. Hin komme er niemals.

Glockenreich wird zum Kirchspiel, dessen Namen man wohl liest, das man aber nie erreicht. Will man nach Glockenreich, dann muß das im Traum geschehen. Dazu sind die Träume da.

Doch es gibt ein Glockenreich. Der Kirchort Klockrike liegt inmitten der fruchtbaren Äcker und Weiden Östergötlands, nahe dem Göta-Kanal. Vadstena ist nicht weit. In Glockenreich sind die Höfe reich, die Eigenheime gepflegt, die Wege mit harter Lust geharkt:

Wissen Sie auch, daß Sie eine Laus sind? sagte der Mann mit der Harke.
Ja, natürlich weiß ich das, sagte Bolle. Alle sind wir Läuse in den großen Wäldern der Welt. Aber schöne Läuse, auf zwei Beinen. Und wir können viel, wir träumen viel, wir bringen vieles zustande. Bis weit hinter die Sonne können wir sehen, und bis weit hinter den Mond. Und wir wissen, daß wir sterben müssen, aber wir gehen trotzdem aufrecht.

Sie mischen alles durcheinander, um sich selber zu verherrlichen, sagte der Mann mit der Harke. Aber Sie sollten Prügel haben. Warum laufen Sie so herum? Haben Sie jemals gearbeitet?

Das habe ich nicht behauptet.

Der Harkenmann lachte. Na, das war ja schön anzuhören. Die Bekenntnisse einer schönen Seele. Sie haben nicht behauptet, sagten Sie, daß Sie gearbeitet hätten. Das bedeutet mit anderen Worten, daß Sie nie gearbeitet haben. Und deshalb sind Sie eine Laus. Verstehen Sie das? Aus diesem Grunde habe ich unterstrichen, daß Sie eine Laus sind! Ich habe das gewußt.

Er zog ein paar Striche mit der Harke auf dem schmalen Gartenweg, der zu den Rosenrabatten führte. Dahinter führte der Weg unter eine Pergola. Unter der Pergola stand eine Bank. Auf der Bank saß eine junge Frau. Sie trug einen weißen Hut, dessen Krempe herunterhing, einen weichen Panama. Sie las in einem kleinen Buch.

Bolle erhaschte nur einen Blick von ihr und stellte dann sein Bewußtsein dafür ab, daß es etwas so Schönes in unmittelbarer Nähe von etwas so Krötigem wie dem Harkenmann gab.

Haben Sie gehört, was ich sagte? Aus diesem Grunde habe ich unterstrichen, daß Sie eine Laus sind. Weil Sie nie gearbeitet haben. Verstehen Sie?

Bolle kam ihm von seiner chinesischen Seite.

Jawohl, ich verstehe, der Herr meint es so. Der Herr geruht, so zu meinen. Und dem Herrn zu dienen, kann ich nur antworten, daß der Herr natürlich alles, was er sagt, einzig und allein aus Liebe zur Wahrheit sagt. Es geht so etwas wie ein Leuchten von der Stirn des Herrn aus. Es klingt eine Botschaft von Liebe zu allen Mitmenschen um jeden Schritt des Herrn.

Sind Sie mal Pastor gewesen? fragte der Harkenmann und blickte auf.

Ja, ich bin Pastor gewesen, sagte Bolle. Oder, richtiger gesagt, Missionar. Ich gehörte dem westlichen Petrifikat an. Das ist das Wüstenland der Seelendürre.

Und jetzt treiben Sie sich auf diese Art und Weise auf den Landstraßen herum! sagte der Harkenmann.

Bolle gab keine Antwort. Er schloß die Augen und dachte an die schöne Frau, die unter der Pergola von Rosen saß. Sie war wirklicher, aber auch unerreichbarer als das Paradies. Derweil harkte der Mann mit der Harke den Gartenweg bis zu ihr hin. Bolle konnte hören, wie die beiden ein paar Worte miteinander wechselten. Es hörte sich an, als hätte eine zarte Glocke aus feinstem böhmischen Glas mit einer alten, verrosteten Kuhschelle, die jahrelang zwischen welkem Laub und Erde verloren gelegen hatte, gesprochen. Dann kam der Mann mit der Harke zurück. Er zog die Harke hinter sich her, um die Spuren seiner Schritte zu beseitigen. Und jetzt war die schöne Frau fein eingeschlossen von dem fein Geharkten. Wenn sie jetzt auf den Gedanken kam, von der Bank unter der Pergola aufzustehen und wegzugehen, mußte sie mit Rücksicht auf den frischgeharkten Weg einen weiten Umweg über den Rasen machen, und der Tippelbruder würde keinen Schimmer von ihr stibitzen können. Er würde jetzt einfach nicht herankommen, sich den wirklichen Blick ins Paradies zu stibitzen. Denn frischgeharkte Wege werden von jedermann geraume Zeit respektiert. Mitunter viele Stunden lang. Niemand mag den feingekämmten Kies in Unordnung bringen, bevor es unbedingt nötig ist.

Der Mann mit der Harke, der diese wirklich hübsche und ordentliche Einschließung zu-
stande gebracht hatte, kam zurück und lächelte zufrieden. Seine eigene, kleine, ordentlich aus-
gerechnete und korrekte Tat hatte ihn freundlicher gegen den Tippelbruder gestimmt. Er war
jetzt sicherer, daß die Tippelbruderaugen keinen deutlicheren Eindruck von dem wirklichen
Bild der Schönen gewinnen würden als den, der auf größere Entfernung möglich war. Er lächel-
te jetzt beinahe freundlich.

Die Frau unter der Pergola stand von der Bank auf und ging weg. Ganz nach Bolles Be-
rechnung ging sie in einem großen Bogen über die Rasenfläche, die ziemlich weit entfernt lag.
Dann betrat sie von der entgegengesetzten Seite her das Haus.

Haben Sie sonst nichts Vergnügliches, worüber Sie reden können? fragte der Mann mit der
Harke, der die ganze Zeit über keinen Blick von der Pergola gelassen hatte. Seine blecherne
Kuhschellenstimme klang erleichtert. Er spielte jetzt den an einem müßigen Geschwätz Interes-
sierten. Auf eine Art und Weise, die Erleichterung verriet.

Wie weit ist es bis Påskallavik? fragte Bolle.

So gegen achtzehn Kilometer, antwortete der Mann mit der Harke, hörbar noch mehr er-
leichtert.

Donnerwetter, ist es so weit? Dann muß ich mich beeilen, sagte Bolle. Und noch während er
das sagte, drehte er sich blitzschnell auf einem Fuß um und ging so rasch davon, daß der Mann
mit der Harke, wie er dastand, ganz verdutzt aussah.

Er sah dem Tippelbruder nach und fühlte sich, verglichen mit dem Schönen, das unter der
Pergola gesessen hatte, so rasch zur Null und zu einem Nichts abgewertet, daß er wie unter
einem Schlage zusammenzuckte. Verwirrt begann er wieder zu harken. Der strafende Bu-
merang der Verdrießlichkeit, den er selber gegen den Tippelbruder geworfen hatte, kam gegen
seine eigene Brust gerichtet zurück. Er begann, auch die anderen Wege zu harken. Und wo
das Unkraut sich eingenistet hatte, griff er zum Stoßeisen und schnitt Wurzel und Hals Ge-
wächsen ab, die bestimmt wertvollere Beigaben der Erdoberfläche waren als er selber. Das emp-
fand er ein paar Augenblicke lang auf eine unheimliche, verstohlene Art und Weise.

Er begann mit seinem Stoßeisen auf einem anderen Seitenweg zu arbeiten, der eigentlich
hätte zuwachsen sollen. Schon war es der Natur gelungen, die lange, korrekte Wunde des
schnurgerade gezogenen Weges zur Hälfte wieder auszuheilen. Nun schwelgte der Mann mit
dem Stoßeisen dort den ganzen Nachmittag lang, und als es Abend wurde, war es ihm gelun-
gen, diesem Teil des Gartens das Aussehen zu geben, als hätte man aus einer schönen Haut
einen breiten, geraden Streifen herausgeschnitten. Nun fühlte er sich befriedigt. Und sein Gemüt
war erleichtert. Ihm war ein kleiner Stachel davon geblieben, daß er einen Menschen eine Laus
genannt und das zurückgenommen hatte; von dem Augenblick an, da der Tippelbruder so
spornstreichs vom Fleck weg gegangen war, hatte er einen kleinen Läusebiß in seinem Innern
verspürt. Jetzt aber fühlte er, daß er alles das mit ehrenwerter, geordneter Arbeit ausgelöscht
hatte.

Er pfiff wieder vor sich hin, zufrieden mit sich selbst und dem völlig schnurgeraden Garten-
weg. Als er für diesen Tag seine Gerätschaften wegstellte, kostete er mit Behagen von seinem

eigenen Innern. Das hatte einen frommen ehrbaren Geschmack, und in aller Demut fühlte er,
daß er des Paradieses wert war.

Die Schönheit aber, die unter der Pergola gesessen hatte und die von dem feinen Harken so
eingeschlossen worden war, daß sie den interessanten Tippelbruder gar nicht zu Gesicht be-
kommen hatte, ging am Abend in den Garten, kam gleich wieder ins Haus zurück und sagte:
Pfui, Onkel, warum hast du die schönen Blumen zerstört, die auf dem herrlichen kleinen ver-
wachsenen Weg wuchsen? Jetzt ist der gräßlich geworden! Warum hast du das getan, Onkel?
Und sie weinte, ein schönes, ehrliches Weinen, mit vollkommen reinen, tauklaren Tränen.
Denn sie war eine so herrliche kleine Frau, unberechenbar in Freude und Trauer, launisch und
niedlich. Niemand hätte ihren Charakter jemals dazu gebrauchen können, um mit ihm etwas
zu planen oder mit ihm Ordnung zu schaffen. Sie flatterte so hübsch nach allen Seiten hin.
Und wenn es jemanden gab, der wirklich verdiente, ins Paradies hineinzuflattern, dann war sie
das, die kleine Fledermaus.[17]

Ein paar Gehminuten nur von Klockrike nach Norden liegt zwischen Chaussee und Göta-Kanal der Herrensitz Brunneby gård: weit die Auffahrt ums Ron-
dell, breit gelagert der Bau, je vier hohe Fenster Front neben den drei Achsen
des Mittelbaus, über seinem Dreiecksgiebel die Schwedenfahne. Den Folkungen
hat Brunneby gehört. Einer der ihren baute das zugehörige Kirchlein vor mehr
als siebenhundert Jahren. Spätere Zeit hat ihm einen Dachreiter aufgesetzt, ge-
schwungen, mit Ziertürmchen und schlank hochragender Spitze wie eine siame-
sische Pagode. Der Göta-Kanal nahm Brunneby den Park. Nun bietet er den
Vorübergleitenden freien Blick auf das Herrenhaus. Seit gut hundert Jahren gehören der Hof und seine Mosterei den Kjellin. In der Küche von Brunneby gård
dürfen die Herren Tippelbrüder das Brot mit Frau Bettina teilen. Ins Wächter-
häuschen neben der Auffahrt hat Bettina Matratzen gepackt. Die Tippelbrüder
danken mit Handarbeit, Geflecht aus Draht von den Zäunen am Straßenrand.

Aufrührer und Träumer sind die Tippelbrüder. Wem Pflicht und Leistung sich
nicht zum Leben addieren, wer sich Größe und Glück der Freiheit wählt, der
geht den Weg nach Glockenreich. Wo aber liegt dies Glockenreich?

Fragte ihn ein Tippelbruder, konnte er zwar von allen Provinzen, ihren Möglichkeiten und
Unmöglichkeiten etwas erzählen, ob sie unfreundlich waren oder verständnisvoll, aber oft gab er
falsche Auskünfte, weil er so viel gesehen hatte, und da glaubten die Tippelbrüder, daß er log.
So war es mit Glockenreich. Er war dort gewesen. Er wußte, er hatte dreimal an der Kreu-
zung vor Glockenreich gestanden, aber wo das gewesen war, das wußte er nicht mehr. Glocken-

---

[17] Harry Martinson, Der Weg nach Glockenreich. Aus dem Schwedischen von Edzard Schaper. Rostock: Hinstorff, 1978, S. 151-155 (erste deutsche Ausgabe 1953, erste, schwedische
Ausgabe „Vägen till Klockrike" 1948). Für das schwedische „luffare" haben wir „Landstreicher" durch „Tippelbruder" ersetzt. D.A.

reich hatte sich ihm ins Gedächtnis geprägt, aber vielleicht war eine andere Erinnerung an einen anderen Ort stärker, und vielleicht gerieten ihm beide Erinnerungen durcheinander.

Er konnte sich recht stark an Glockenreich erinnern, an die Kreuzung vor Glockenreich, aber wo das war, das wußte er nicht mehr genau. Der Sommer war ihm noch im Gedächtnis. Er war wie der Wind rings um einen Wegweiser. Weiße Wolken und freier Himmel und das, was die Pfarrer in Schwedens weißen Kirchen die Ewigkeit nennen, stand hoch über dem Wegweiser vor Glockenreich, so wahr wie die Tage kommen und gehen. Ein Hund, ein Hofhund bellte in der Sommerhitze. Seine Zunge hechelte und war dünn wie Seidenpapier. Nein, das kann auch anderswo gewesen sein. Aber Glockenreich, ja.

Der Name hatte ihn verfolgt, sich in seinem Gedächtnis festgesetzt. Er schob die Landschaft ebenso wie die umherziehenden Brotverkäufer und die Wolken beiseite. Ja, jetzt erinnerte er sich. Da hatte einer auf den Wegweiser geschrieben „Zwei Gesellen auf der Walze nach" - aber, war das wirklich dort gewesen?

Nie würde er auf einer Karte nachschauen. Auf den Gedanken wäre er nie gekommen. Wer dreißig Jahre ohne Karte auf der Walze ist, leiht sich keine Karte um zu sehen, wohin die Straßen sich wenden. Sie mögen sich wenden wohin sie wollen; sie wenden sich durch das Leben, und dann wenden sie sich dem Tod entgegen.

Also. Konnte es nicht sein, daß er in Glockenreich einem Leichenzug begegnet war? Die hohen Räder des schwarzen Wagens fuhren durch Laub so gelb wie Feuer. Die Spuren der Räder waren voll von feuergelbem Laub, das um die Räder wirbelte wie wenn es um die schwarzen Todesspeichen brannte. Nein, dort konnte es nicht gewesen sein, aber vielleicht war es in Saxarby gewesen?

In Trääker habe ich gearbeitet, dachte er. Vor sechzehn Jahren. Warum kann ich mich daran erinnern? Damals standen die meisten Windmühlen noch in Halland. Öland war für seine Windmühlen berühmt, aber das war ungerecht und dumm. In Halland standen die echten, die großen, die bis zum Boden mit Schindeln gedeckt waren wie mit Schuppen, und da, auf der Heide ganz nah am Meer, da standen sie.

Ein paar Jahre später war ich wieder da, und da waren es schon weniger Mühlen. Autos rasten über die Straße, die nun am Meer durch die Heide ging, und es war laut, und die Mühlen mahlten nicht mehr. Dort konnte Glockenreich nicht sein. Wo aber mag Glockenreich sein? Wie und wo bin ich damals aufgewacht?

Ich muß nachdenken. Warte mal, es war in einer Scheune mit Heu. Ich bin herausgekrochen, die Sonne schien, und da waren Gänse auf einem Teich. Eine Magd trampelte in ihren Holzpantinen. Meine Beine hingen aus der Luke. Die Magd sah mich und schrie. Dann sprang ich herunter und bummelte durch die Wiesen davon. Der Wermut in den Straßengräben war gerade reif, es muß also Herbst gewesen sein. Und dann bin ich angekommen, ja. Nein, Glockenreich kann das nicht gewesen sein. Wie bin ich angekommen? Hat da nicht eine Frau am Butterfaß gestanden und gebuttert, und hat nicht der Bauer gesagt: „Sie dürfen eine Heugabel nehmen und eine Weile mit mir gehen und dann werden wir sehen, was es zu essen gibt." Nein, das war nicht Glockenreich. [...]

Eines Tages fällt ihm ein, wie gut er den Moment erinnert, als er laufen lernte. Er lief zwischen Vater und Mutter und dann vom Vater zur Mutter, und dann fiel er kopfüber gegen die Knie der Mutter. Er weiß, daß er das nicht wissen kann, und trotzdem erinnert er sich, weil das immer so ist, und jetzt weiß er es ganz genau: ja, so war es. Ein paar Tage noch, und du läufst über den Boden der ewigen Kate, und dann läufst du vielleicht bis zur Tür.

Wo steckt in solchen Augenblicken der Sterndeuter, der, unterm Zeiger der Katenuhr verborgen, flüstert: Der wird weit kommen, der wird Tippelbruder und wird umherziehen und umherstromern in Sehnsucht ohne Ziel (zur Sehnsucht gehört enormer Fleiß) und im Kopf Gewichte wie aus Blei (was die Denkfaulen Faulheit nennen). Der wird sein Leben lang Tippelbruder bleiben, immer um Glockenreich herum.

Sie haben geschuftet und gerackert, der Vater und die Mutter. Beide haben sie geschuftet und gerackert. Dürr und krumm sind sie geworden auf ihrem verschuldeten Fleckchen Erde.

An eins erinnere ich mich, denkt er. Die Mutter mußte in die Stadt. Aber dort lief sie wie eine Henne hin und her. Und schließlich begann sie, den Boden im Wartesaal zu kehren. Wischte Staub und kehrte. Als man sie fragte, sagte sie: Ich dachte, ich helfe ein bißchen, solange ich auf den Zug nach Hause warte. Wir haben ja einen so schönen Zug bekommen, jetzt, wo die Bahn Orkeslösa-Skerbulta fertig ist.

Aber sie hatten kein Verständnis für einen Menschen, der überall mithelfen will. Man hätte sie beinah ins Irrenhaus gebracht. Sie wußte mit ihrer Freiheit nichts anzufangen. Sie glaubte, daß sie daraus Arbeit machen sollte. Sie sehnte sich nach dem Schraubstock, das tat sie wirklich. In einem fernen Schraubstock in Amerika wollte sie wohnen. Nachts im Traum sah ich sie beide, Vater und Mutter. Sie saßen im Schraubstock, jeder in seinem, und wurden von den bösen Geistern des Hauses gequält, den Schulden und den Lebensnotwendigkeiten. Und neben ihnen, in andere Schraubstöcke gezwängt, saßen riesige purpurrote Vögel mit furchterregenden gelben Augen. Und eines Nachts träumte ich vom Pendel der Uhr. Der böse Geist Lebensnotwendigkeiten ging zur Uhr und löste das Pendel. Das Pendel glich einer Axt. Das Messing glänzte, und mit einem Schlag hieb der böse Geist mich mittendurch. Ich schrie, und ich erwachte in Glockenreich. Als Vater und Mutter tot und beerdigt waren, habe ich mich aus dem Staube gemacht.

Ich habe mehr gearbeitet als mancher ordentliche Mensch. Ich habe Häuser gebaut, ich habe mit auf dem Gerüst gestanden. Erst wurden die Häuser gelb, gelb wie das Bauholz. Später wurden sie grau, wenn man sie nicht schnell genug anstrich. Oft zogen die Leute schon ein, wenn das Haus noch gelb war. Sie bekamen ihre Hausnummer, ihre Anmeldung beim Einwohnermeldeamt und die Kloschlüssel. Da drinnen sollten sie zu guten Soldaten werden und lernen, im Takt zu gehen wie eine Uhr und zu Termiten zu werden wie in Afrika. Die letzten in der Warteschlange waren zwei Wesen so klein, daß man sich bücken mußte, um sie zu erkennen. Das waren der Holzwurm und die Todesuhr. Auf der Treppe saß ein zweijähriges Bübchen und lutschte am Daumen. Und eines Tages würden seine Enkel schöne Worte finden über die altersgrauen Katen am Fluß.

Ja, er hatte geholfen, Häuser für viele Menschen zu bauen. Aber schließlich hatte er genug, verlor die Lust, seine Beine wollten mit ihm davon. Und daraus wurde eine Flucht, Flucht vor den Meilen, die hinter ihm lagen, Flucht vor der Suche nach einem Halt auf dem Weg.

Es ist an einem Wintertag. Die Fichten tragen Hermelin. Die Beine gehen wie Pendel, wie Pendel, damit sie nicht frieren, und er ruft in den kalten Wald: Wo geht es hier nach Glockenreich, Freunde? Wie komme ich nach Glockenreich? [18]

---

[18] Harry Martinson, Vägen till Klockrike. In: Harry Martinson, Bollesagor. Ur det efterlämnade materialet till Vägen till Klockrike (Bollegeschichten. Aus den hinterlassenen Materialien zum Weg nach Glockenreich). Zusammengestellt und hg. von Ingalisa Munck. Stockholm: Bonniers, 1983, S. 230-237 (Erstdruck in „Tidningen Vi" 1937, Nr. 33). Aus dem Schwedischen von Birgitta Helwig und Dietmar Albrecht.

IV
Mälaren

Als Meeresfjord der Ostsee streckt der Mälar-See sich von Stockholm tief ins Innere. Die Schleusen neben Stockholms Altstadt trennen das Salzwasser des Schärengartens vom Süßwasser des Binnensees. An einem seiner Zipfel im Südwesten liegt die klitzekleine Stadt, still und friedlich und mit einem Spielzeugbahnhof samt zwei Schienenpaaren und einem ehrenamtlich schnaufenden Bähnchen, das sich einen Schornstein angesteckt hat - Mariefred.

Niemand nähme Notiz von Mariefred, hätte es nicht eines der ältesten Schlösser Schwedens. Dick und beruhigend, eine Gründung Gustavs I. Wasa wie Schloß Vadstena, bewacht Gripsholm sich selbst, ringsum Wasser, leuchtend roter Backstein drüber, Laternen auf mächtig runden Kuppeln, alles bedächtig und gewichtig. Im Schloßhof protzen die Kanonen „Bär" und „Sau", 1577 und 1579 gegossen, die eine in Narva, die andere in Ivangorod erbeutet - welche wo weiß niemand. Beide gelangen 1623 nach Gripsholm, als Zeugen der Großmacht Schweden unter Gustav II. Adolf.

Gripsholm birgt das Pantheon der Schweden, eine Galerie phantastischer Gestalten: Erik der Vierzehnte, der in Wahnsinn fällt, auf Gripsholm gefangengesetzt und von seinem Bruder und Nachfolger Johann dem Dritten mit Erbsensuppe vergiftet wird - Erbsensuppe! Oder Königin Kristina, Tochter Gustavs des Zweiten Adolf, klug und neugierig, selbstbewußt und eigensinnig bis zur Grausamkeit, die all das tut, was man nicht tut, nämlich die Ehe verweigern, abdanken, ihr Vaterland verlassen, ihre Religion wechseln, die eine der gescheitesten Frauen Europas ist und eine Mäzenin großen Stils und ebenso große Verschwenderin, die noch kurz vor Friedensschluß 1648 den Hradschin ausrauben läßt, die Kronbeute der Tizians, Tintorettos, Correggios mitnimmt nach Rom und dort im Petersdom begraben liegt. Oder Gustav der Dritte, der zwischen Absolutismus und Aufklärung schwankt, den Sänger und Spötter Bellman fördert und sich à la vénitienne maskiert wie seine adligen Mörder, deren Kugel ihm ein tödliches Loch in die Seide reißt.

Und Mariefred hat ein Wirtshaus, „Gripsholms värdshus", zwischen Stadt, Kirche und See, ein *Gästgifvaregård* mit Königssuite. Ernst Moritz Arndt schildert die königlich schwedischen Gasthöfe im Auftakt seiner „Reise durch Schweden", die 1806 erscheint. Arndt ist zu jener Zeit noch schwedischer Untertan und hat gerade als Dozent für Geschichte die Greifswalder Universität verlassen. Er reist, vom November 1803 bis September 1804, im Auftrag der schwedischen Regierung, die sich von seinen Berichten positive Wirkung auf kritische politische Stimmen in den

Reichsteilen südlich der Ostsee erhofft. Die beiden Bände seiner Reise widmet Arndt „Seiner Excellence dem Herrn Freiherrn von Essen, Einem der Herren des Reichs, General-Gouverneur über Pommern und Rügen, Kanzler der Akademie zu Greifswald, Ritter und Commandeur der Königl. Orden". Was in anderen Ländern die Posthäuser, so schreibt Arndt, das seien in Schweden die *Gästgifvaregårdar*.

Diese haben besondere Freiheiten und Immunitäten, kleine Vortheile an Wiesen und Äckern, andere zufällige nicht mitgerechnet. In den volkreicheren Provinzen und an den größeren Landstraßen bestehen sie oft aus recht ansehnlichen Gebäuden mit mehreren tapezirten Zimmern, Spiegeln und Betten zum Logiren; für die Wirthschaft und die Pferde und Leute sind Nebenhäuschen, Scheunen und Ställe. Der Inhaber solcher Häuser heißt Gästgifvare. Ihm liegt es ob, für die Fortschaffung und Bequemlichkeit der Reisenden zu sorgen, den Müden, Kranken, Übernachtenden für billige Bezahlung Zimmer, Betten, Essen zu reichen, kurz Fremde und Eingeborne mit der Höflichkeit, Gerechtigkeit und Billigkeit zu empfangen und zu bedienen, welche seiner Nation so eigen ist. [...]

Nach dem Gesetze sind die Gästgifvare verbunden, für das Bedürfnis der Reisenden und der Pferde alles, was so gewöhnlich gefordert werden kann, in Bereitschaft zu haben und nach einer Taxe zu liefern, die in der Kanzlei der Provinz aufgerichtet und in dem Eintrittszimmer der Reisenden gewöhnlich angeschlagen ist. Heu und Stroh, Hafer und Brod, Milch und Bier, Schinken und Käse, Stube und Bett ist da taxirt. Leider aber findet man manche Gästgifvaregårdar selbst an den besuchten Straßen, wo manche Artikel schlecht sind oder gar fehlen. Einige meinen, daran eben sei die Taxe Schuld, die so niedrig ist, daß kaum die Mühe und Kosten der Anschaffung und Bewahrung, geschweige denn die der Bereitung und Aufwartung bezahlt werden; vielleicht haben sie nicht ganz Unrecht. Für die Fremden, die nicht Bescheid wissen, ist dies am schlimmsten; die Einheimischen, die oft des Weges gereist sind, haben die guten Stellen mit einem glücklichen Stern bezeichnet und wissen, wo sich mit Bequemlichkeit, Zierlichkeit und Sättigung Mahlzeiten und Nachtlager halten lassen. Für Fremde ist es, wenigstens in den rauheren Jahreszeiten, gerathen, auf alle Fälle sich mit kalter Küche und einem Flaschenfutter zu versorgen. Ich habe auf manchem Gästgifvaregård geschlafen und gegessen, wo Reinlichkeit, Zierlichkeit und Bewirtung herrlich in einander griffen. Manche Fremde thun dem Lande offenbar Unrecht. Freilich wie die Taverns und Hôtels auf den Straßen um London und Paris kann es hier nicht seyn; aber es ist eben so gut, oft viel besser, als auf den meisten Stationen Nord-Teutschlands und Mittel-Teutschlands, eines Theils von Italien und Nord-Frankreichs.[1]

Mariefreds Gasthof, vor vierhundert Jahren von Karl IX. privilegiert, hält Stil und Gastlichkeit auf stolzem Niveau. Ebenso SS „Mariefred": hundert Jahre alt und mächtig qualmend schafft das Dampferchen seinen Weg von Stockholm quer über den Mälar-See in tapferen dreieinhalb Stunden.

---

[1] Ernst Moritz Arndt, Reise durch Schweden im Jahr 1804. Berlin: G. A. Lange, vier Teile in zwei Bänden 1806, Erster Teil S. 3, 8-10. Reisenotate Arndts zu Dalarna und Falun siehe S. 132-135.

Eine Sommergeschichte

Schloß Gripsholm gibt, nach dem Rheinsberger Bilderbuch für Verliebte, die Kulisse zur zweiten Sommergeschichte Kurt Tucholskys, eine kleine Geschichte zart im Gefühl, leicht ironisch, nicht zu umfangreich, fünfzehn bis sechzehn Bogen, kartoniert und mit einem bunten Umschlag. Tucholsky unterstellt seinem Verleger Rowohlt diesen Wunsch in einer fiktiven Korrespondenz zum Auftakt der Geschichte.

Luftig-heiter und ein wenig frivol soll die Urlaubsreise in den Norden werden, Glück privat. Fritzchen, das herbeigeflogene Karlchen und die Prinzessin wollen der Zeit entrinnen. Sie können das nicht, die Zeit kommt nach. „Die Leute fressen einen auf", philosophiert Fritzchen beim Blick in den Sommerhimmel. „Das Schlimmste ist: sie stellen die Fragen und sie ziehen die Kreise und sie spannen die Schnüre - und du hast zu antworten, du hast nachzuziehen, du hast zu springen ... du kannst dir nichts aussuchen. Wir sind nicht hienieden, um auszusuchen, sondern um vorliebzunehmen [...]." [2]

Tucholsky zitiert mit dem letzten Satz Wilhelm Raabe, eine Liebeserklärung zum hundertsten Geburtstag Raabes im Jahr des Erscheinens der Sommergeschichte - gleich dem Motto aus Raabes Vorrede zum „Frühling", das Tucholsky dem hundertsten Tausend seines Rheinsberger Bilderbuchs für Verliebte im selben Jahr 1931 voranstellt.[3] „Man kommt nicht in die Welt, um sich ‚auszusuchen', sondern um ‚vorlieb zu nehmen' " - Raabe hatte den Satz auf den Innendeckel einer Kladde geschrieben, auf dessen gegenüberliegender Seite ein erster Entwurf zur Erzählung „Eulenpfingsten" beginnt.[4] Die Nachlese der Ausgabe letzter Hand von Raabes Sämtlichen Werken, erschienen 1916, hatte das Notat öffentlich gemacht.[5]

---

[2] Kurt Tucholsky, Schloß Gripsholm. In: Kurt Tucholsky, Gesamtausgabe. Texte und Briefe. Hg. von Antje Bonitz, Dirk Grathoff, Michael Hepp und Gerhard Kraiker. Reinbek: Rowohlt, 1996-, Band 14: Texte 1931, hg. von Sabina Becker (1998), S. 148-258, hier S. 201.

[3] Kurt Tucholsky, Rheinsberg. Ein Bilderbuch für Verliebte. Berlin: Juncker, 100.-110. Tausend 1931, S. 4 (erste Auflage 1912).

[4] Wilhelm Raabe, Eulenpfingsten (1874). In: Wilhelm Raabe, Sämtliche Werke. Berlin: Klemm, 1913-1916 (Ausgabe letzter Hand), Zweite Serie Band 4 (1915), S. 212-313, hier S. 251f.

[5] Wilhelm Raabe, Nachlese. Gedanken und Einfälle. In: Wilhelm Raabe, Sämtliche Werke (Anm. 4), Dritte Serie Band 6 (1916), S. 549-594, hier S. 551. Vgl. die Nummern 24 und 25 im Marbacher Katalog 45 „Entlaufene Bürger. Kurt Tucholsky und die Seinen". Eine Ausstellung des Deutschen Literaturarchivs im Schiller-Nationalmuseum Marbach am Neckar. Ausstellung und Katalog von Jochen Meyer in Zusammenarbeit mit Antje Bonitz. Marbach: Deutsche Schillergesellschaft, 1990, S. 48-50.

Tucholsky war ein Liebhaber versteckter Winkel der Literatur. Und so findet er auch bei Raabe das Vorbild seiner Sommergeschichte: die kleine Erzählung „Pfisters Mühle", in der draußen im Wiesengrund ein landflüchtig gewordener Müllerssohn die Freuden seiner Kindheit sucht.[6] Und wie in Raabes „Sommerferienheft" der Auswurf einer Zuckerfabrik die Mühlenidylle würgt, so vergällt die Tyrannei der Adriani, Herrscherin über die Kinderbewahranstalt, die Sommergeschichte der Träumer am Mälar-See.

Fremde Willen unter sich fühlen - das donnert, befiehlt, verbietet und hört nie auf. Tucholsky schreibt „Schloß Gripsholm", während die Nationalsozialisten in Thüringen ihren ersten Ministersessel erwerben. Auch in der Sommerarena von Gripsholm stürzen Bestien sich auf die Hilflos-Tapferen. In jedem der ihr befohlenen Kinder sieht die Tyrannin Adriani neues Material ihrer Herrschaft - bis eine winzige Tat der Nächstenliebe ihren Wahn durchkreuzt. Fritzchen der Sommergast und seine Prinzessin befreien die kleine Ada aus den Händen der Hexe. Keiner sieht zurück. Und so geht die Sommergeschichte glücklich zu Ende:

Der letzte Urlaubstag ...

Ich bin schon für die Reise angezogen, zwischen mir und dem Mälarsee ist eine leise Fremdheit, wir sagen wieder Sie zueinander.

Die langen Stunden, in denen nichts geschah; nur der Wind fächelte über meinen Körper - die Sonne beschien mich ... Die langen Stunden, in denen der verschleierte Blick ins Wasser sah, die Blätter zischelten und der See plitschte ans Ufer; leere Stunden, in denen sich Energie, Verstand, Kraft und Gesundheit aus dem Reservoir des Nichts, aus jenem geheimnisvollen Lager ergänzten, das eines Tages leer sein wird. „Ja", wird dann der Lagermeister sagen, „nun haben wir gar nichts mehr ..." Und dann werde ich mich wohl hinlegen müssen.

Da steht Gripsholm. Warum bleiben wir eigentlich nicht immer hier? Man könnte sich zum Beispiel für lange Zeit hier einmieten, einen Vertrag mit der Schloßdame machen, das wäre bestimmt gar nicht so teuer, und dann für immer: blaue Luft, graue Luft, Sonne, Meeresatem, Fische und Grog - ewiger, ewiger Urlaub.

Nein, damit ist es nichts. Wenn man umzieht, ziehen die Sorgen nach. Ist man vier Wochen da, lacht man über alles - auch über die kleinen Unannehmlichkeiten. Sie gehen dich so schön nichts an. Ist man aber für immer da, dann muß man teilnehmen. „Schön habt ihr es hier", sagte einst Karl der Fünfte zu einem Prior, dessen Kloster er besuchte. „Transeuntibus!" erwiderte der Prior. „Schön? Ja, für die Vorübergehenden."

Letzter Tag. So erfrischend ist das Bad in allen den Wochen nicht gewesen. So lau hat der Wind nie geweht. So hell hat die Sonne nie geschienen. Nicht wie an diesem letzten Tag. Letzter Tag des Urlaubs - letzter Tag in der Sommerfrische! Letzter Schluck vom roten Wein, letzter

---

[6] Wilhelm Raabe, Pfisters Mühle. Ein Sommerferienheft (1883/84). In: Wilhelm Raabe, Sämtliche Werke (Anm. 4), Dritte Serie Band 2 (1916), S. 209-407.

Tag der Liebe! Noch einen Tag, noch einen Schluck, noch eine Stunde! Noch eine halbe ...! Wenn es am besten schmeckt, soll man aufhören.

„Heute ist heute", sagte die Prinzessin - denn nun stand alles zur Abfahrt bereit: Koffer, Handtaschen, der Dackel, der kleine Gegenstand und wir. „Du siehst aus!" sagte Lydia, während wir gingen, um uns von der Schloßfrau zu verabschieden, „du hast dir je woll mitn Reibeisen rasiert! Keinen Momang kann man den Jung allein lassen!" Ich rieb verschämt mein Kinn, zog den Spiegel und steckte ihn schnell wieder weg.

Großes Palawer mit der Schloßfrau. „Tack ... danke.." und: „Herzlichen Dank! ... Tack so mycket ..." und „Alles Gute!" - es war ein bewegtes und freundliches Hin und Her. Und dann nahmen wir Ada an die Hand, jeder griff nach einer Tasche, da stand der kleine Motorwagen ... Ab.[7]

Für die Vorübergehenden

Tucholsky reist im Frühjahr 1929 nach Schweden, erkundet eine Zuflucht für die Zukunft nahe Göteborg und findet nach Mariefred, mit Lisa Matthias, seinem „Lottchen" und wie er bei der Berliner „Weltbühne". Sie nisten sich nicht im Schloßanbau ein. Sie mieten in Läggesta eine falunrote Holzhütte zu Seiten einer schmucken gelben Sommervilla namens Fjälltorp am Südufer der Mälar-Bucht, am Seehang bei der Haltestelle Hedlandet, gleich oberhalb des alten Bahndamms Richtung Stockholm. Ein Katzensprung ist es über den See zum Schloß.

Vergebens müht sich, wer eine „Kinderkolonie" sucht in Mariefred, eine „Irrtums-Anstalt", das Kindergrab auf dem Friedhof. Wohl aber kommen die Vorübergehenden, den Schriftsteller zu suchen, seine Flucht aus der Einsamkeit, seinen Anlauf Mensch zu sein.

1932 geht Tucholsky endgültig ins schwedische Exil, in die Villa Nedsjölund bei Hindås im Westen von Göteborg. Erschöpft und krank hört er auf zu schreiben, läßt den Sand durch die Lebensuhr rinnen. Schmerz überdeckt die Heiterkeit, Freund Hain tritt vor. Matthias Claudius, auch er eine der literarischen Lieben Tucholskys, hat seinem „Wandsbecker Boten" das Gerippe Freund Hains samt Sense vorangestellt. Ihm widmet Claudius seine Werke:

Bin nicht starker Geist; 's läuft mir, die Wahrheit zu sagen, jedesmal kalt über 'n Rücken, wenn ich Sie ansehe. Und doch will ich glauben, daß Sie 'n guter Mann sind, wenn man Sie genug kennt; und doch ist's mir, als hätt' ich eine Art Heimweh und Mut zu Dir, Du alter Ruprecht

---

[7] Kurt Tucholsky, Schloß Gripsholm (Anm. 2), S. 254f. - *Tack så mycket* Vielen Dank

Pförtner! daß Du auch einmal kommen wirst, meinen Schmachtriemen aufzulösen und mich auf bess're Zeiten sicher an Ort und Stelle zur Ruhe hinzulegen.

Ich hab da 'n Büchel geschrieben, und bring's Ihnen her. Sind Gedichte und Prosa. Weiß nicht, ob Sie 'n Liebhaber von Gedichten sind; sollt's aber kaum denken, da Sie überhaupt keinen Spaß verstehen, und die Zeiten vorbei sein sollen, wo Gedichte mehr waren. Einiges im Büchel soll Ihnen, hoff' ich, nicht ganz mißfallen; das meiste ist Einfassung und kleines Spielewerk: machen Sie 'mit, was Sie wollen. Die Hand, lieber Hain! und wenn Ihr 'nmal kommt, fallt mir und meinen Freunden nicht hart.[8]

Freund Hain wird zum Trost in der Zuflucht von Hindås. In einen Brief an die befreundete Schweizer Ärztin Hedwig Müller legt Tucholsky ein seltsames Stück aus Claudius' „Stilübungen" im Wandsbecker Boten, „Kinder Stil" überschrieben:

Meine liebe Mama, ich grüße Dich. Mein lieber Papa, ich grüße Dich. Mein lieber Hans, ich grüße Dich.

Ich grüße Euch, so viel, als ich kann.

Mein lieber Papa und Mama, ich danke Euch für den Brief, als ich danken kann.

Nun ist es schlechtes Wetter und gestern auch; die zwei Tage gehen immer kalt weg.

Ich bin sehr lustig. Ich denke, daß ich nicht unartig bin.

Ich habe Dich viel tausendmal lieb, alle drei.

Wenn Du wieder zu Hause kommst, so denke ich wohl, daß ich schon einen g auf der Rechentafel machen kann, und vielleicht auch einen e.

Ich will mich üben auf das Lernen allein.

Lieber Hans, es ist erstaunlich, erstaunlich mit die Fliegen.

Ich weiß gar nicht mehr, wie der Hans aussieht.

Aber meine liebe Mama, ich kann mir noch gut vorstellen, daß ich Dich leiden mag und Papa und Hans auch, wenn sie auch nicht hier sind, und gar, wenn sie hier sind.

Ich grüße noch einmal.

Es ist wohl zu viel, aber ich muß doch noch einmal grüßen.

Es regnet.

Ich will eben zu Tische gehen. Wir haben nichts als gelbe Wurzeln, nichts anders. Das ist ein unmenschlich elendig Essen; und so geht es meist alle Mittag.

Das ist das letzte Mal, daß ich schreiben kann.

Den 18. August.[9]

---

[8] Matthias Claudius, Dedikation. In: Matthias Claudius, Werke. Asmus omnia sua secum portans oder Sämtliche Werke des Wandsbecker Boten. Stuttgart: Cotta, 1965, S. 11-14, hier S. 11f (erste Ausgabe des ersten und zweiten Teils 1775, weitere Teile 1778, 1783, 1790, 1798, 1803).

[9] Kurt Tucholsky, Beilage zum Brief an Hedwig Müller, Visby, 18. August 1935. In: Gesamtausgabe (Anm. 2), Band 21: Briefe 1935, hg. von Antje Bonitz und Gustav Huonker (1997), S. 301f, hier S. 302. Vgl. Matthias Claudius, Kinder Stil. In: Werke (Anm. 8), S. 510f.

Die Buchstaben auf der Rechentafel des Schreibers hat Tucholsky ausgetauscht: das *a* durch ein *g*, das *c* durch ein *e* - zu deuten als *Gertrud* und *Emilie*, Namen Tucholskys für die Adressatin „Nuuna" oder Hedwig Müller. Dem Kinderbrief fügt Tucholsky die Worte hinzu: „also, mir sind beinah Tränen in die Augen gekommen".

So nimmt Tucholsky Abschied. Er ist das Leben leid. Ausgebürgert aus seinem Land, seiner Leser beraubt, allein und krank, nimmt er am 19. Dezember 1935 Gift. Vier Wochen vorher schreibt Tucholsky einen letzten Brief an Mary Tucholsky-Gerold, Gefährtin seit seiner Soldatenzeit 1917 in Kurland. 1924 haben sie geheiratet und sich vier Jahre später wieder getrennt. Scheiden läßt sich Tucholsky 1933 erst, mit knapper Not, bevor der Haß der neuen Machthaber auch Mary treffen kann. Tucholsky setzt Mary als Universalerbin ein. Auf den Umschlag an sie schreibt er (beide haben vermieden, sich zu duzen):

Sollte Er verheiratet oder ernsthaft gebunden sein, so bitte ich Ihn, diesen Brief ungelesen zu vernichten. Ich mag mich nicht in ein fremdes Glück drängen - ich will ja nichts. Ich habe nichts zu enthüllen, nichts zu sagen, was Er nicht besser wüßte als ich. Ich habe Ihn nur um Verzeihung bitten wollen. Verspricht also zu verbrennen, wenn das so ist - es soll nichts mehr aufgerührt werden.
Wünscht Ihm das Glück.
N.

Und dann:

Liebe Mala,
will Ihm zum Abschied die Hand geben und Ihn um Verzeihung bitten für das, was Ihm einmal angetan hat.
Hat einen Goldklumpen in der Hand gehabt und sich nach Rechenpfennigen gebückt; hat nicht verstanden und hat Dummheiten gemacht, hat zwar nicht verraten, aber betrogen, und hat nicht verstanden.
Ich weiß, daß Er nicht rachsüchtig ist. Was Er damals auf der Rückfahrt nach Berlin durchgemacht hat; was späterhin gewesen ist -: ich habe es reichlich abgebüßt. Ganz klar, so klar wie das Abbild in einem geschliffenen Spiegel, ist mir das ganz zum Schluß geworden. Nun kommt alles wieder, Bilder, Worte, diese unsäglichen nuits blanches[10], die ich mir völlig bis auf den heutigen Tag nur damit erklären kann, daß ich es zu hoch angefangen habe, sodaß jede Berührung mit der Erde wie eine Entweihung war - die paar Male, wo ich Ihn gefühlt habe, wie nur ein Mann eine Frau fühlen kann, und wie ich Ihn habe gehen lassen - jetzt, wo alles vorüber ist, weiß ich: ich trage die ganze, die ganze Schuld.

---

[10] *nuits blanches* schlaflose Nächte

Die letzten Nächte habe ich im Bett die Hand nach rechts ausgestreckt, da war keiner. Es ist dasselbe Bett, in dem zum letzten Mal mit ihm in der Nacht vom 2. zum 3. Dezember 1926 [11] geschlafen hat, wo er gekommen ist, wie ein Tier, das etwas wittert - und hat, wie immer, richtig gewittert. Und jetzt sind es beinah auf den Tag sieben Jahre, daß weggegangen ist, nein, daß hat weggehn lassen - und nun stürzen die Erinnerungen nur so herunter, alle zusammen. Ich weiß, was ich in Ihm und an Ihm beklage: unser ungelebtes Leben.

Wäre die Zeit normal (und ich auch), so hätten wir jetzt ein Kind von, sagen wir, 12 Jahren haben können, und, was mehr ist, die Gemeinsamkeit der Erinnerungen.

Hat nicht mehr zu rufen gewagt. Hofft, daß Er meiner Bitte auf dem Umschlag entsprochen hat - das andere wäre nicht schön. Ich darf also annehmen, daß, wenn er dies liest, Er nicht ein Glück stört, das ich mir nicht habe verdienen können.

Nein, zu rufen hat nicht mehr gewagt. Ich habe aus leichtbegreiflichen Gründen niemals irgendwelche „Nachforschungen" angestellt; ob er verheiratet ist, hätte man mir sagen können - das andere nicht. Und hat vor allem nicht gewagt, weil ihn nun noch ein zweites Mal [12] aus der Arbeit und allem nicht hat herausreißen dürfen -: ist krank und kann sich nicht mehr verteidigen, geschweige denn einen andern. Mir fehlt nichts Wichtiges und nichts Schweres - es sind eine Reihe kleiner Störungen, die mir die Arbeit unmöglich machen. Ins Elend, das sicher gewesen wäre, konnte Ihn nicht herausrufen - ganz abgesehen davon, daß ich niemals gehofft habe, ob gekommen wäre. Doch. Hat gewußt.

Wäre er jetzt gekommen, Er hätte nicht einen andern, aber einen verwandelten, gereifteren gefunden. Ich habe über das, was da geschehen ist, nicht eine Zeile veröffentlicht - auf alle Bitten hin nicht. Es geht mich nichts mehr an. Es ist nicht Feigheit - was dazu schon gehört, in diesen Käseblättern zu schreiben! Aber ich bin au dessus de la mêlée [13], es geht mich nichts mehr an. Ich bin damit fertig.

Und so viel ist nun frei geworden, jetzt, jetzt weiß ich - aber nun nützt es nichts mehr. Hat anfangs Dummheiten gemacht, den üblichen coup de foudre [14] für 2.50 francs, halbnötige Sachen und hat auch gute Freundschaften gehabt. Aber ich sehe mich noch nach seiner Abfahrt im Park Monceau sitzen, da, wo ich mein Paris angefangen habe - da war ich nun „frei" - und ich war ganz dumpf und leer und gar nicht glücklich. Und so ist es denn auch geblieben.

Seine liebevolle Geduld, diesen Wahnwitz damals mitzumachen, die Unruhe; die Geduld, neben einem Menschen zu leben, der wie ewig gejagt war, der immerzu Furcht, nein, Angst gehabt hat, jene Angst, die keinen Grund hat, keinen anzugeben weiß - heute wäre sie nicht mehr nötig. Heute weiß. Wenn Liebe das ist, was einen ganz und gar umkehrt, was jede Faser verrückt, so

---

[11] *2. zum 3. Dezember 1926* Am 3. Dezember erhielt Tucholsky während seines Aufenthaltes mit Mary in Paris die Nachricht vom Gehirnschlag Siegfried Jacobsohns. Am 4. Dezember übernahm Tucholsky in Berlin die Leitung der „Weltbühne". Im Januar 1927 lernte er Lisa Matthias kennen.

[12] *ein zweites Mal* Ein erstes Mal hatte Mary nach der Heirat in Berlin alles aufgegeben und war Kurt Tucholsky nach Paris gefolgt.

[13] *au dessus de la mêlée* (richtig: au-dessus) über dem Getümmel

[14] *coup de foudre* Blitzstrahl, Liebelei, Liebe auf den ersten Blick

kann man das hier und da empfinden. Wenn aber zur echten Liebe dazu kommen muß, daß sie währt, daß sie immer wieder kommt, immer und immer wieder -: dann hat nur ein Mal in seinem Leben geliebt. Ihn.

Es war wie Glas zwischen uns - ich war schuld. Hat nicht gewagt, die paar Witzchen zu machen, die ein jüngerer Mensch gern machen will, und dabei hat Er sie ja grade gewollt. Hat eine lächerliche „Freiheit" auf der andern Seite vermutet, wo ja in Wahrheit gar nichts ist. Hat immer stiller und stiller gelebt, jetzt ist wie an den Strand gespült, das Fahrzeug sitzt fest, will nicht mehr.

Will Ihn nur noch um Verzeihung bitten.

Ich bin einmal Schriftsteller gewesen und habe von S. J.[15] geerbt, gern zu zitieren. Wenn er wissen will, wie sich das bei den Klassikern ausnimmt, so lies den Abschiedsbrief nach, den Heinrich von Kleist an seine Schwester geschrieben, in Wansee, 1811. Und vielleicht auch blättere ein bißchen im Peer Gynt herum, ich weiß nicht, ob wir das Stück zusammen gesehen haben, es ist nicht recht aufführbar. Da kraucht der Held gegen den Schluß hin im Wald herum, kommt an die Hütte, in der dieses Chokoladenbild, die Solveig, sitzt, und singt da irgend etwas Süßliches. Aber dann steht da: „Er erhebt sich - totenbleich" - und dann sagt er vier Zeilen. Und die meine ich.

„O - Angst"... nicht vor dem Ende. Das ist mir gleichgültig, wie alles, was um mich noch vorgeht, und zu dem ich keine Beziehung mehr habe. Der Grund, zu kämpfen, die Brücke, das innere Glied, die raison d'être[16] fehlt. Hat nicht verstanden.

Wünscht Ihm alles, alles Gute - und soll verzeihen.

Nungo.[17]

Im Abschiedsbrief an seine Lieblingsschwester Ulrike hatte Kleist geschrieben, in Stimmings Krug bei Potsdam, „am Morgen meines Todes":

Ich kann nicht sterben, ohne mich, zufrieden und heiter, wie ich bin, mit der ganzen Welt, und somit auch, vor allen anderen, meine teuerste Ulrike, mit Dir versöhnt zu haben. Laß sie mich, die strenge Äußerung, die in dem Briefe an die Kleisten enthalten ist, laß sie mich zurücknehmen; wirklich, Du hast an mir getan, ich sage nicht, was in Kräften einer Schwester, sondern in Kräften eines Menschen stand, um mich zu retten: die Wahrheit ist, daß mir auf Erden nicht zu helfen war. Und nun lebe wohl; möge Dir der Himmel einen Tod schenken, nur halb an Freude und unaussprechlicher Heiterkeit, dem meinigen gleich: das ist der herzlichste und innigste Wunsch, den ich für Dich aufzubringen weiß.[18]

---

[15] *S. J.* Siegfried Jacobsohn, Gründer und Leiter der Berliner „Weltbühne"

[16] *raison d'être* Sinn des Lebens

[17] Kurt Tucholsky an Mary Tucholsky, Hindås, um den 20. November 1935. In: Gesamtausgabe Band 21 (Anm. 9), S. 422-425. Die Schreibweise folgt dem Original.

[18] Heinrich von Kleist an Ulrike von Kleist, Stimmings bei Potsdam, 21. November 1811. In: Heinrich von Kleist, Sämtliche Werke und Briefe. München: Hanser, sechste, ergänzte und

Im letzten Akt des dramatischen Gedichts kehrt Ibsens Peer Gynt am Pfingst-
abend von seiner Weltenbummelei heim. Er strolcht durch den Hochwald und
stößt auf die Hütte, in der die vor langen Jahren von ihm verlassene Solveig singt:

> *Nun ist hier zur Pfingstfeier alles bereit,*
> *Lieber Junge mein, in der Ferne, -*
> *Bist du noch weit?*
> *Dein Werk, das harte,*
> *Schaff's nur gemach; -*
> *Ich warte, ich warte,*
> *Wie ich dir's versprach.*

PEER GYNT erhebt sich still und totenbleich:

> *Eine, die Treue hielt, - und einer, der vergaß.*
> *Einer, der ein Leben verspielt, - und eine, die wartend saß.*
> *O, Ernst! - Und nimmer kehrt sich das um!*
> *O, Angst! - Hier war mein Kaisertum!* [19]

Tucholsky wird ins Spital nach Göteborg gebracht. Am 21. Dezember stirbt er
dort. „Immer suchen ist nicht schön", hatte er im Juni notiert, „man möchte auch
mal nach Hause." [20]

So findet Tucholsky, wie er es gewollt, an den Ort seiner Sommergeschichte zurück. Seine Göteborger Vertraute Gertrude Meyer, „Frölen Meyer", sorgt, daß seine Urne auf dem Friedhof von Mariefred beigesetzt wird, am Rande der kleinen
Stadt, unter einer mächtigen Eiche. Große Stille ist dort. Ein schwerer Stein liegt
auf dem Grab. Als Grabspruch eingraviert sind die Verse des Chorus Mysticus am
Schluß des „Faust": „Alles Vergängliche ist nur ein Gleichnis". Transeuntibus. Für
die Vorübergehenden.

---

revidierte Auflage 1977 (erste Auflage 1952), zweiter Band, S. 887. Heinrich von Kleist zitiert
einen Brief an seine Förderin Marie von Kleist („die Kleisten") vom 19. November 1811.

[19] Henrik Ibsen, Peer Gynt. Ein dramatisches Gedicht. Aus dem Norwegischen von Christian
Morgenstern. In: Henrik Ibsen, Dramen. München: Artemis, zweite, revidierte Neuauflage in
einem Band 1995 (erste Auflage München: Winkler, 1957), S. 5-150, hier S. 129.

[20] Kurt Tucholsky, Q-Tagebuch für die das Qrsbuch blätternde Nuna [= Hedwig Müller], 3. Juni
1935. In: Kurt Tucholsky, Die Q-Tagebücher 1934-1935. Hg. von Mary Gerold-Tucholsky und
Gustav Huonker. Reinbek: Rowohlt, 1978, S. 279-287, hier S. 281.

V
Stockholm

Im Süden der Stockholmer Altstadt steigt die Vorstadt Södermalm hügelan. Heruntergekommene Kleinbürger und Landflüchtige auf der Suche nach Arbeit haben dort einst Holzhäuser und Spelunken gefüllt. Unter ihnen wird in der Mitte des 18. Jahrhunderts Carl Michael Bellman geboren. Mit der Kumpanei seiner Episteln ist Bellman Stockholm auf den Leib gerückt. Carl Larsson zieht 1885 mit Frau und Tochter in eines der Gartenhäuschen in den Armutshöfen Södermalms, damals, in der Åsögatan, drei Blöcke südwärts der Katarina kirka - ein Zwischenhalt auf seinem Weg nach oben.

Der Moloch Stockholm hat Södermalm heute in die Arme genommen, sozialer Wohnungsbau die Zeichen der Armut gelöscht. Doch Södermalms Straßen und Winkel im Abgang zur Altstadt wahren ihren Geschmack: Kneipen und Trödel an der Götgatan, Bierseligkeit am Freitagabend, Rummel zur Zeit der hellen Nächte, Kietz. Oberhalb des Katarina vägen geht der Blick vom steilen Nordhang Södermalms auf die Altstadt und die Quartiere jenseits. Die Verästelungen der Inseln, die Adern des Wassers, das Filigran der Brücken gleichen der Blüte des Dills.

Mosebacke

Der Mosebacke torget ist ein Carré aus dem Bürgerbuch, Pflasterwerk, Ahorn und Weiden, wohlsituiert. Eine Treppe führt die Felsen zum Verkehrskreisel über den Slussen hinab. Neben dem Södra teatern, das an der Nordseite des Platzes die Sicht verstellt, bietet das Mosebacke etablissement Bierschwemme und Altherrenband. Von den Gartentischen reicht der Blick hinüber bis Lidingö. Neben die Tanzfläche hat Carl Eldh eine Büste des jungen August Strindberg gestellt.

Am Mosebackeplatz läßt der dreißigjährige Strindberg seinen ersten Roman beginnen. „Röda rummet", „Das Rote Zimmer", erscheint 1879. Mit Arvid Falk, seinem Helden, bummelt Strindberg durch die Künstlersalons und Quartiere der Stadt, kritisch, bissig, ruhelos:

Es war ein Abend Anfang Mai. Der kleine Park oben auf Mosebacke war noch nicht für das Publikum geöffnet; Auch die Beete waren noch nicht umgegraben; die Schneeglöckchen hatten sich durch das Vorjahreslaub hindurchgearbeitet und beendeten gerade ihre kurze Tätig-

keit, um der empfindlicheren Safranblume, die unter einem unfruchtbaren Birnbaum Schutz gesucht hatte, Platz zu machen. Der Flieder wartete auf Südwind, um aufzublühen, und die Linden hielten in ihren noch geschlossenen Knospen einen Liebestrank für die Buchfinken bereit, die begonnen hatten, ihre mit Flechten bekleideten Nester zwischen Stamm und Ast zu bauen. Seit der Schnee des letzten Winters vergangen war, hatte keines Menschen Fuß die Sandwege betreten, Tiere und Blumen lebten hier unbekümmert. Die Spatzen sammelten alle möglichen Abfälle und versteckten sie dann unter den Dachpfannen der Marineschule; sie zankten sich um die Überbleibsel von Raketenhülsen des Herbstfeuerwerks, lasen Strohhalme von jungen Bäumen, die voriges Jahr aus der Baumschule von Rosendal gekommen waren - und alles sahen sie! Sie fanden Mullfetzen in den Lauben und zogen zwischen den Splittern eines Bankfußes Haarbüschel von Hunden hervor, die sich seit dem Josefinentag des vergangenen Jahres hier nicht mehr gebalgt hatten. Das war ein Leben und Treiben.

Und über Liljeholmen stand die Sonne und warf ganze Strahlenbündel ostwärts. Sie durchdrangen die Rauchsäulen von Bergsund, eilten über den Riddarfjärden, kletterten zum Kreuz der Riddarholmskirche hinauf, warfen sich auf das steile Dach der Deutschen Kirche, spielten mit den Wimpeln der Skeppsbro-Schiffe, blinkten in den Fenstern des großen Zollhauses, beleuchteten die Wälder von Lidingö und erstarben in einer rosenfarbenen Wolke weit, weit in der Ferne, wo das Meer liegt. Und von dort kam der Wind; er nahm denselben Weg zurück, über Vaxholm, vorbei an der Festung, am Seezollhaus, an Siklaön entlang. Hinter Hästholmen sah er sich die Sommerhäuschen an; wieder heraus, und hinein ins Spital von Danviken, erschrak und raste am südlichen Strand entlang davon. Er spürte den Geruch von Kohle, Teer und Tran, prallte gegen die Stadsgården, fuhr nach Mosebacke hinauf, hinein in den Park und gegen eine Wand. Im selben Augenblick wurde die Wand geöffnet von einer Magd, die die Innenfenster entfernte; ein gräßlicher Geruch von Bratenfett, Bierresten, Tannenreisern und Sägespänen drang heraus und wurde vom Wind weit fortgetragen. Während die Köchin die frische Luft durch die Nase einzog, ergriff der Wind die mit Flitter, Berberitzenbeeren und Heckenrosenblättern bestreute Fensterwatte und trieb sie in einen Wirbeltanz, an dem bald auch Spatzen und Buchfinken teilnahmen, weil sie ihre Wohnungsprobleme nun im großen und ganzen ausgeräumt sahen.

Inzwischen fuhr die Köchin fort, an den Innenfenstern zu arbeiten. Nach einigen Minuten wurde die Tür zwischen Veranda und Schankstube geöffnet, und in den Garten trat ein einfach, doch vornehm gekleideter junger Mann. Sein Gesicht hatte nichts Ungewöhnliches, aber Trauer und Unruhe lagen in seinem Blick, verschwanden jedoch, als er, der engen Schankstube entronnen, den freien Horizont vor sich sah. Er wandte sich dem Wind zu, knöpfte den Überrock auf und atmete ein paarmal tief; das schien ihm Brustkorb und Herz zu erleichtern. Dann begann er an dem Geländer, das den Park von dem steilen Abhang zum Wasser hin trennte, hin und her zu gehen.

Weit unten lärmte die aufs neue erwachte Stadt: Die Dampfkräne im Stadsgård-Hafen kreisten, die Eisenstangen auf der Eisenwaage rasselten, die Pfeifen der Schleusenwärter pfiffen, die Dampfer am Kai von Skeppsbron stießen Dampf aus, die Omnibusse polterten über das Kopfsteinpflaster des abschüssigen Schloßplatzes. Das Lärmen und Rufen auf den Stegen der

Fischer, die flatternden Segel und Wimpel auf dem Wasser, das Gekreisch der Möwen, die Hornsignale von Skeppsholmen, die Kommandorufe der Wache vom Markt auf Södermalm, das Holzschuhgeklapper der Arbeiter in der Glasbruksgatan, alles machte den Eindruck von Leben und Geschäftigkeit und schien die Energie des jungen Mannes zu wecken; sein Gesicht drückte jetzt Trotz, Lebenslust und Entschlossenheit aus, und als er sich über das Geländer beugte und auf die Stadt unter seinen Füßen sah, war es, als betrachte er einen Feind. Seine Nasenflügel blähten sich, seine Augen flammten, und er hob die Faust, als wollte er die Stadt herausfordern oder ihr drohen.

Es schlug sieben in Katrina, und Maria sekundierte mit ihrem schwermütigen Diskant, und der Dom und die Deutsche fielen mit ihren Bässen ein, die ganze Gegend hallte wider vom Siebenuhrläuten der Stadt. Als die Glocken verklangen, eine nach der andern, hörte man noch weit in der Ferne die letzte ihr friedliches Abendlied singen; sie hatte einen lauteren Ton, einen reineren Klang, ein rascheres Tempo als die anderen - denn so ist es! Er lauschte und versuchte festzustellen, woher die Töne kamen, denn sie weckten Erinnerungen in ihm. Da wurde sein Gesichtsausdruck sehr weich und zeigte den Schmerz eines Kindes, das sich alleingelassen fühlt. Und er war allein, sein Vater und seine Mutter lagen auf dem Klara-Kirchhof, von wo man noch die Glocke hörte, und er war ein Kind, denn er glaubte noch an alles - an Wahrheit und Wunder.[1]

Auf der Suche nach Unterhalt und Unterhaltung bummelt Arvid Falk, gewesener außerordentlicher Gerichtsassistent im Kollegium für die Auszahlung der Beamtengehälter, über Slussen, wo das Süßwasser des Riddarfjärden sich vom Salzwasser des Strömmen trennt, stadteinwärts nach Gamla stan. Skeppsbron zur Rechten liegt heute brach. Selten nur legt sich ein Kreuzfahrtschiff vor die Front der Handelskontore und erinnert an das Segler- und Dampfergewimmel in Stockholms goldener Hafenzeit.

---

[1] August Strindberg, Stockholm aus der Vogelschau. In: Ich dichte nie. August Strindberg. Ein Werk-Portrait in einem Band. Hg. von Renate Bleibtreu. Frankfurt am Main: Rogner & Bernhard bei Zweitausendeins, 1999, S. 43-55, hier S. 43-45 (überarbeitete Fassung des ersten Kapitels aus „Das Rote Zimmer. Schilderungen aus dem Leben der Künstler und Schriftsteller". Aus dem Schwedischen von Hilde Rubinstein. Berlin: Rütten & Loening, 1963, S. 7-20, hier S. 7-9; erste, schwedische Ausgabe „Röda rummet. Skildringar ur artist- och författarlivet" 1879; erste deutschsprachige Ausgabe 1889). - An (unvollständigen) deutschsprachigen Gesamtausgaben sind erschienen Strindbergs Werke. Deutsche Gesamtausgabe unter Mitwirkung von Emil Schering als Übersetzer vom Dichter selbst veranstaltet. München und Leipzig: Georg Müller, 46 Bände 1902-1930, und August Strindberg, Werke in zeitlicher Folge (Frankfurter Ausgabe). Hg. von Angelika Gundlach u. a. Frankfurt am Main: Insel, erschienen sind Band 4: 1886 (1984), Band 5: 1887-1888 (1984), Band 8 I und II: 1898-1900 (1992) und Band 10: 1903-1905 (1987); danach wurde die Ausgabe abgebrochen. - Zu Leben und Werk Strindbergs siehe Olof Lagercrantz, Strindberg. Aus dem Schwedischen von Angelika Gundlach. Frankfurt am Main: Insel, 1980 (erste, schwedische Ausgabe 1979).

Fredmans Episteln

Stockholms Altstadt suggeriert kleine Fluchten aus dem sozialen Regelwerk. Sie ist mehr Bauch als Kopf. Engbrüstig und holzgetäfelt sind ihre Schenken, braun, gelb und rot die Fassaden, Häusergiebel wie Jakobsleitern, auf denen die Seele zu klimmen sucht. In der Storkyrka schaut die heilige Birgitta wohlgefällig auf den Drachentöter. Narren locken an den Ecken, Flötenspieler und Vagabunden.

Vom Järntorget im Süden der Altstadt zweigen die Wege: linkerhand zu den Krämern und Wirten der Västerlånggatan, rechterhand zu den Speichern und Kontoren der Österlånggatan, von der schmale Gänge hinunter zur Wasserfront führen. Dort behauptet vornehm vierstöckig mit fünf Fensterachsen in Front das Haus „Zum Goldenen Frieden" die Ecke zum Tullgränd, zur Zollgasse. In seinen Gaststuben hielt Carl Michael Bellman Hof - Schenkenvirtuose in Schwedens Rokokozeit, Schauspieler, Dramaturg und Musikant. Er bricht ab, was die Welt ordentliche Ausbildung nennt, macht Verse und Schulden und singt zu Liebe und Trunk:

> *Ach, meine Mutter, sag, wer dich sandte*
> *just in des Vaters Bett?*
> *Wo meines Lebens Funken er anbrannte,*
> *ah, das war nicht nett!*
> *Trunken hier schwank ich,*
> *alles das dank ich*
> *deiner Liebesglut ...*
> *Für dein Vergnügen,*
> *bei ihm zu liegen,*
> *klopfet nun mein Blut!*
> *Was gabst du, daß ich bin,*
> *|: dich der Liebe hin? :|* [2]

---

[2] Carl Michael Bellman, Fredmans Epistel N:ro 23. Welche gleichsam ein Soliloquium darstellet, als Fredman bei der Schenke Krypin gegenüber dem Bankhause lag, damals, in einer Sommernacht anno 1768. Klinget als ein schön Menuetto auf allen Instrumenten, doch führet die Flauto das Wort. In: Fredmans Episteln. Auf der Grundlage alter Übertragungen im Versmaß des Originals nachgedichtet und mit der Originalmusik von 1790 herausgegeben von Hans-Jürgen Hube. Stuttgart: Reclam, 1994, S. 74-78, hier S. 74. Siehe auch Carl Michael Bellman, Der Lieb zu gefallen. Eine Auswahl seiner Lieder. Zweisprachig. Die schwedischen Texte wurden singbar verdeutscht durch H. C. Artmann und Michael Korth. Musikalische Bearbeitung von Johannes Heimrath. Illustrationen von Johan Tobias Sergel und anderen. München: Heimeran, 1976.

Wenn die Altstadt munter wird, stolpert Fredman aus der Rinne:

Rot steigt die Sonne, Sterne sinken nieder,
und die Wolke flieht.
Goldfunken sprühen,
Kirchtürme glühen,
und die Luft ist lau!
Weh, daß ich liege
hier vor der Stiege,
da vor Bacchus' Bau!
Ach, helft mir aus der Not!
|: Dürste mich ja tot! :| [3]

Eine Stelle beim Zoll schafft Bellman Luft. Gustav III. wird König, erhöht Bellman zu Schwedens Anakreon, und Fredman zieht durch die Schenken:

Wenn ich Geld hab, eins zu trinken,
Nota bene: Wein vom Rhein,
Und ein Weib, drin zu versinken,
Nota bene: ganz allein,
Bin ich voller Seligkeit,
Nota bene: kurze Zeit.

Unsre Zeiten sind gar herrlich,
Nota bene: bißchen schwer,
Die Ganoven sind begehrlich,
Die Verdienste gehen leer.
Mancher glaubt sich frei und stark -
Nota bene: alles Quark.

Brauchte mich den Teufel scheren,
Aber nota bene: nie
Soll das Elend mir zerstören
Deines Leibes Poesie.
Wein und Liebe in mir loht
Nota bene: bis zum Tod. [4]

---

[3] Carl Michael Bellman, Fredmans Epistel N:ro 23 (Anm. 2), S. 76.
[4] Carl Michael Bellman, Fredmans Lied Nr. 56 enthaltend seine Nota bene. Nachdichtung von Hubert Witt. In: Carl Michael Bellman, Fredmans Episteln an diese und jene, aber haupt-

Bellman erhält vom König eine Pension, den Titel Hofsekretär und eine Pfründe bei der Lotterie. 1790 und 1791 - im Jahr darauf wird Gustav III. ermordet - erscheinen „Fredmans epistlar" und „Fredmans sånger". Bellman stellt sich als Uhrmacher Fredman vor, „ohne Uhr, Werkstatt und Geschäft", und um sich inszeniert er eine Burleske aus Schenkendirnen, Wirten, Korporälen, Handwerksgesellen, Tippelbrüdern. Fixstern der Lust ist Ulla Winblad, Mamsell, Sängerin, Tänzerin. Um sie kreist das Heer der Nymphen und kreisen weibstoll all die Narren der Liebe. In die Kumpanei mischt Bellman Götter der Antike und Gestalten der Bibel, Noah neben Charon, Venus neben Cupido:

> *Hörner erschallen,*
> *hört, Wogen schon wallen*
> *donnernd her!*
> *Venus winkt euch allen*
> *aus Neptuns Meer.*
> *Schwimmet, Tritonen!*
> *Und singet, Millionen,*
> *Freias Lob!*
> *Neptuns Postillionen*
> *gebt Antwort drob!*
> *Seht Venus - welche Pracht:*
> *Neben ihr halten Wacht:*
> *Engel, Delphine, Zephire und Paphos' ganze Macht.*
> *Wassernymphen plätschern drum*
> *herum!* [5]

An den schönsten Ausblick Stockholms gegen Abend, an die Mälar-Terrasse von Riddarholmen, Kontrapunkt zum Stadshuset, hätten die Bürger ihrem Bellman ein Denkmal setzen können, in einem Augenblick venezianischer Lust. Doch ein andrer Narr besetzt den Platz, wo Bellman die Laute hätte schlagen sollen, Bein auf Bein, lachend und singend zur Heimreise Ulla Winblads über den Mälar-See:

---

sächlich an Ulla Winblad. Aus dem Schwedischen von Peter Hacks, Heinz Kahlau, Hartmut Lange und Hubert Witt. Hg. von Hans Marquardt. Leipzig: Reclam, 1978, S. 95f.

[5] Fredmans Epistel N:ro 25. Welche ein Versuch zu einer Pastorale im bacchantischen Geschmacke ist, geschrieben bei Ulla Winblads Überfahrt zum Tiergarten; gesetzet als ein feierliches Waldhorn-Menuetto in F-Dur. In: Fredmans Episteln. Hg. von Hans-Jürgen Hube (Anm. 2), S. 82-87, hier S. 82.

Sieh nur, wie im Sonnenschein,
Stockholms Türme gluten!
Und die Luft ist hier so rein,
klar sind hier die Fluten!
Kinder spielen schon am Strand,
Sammeln Steinchen da im Sand,
fangen Fische sehr gewandt
mit den Angelruten.

Löst das Tauwerk! Segel weg!
Skinnarviken schauet!
Das Kastell am selben Fleck,
Mälar es umblauet.
In der Schmiede Eisen glüht,
Pumpen knirschen, wie das sprüht!
Da, ein Gaul, ein Schmied, der müd
grad den Huf behauet!

Mit dem Klöppel in der Hand
stehen Mägde bieder,
nesteln vorn am Schürzenband,
füllig sind die Mieder.
Sieh nur da, die hübsche Braut
dann und wann zur Turmuhr schaut,
zählt die Schläge, trällert laut,
und jetzt wäscht sie wieder!

Schönste, kommt man so hinaus,
ist das reinste Wonne!
Doch am schönsten ist's zu Haus.
He! Du mit der Tonne!
Wupp, da liegt sie, Wagen kracht!
Wasser fließt, der Kutscher lacht,
Das hat bloß sein Gaul gemacht. -
Herrlich scheint die Sonne.

Jepp, der Türmer, bläst vom Chor,
grell die Glocken klingen,
vor dem Schornstein steht ein Mohr,
muß den Besen schwingen.

Und ein Bäcker bringt schon Brot,
aus der Schmiede leuchtet's rot.
Ein Rekrut in höchster Not
muß zum Dienst hinspringen.

Gehen wir alle nun zu Bett!
Blas Posaune, eile!
Kinder, diese Fahrt war nett,
denkt dran eine Weile!
Lebet wohl, du Jörgen, Hans,
Mädchen ihr bei Spiel und Tanz!
Ulla kriegt den Myrtenkranz!
Ulla komm! Nun teile!

Norström die Perücke schwang,
er konnt' nur noch lallen.
Und Schön Ulla, bleich und krank,
ließ die Röcke fallen.
Kroch, breitbeinig, auf die Daun';
Movitz nach ... mit der Posaun'!
„Laß nur, Norström! Solche Fraun
die gehörn uns allen! [6]

Auf dem Friedhof der Klarakirche liegt Bellman begraben. Am sechsund-zwanzigsten Juli feiern die Schweden ihren Bellmanstag. Es heißt, Anders Zorn oben aus Dalarna habe den „Gyldenen Freden" der schwedischen Akademie gestiftet. Die Aktmalereien Zorns brachten Geld. Das hätte unsern Bellman ge-freut.

Ein paar Schritte vom „Gyldenen Freden" die Prästgatan aufwärts wird 1853 Carl Larsson geboren, Nummer 78 mit extravagantem Sandsteinportal. Hügelauf geht der Blick zur Deutschen Kirche, hügelab winkt der Goldene Frieden.

---

[6] Fredmans Epistel N:ro 48. Worin Schön Ullas Rückreise von Hessingen am Mälarsee an einem Sommermorgen anno 1769 als Idylle gezeiget wird, desgleichen deren pikanter Aus-gang; klinget schön auf allen Instrumenten, vornehmlich mit Geigen und Posaunen, als ein Allegretto in C-Dur. In: Fredmans Episteln. Hg. von Hans-Jürgen Hube (Anm. 2), S. 171-177, hier S. 174-177.

Claris maiorum exemplis

Einst wie Skeppsbron geschäftig waren die Kais der Insel Riddarholmen, westwärts der Altstadt am Mälar-See. Über der Schiffsagentur, die der Vater betreibt, wird 1849, hundert Jahre nach Bellman, August Strindberg geboren, gleich neben Wrangels Palast, der einmal Birger Jarls Königsburg war. Das Gewimmel der Kais ist geruhsamer Spazierwelt gewichen. In Wrangels Palast tagt Schwedens höchstes Gericht, das sich behaglich Hofrat nennt, Svea hofrätt.

Am Weg von Riddarholmen zum Schloß tritt das Riddarhuset hervor, niederländisch proportioniert, ein Denkmal Gustavs I. Wasa voran. „Consilio utque sapientia claris maiorum exemplis animis et felicibus armi" steht im Traufenband: „mit Besonnenheit und Weisheit, Mut und Gunst der Waffen nach dem leuchtenden Vorbild der Väter". Das „leuchtende Vorbild der Väter" inspirierte Strindberg zu den Satiren vom „Neuen Reich", bissig wie Voltaires Candide und bis heute Muntermacher der Schweden. Mit seinem Spott über Dünkel und Selbstsucht des Adels dürfte Strindberg auch manche persönliche Rechnung beglichen haben.

„Claris majorum exemplis oder Erblichkeit ohne Moral" ist die siebte von zehn Satiren im „Neuen Reich". Unter den Wappen des Ritterhaussaales wischen Putzfrauen den Staub vom Adelsgestühl. Ein junger Herr mit Samtmütze und einem Farbenkasten in der Hand tritt ein und bleibt im Mittelgang stehen:

Er warf respektlose Blicke auf die Wände ringsum, legte den Kopf zwischen die Schulterblätter, schaute zum Deckengemälde hinauf und zuckte mit dem Kreuz, wie nur ein Kunststudent, der etwas Minderwertiges sieht, mit den Schultern zucken kann.

Dann ging er schnurstracks auf die Frauen zu und fragte, wo Nummer 806 hing, das Adelsgeschlecht Nummer 806.

Das wußte Frau Lundin, um so mehr als sie gleich morgens die große Kronleuchterleiter vor Nummer 806 aufgestellt hatte. Die Sache war nämlich die, daß ein Dachdecker das Dach eingetreten hatte, als er anläßlich des letzten Reichstags die Tugenden reparieren sollte, was wiederum zur Folge gehabt hatte, daß es auf dem Dachboden hereingeregnet hatte und das Wasser durch die Deckenfüllung gesickert und durch die Gipsdecke gedrungen war und einen Wappenschild stark angegriffen hatte, der zufällig die besagte Nummer trug. Daß gerade dieser diese Nummer trug, war wohl ein Zufall, doch die Frauen glaubten, daß es jemanden gebe, der auch über den Zufall bestimmt. An der Decke war ein häßlicher Fleck; er sah aus wie ein Sumpf, und aus diesem Sumpf kroch eine rotbraune Schlange die Wand herunter; sie hätte sich auf Nummer 805 oder 807, auf jede beliebige von fünfzig Nummern stürzen können, aber sie glitt an ihnen vorbei, als seien sie mit einem Zeichen des weißen Engels versehen, und traf ihr Ziel wie ein gut geführter Pfeil. An dem Wappen war nichts Ungewöhnliches. Der Herzschild bestand aus drei Silberfeldern, auf denen drei Hundeköpfe in Gold zu sehen waren; obenauf waren weder Helm noch Krone, sondern drei Pfauenfedern, deren Augen seltsam naturgetreu ausgeführt waren, so daß sie wild schielend um sich blickten. Und nun war die Schlange in den Federbusch gekrochen, hatte die Augen mit ihrem schmutzigen Schleim bedeckt, so daß sie aussahen wie vom grauen Star befallen, und hatte sich durch das Laubwerk hinabgeschlängelt und ihren grünen Eiter, den sie auf dem Kupferdach bei den Tugenden angesammelt hatte, über die drei Silberfelder ergossen, ohne aber den Hundeköpfen etwas anhaben zu können, denn die waren aus Gold.

Inzwischen war der junge Herr mit seinem Kasten auf die Leiter geklettert, und dort saß er nun und suchte einen Grund, seine Restaurierungsarbeit, die ihm nicht viel Spaß machte, hinauszuzögern. Er zog eine Wurzelholzpfeife aus der Westentasche und wollte Feuer schlagen, als er sich daran erinnerte, daß er sich an einem besseren Ort befand, weshalb er den Frauen höflichkeitshalber die Frage zuwarf:

„Darf man hier rauchen?"

„Oh, Er sollte sich schämen", antwortete die ältere Frau. „Darf man denn Tabak kauen?"

Die Frau fand es nicht notwendig, darauf zu antworten, erklärte aber bestimmt, er dürfe nicht auf den Boden spucken.

Der junge Herr wartete keine weiteren Befehle ab, sondern schob sich ein Stück Tabak in den Mund und begann, den Norrköpinger Scharfschützenmarsch zu pfeifen.

Das war mehr, als eine alte Wanze ertragen konnte, die hundert Jahre in einer Bank auf der Journalistengalerie gesessen hatte. Sie hatte in der Welt so manches gehört, viel Verständiges, viel Blödsinn und sehr viel Getöse, nie aber hatte sie an diesem Ort jemanden pfeifen gehört. Sie hatte ihre Kindheit in einem Torpfosten verbracht, sich dann in einer königlichen Karosse niedergelassen, die an dem Pfosten hängengeblieben war, und war schließlich mit dem Reichsmarschall (als dieser mit den Regalien hinauffuhr) ins Ritterhaus gelangt. Da sie die ihr angeborenen volkstümlichen Neigungen nicht ablegen konnte, hatte sie sich auf die Galerie begeben, wo sie stets mit dem Geruch nasser Kleidung und Schuhe rechnen konnte. Nun hatten sie aber fünf Jahre lang geschlafen, sie und ihre neunundneunzig Jahre junge Tochter, als sie von dem neuen unbekannten Gepolter geweckt wurden. Schlaftrunken stieß sie die Tochter in die Seite und bat sie, aufzustehen und nachzusehen, was los sei.

Die Tochter kam nach einem Ausflug auf das Geländer mit der Nachricht zurück, ein Malergeselle (wenn er das gehört hätte!) sei dabei, eine der Blechplatten anzustreichen. Das Wort Blechplatten sprach sie mit großer Verachtung aus, denn Wanzen lehnen alles ab, was nicht aus Holz ist. „Holz muß sein"! Indessen war die Neugier der Alten geweckt, und sie beschloß, gemeinsam mit der Tochter eine Reise anzutreten, um die Sache persönlich zu untersuchen. Sie nahmen kurzen Abschied von der Journalistenbank, wanderten zwischen kleinen Haufen getrockneter Tabaksstengel hindurch über den Fußboden der Galerie und erreichten schließlich die Wand. Dann begann eine Wanderung über die Blechplatten, wobei die Alte die Bemerkung nicht unterdrücken konnte, daß man auf dem dummen Eisen kalte Füße kriege. Die Junge dagegen brach von Zeit zu Zeit in Erstaunen aus über all die prächtigen und wun-

derbaren Dinge, die sie erblickte. Sie durchwanderten Wälder aus Eiche; trafen auf Trolle und Greife und Schlangen und Drachen; wanderten über Türme und Festungen und Städte, vorbei an Überresten von Menschen und Tieren, über Kronen und Zepter, Sterne und Sonnen. Schließlich erreichten sie das Deckengesims. „Halt dich fest", sagte die Alte, „jetzt geht's über den Abgrund. Wir müssen zu dem großen Bild dort mitten auf der Decke, da haben wir Leinwand und Ölfarbe."

Es war eine gefährliche Tour. Hier war ein Riß im Gips, dort hatte eine Spinne ihre Netze ausgelegt, dort brach eine trügerische Brücke aus Staub unter ihnen ein. Ihr Leben war in Gefahr, und mehrmals war es fast so weit, daß der Schwindel sie packte und sie in die Tiefe stürzten. Schließlich nahmen sie den Geruch von Ölfarbe wahr; sie waren da. „Komm mit", sagte die Alte. Und nun wanderten sie durch Wolken und durch Tugenden, bis sie zu Sveas Mantel kamen. Dort hatte der Künstler ein halbes Pfund Karminrot für eine brillante Falte aufgelegt. Im Schutze derselben ließen sie sich nieder. Die Alte rieb sich die Augen und spähte hinab. - „Sieh nach, welche Nummer die Platte hat", sagte sie. - „Achthundertsechs", sagte die Tochter sofort. Die Alte versank in Gedanken und stützte die Stirn auf ihr sechstes Hinterbein. - „Drei Hundeköpfe; drei Pfauenfedern! Oh, Solon, Solon!" [7]

Auf dem Scheiterhaufen soll König Krösus sich des weisen Solon erinnert haben und seiner Worte, wonach niemand sich vor seinem Tode glücklich preisen solle. Nach dem Seufzer des Krösus läßt die lebenskluge Wanze die Träger des Wappenschildes 806 Revue passieren, die zur heiter vergifteten Persiflage auf den Redakteur eines Stockholmer Skandalblattes gerät: „Einen so mächtigen Kämpfer hatten die Großen noch nie gehabt, und obwohl sie sich der Bekanntschaft schämten, unterließen sie es nicht, ihm freundlich zuzunicken, wenn er mit dem Hut in der Hand am Rinnstein stand und von ihren vorbeirollenden Wagen bespritzt wurde, was nicht hinderte, daß sie heimlich durch das andere Wagenfenster ausspuckten, so wie man es tut, wenn eine Katze über den Weg läuft." [8]

„Nun, und was ist aus unserem Freund geworden", fragte die junge Wanze, die die Geschichte zu Ende hören wollte.

„Die Fabrik ging ein, die Aktiengesellschaft flog auf, und unser früherer Freund versank im Elend."

---

[7] August Strindberg, Claris majorum exemplis oder Erblichkeit ohne Moral. Aus dem Schwedischen von Alken Bruns. In: Renate Bleibtreu (Hg.), Ich dichte nie (Anm. 1), S. 59-72, hier S. 60-63 (siebte von zehn Satiren in „Das neue Reich. Schilderungen aus den Zeiten der Attentate und Jubelfeste"; erste und einzige deutschsprachige Ausgabe in der ersten Auflage der deutschen Gesamtausgabe von Strindbergs Werken, zweite Abteilung, fünfter Band. Berlin und Leipzig: Seemann, 1900; erste, schwedische Ausgabe „Claris majorum exemplis eller ärftligheten utan moral" in „Det nya riket. Skildringar från attentatens och jubelfesternas tidevarv", Stockholm 1882).

[8] August Strindberg, Claris majorum exemplis (Anm. 7), S. 70f.

„Aber sein Schild hängt noch im Tempel der Erinnerungen?"
„Adel ist erblich wie das Verbrechen!"
„Und die Strafe?"
„Die wird kommen!"
„Claris majorum exemplis? Durch das leuchtende Beispiel der Väter? Was?"
„Nein, dadurch nicht!" [9]

Einen Sprung vom Ritterhaus liegt wie rosa Crème auf Mürbeteig das Schloß des Königs über der Altstadt Stockholms. Sonntags um eins paradieren die Wachregimenter, Schaustück schwedischen Ruhms wie die „Vasa" drüben auf Djurgården. Zum Schutz des richtigen Glaubens und zur Mehrung des Reichs hatte Gustav II. Adolf eine Kriegsflotte gewollt. Auf der ersten Probefahrt schon kenterte sein Flaggschiff „Vasa" - mitten im Hafen. Dreihundert Jahre ruhte es im Schlamm. Verholt und prächtig aufgebahrt spielt die „Vasa" nun ihr Geld im Museum ein, zur gleichen Freude der Touristen wie der Wachaufzug am Schloß.

Auf halbem Weg zwischen Schloß und Flaggschiff lagert mächtig Schwedens Nationalmuseum. Kriegsbeute von einst füllt etliche der Säle. Die Wandflächen des Vestibüls und der Treppe blieben für Bildschmuck frei. Carl Larsson gewann den Auftrag, malte in den Treppenaufgang sechs Fresken zum Lob der Künste und ihrer Mäzene und füllte die Wand ganz zuoberst mit Gustavs I. Wasa Einzug nach Stockholm am Mittsommertag 1523. Nach hinhaltendem Widerstand, der Stockholms Kunstverstand ehrt, folgt 1915 als Gegenbild das „Mittwinteropfer": ein mythischer König, stolz und nackt, vor ihm der Hohepriester, den Dolch im Gewand.

Groß ist die Distanz der Fresken Larssons zu den Visionen Edvard Munchs für die Aula der Osloer Universität, die der Norweger zur selben Zeit malt. Larssons lukrativer Blick zurück sollte verklären und erbauen und tut dies so naiv, daß wir Larsson ein wenig Ironie unterstellen dürfen und Spott auf Schwedens Nationalromantik. Wenig später wird Larsson Stockholms Bürgertum für seine reformerische und sehr eigene Lebenswelt von Lilla Hyttnäs oben in Dalarna begeistern.

---

[9] August Strindberg, Claris majorum exemplis (Anm. 7), S. 72.

Berns salonger

Auf seinem Weg von Mosebacke auf Södermalm bummelt Arvid Falk, der Held in Strindbergs „Rotem Zimmer", über Skeppsbron hinüber nach Norrmalm. Vor der Oper weist von hohem Sockel Gustav II. Adolf hinüber zum Hafen, in dem sein stolzes Flaggschiff so schmählich versank. Schweden hat abgerüstet. Hinter dem Rücken Gustav Adolfs verbergen sich die Büros des Verteidigungsministers. Gegenüber in den vornehmen Räumen des Erbfürstenpalais arbeitet Schwedens Außenamt. Heute hilft Diplomatie zum richtigen Glauben.

Zwischen Oper und Kungsträdgården, dem königlichen Arboretum, prunkt der Kuppelbau der Jakobskirche, erbaut im Jahre 1643. Ihr Turm kam neunzig Jahre später hinzu. In Strindbergs Erzählung vom romantischen Küster auf Rånö treibt sein Drang nach Höherem den Kaufmannsgehilfen Alrik Lundstedt aus Trosa am Rande des Schärengartens zum Musikstudium in die Hauptstadt. Lundstedt darf seinem Lehrer und Meister an der Orgel der Jakobskirche assistieren:

Herr Lundstedt, der noch nie eine so große Kirche gesehen hatte, wurde angesichts des gewaltigen Raumes, in dem Riesen hätten aufrecht gehen und oberhalb der Pfeilerblumen die Psalmnummern anbringen können, von einem heiligen Schauder ergriffen, doch er hatte sich kaum dem Spiel seiner Gedanken überlassen, als der Professor ihn bei der Taschenpatte faßte und mit sich zog, um ihn das Instrument besichtigen zu lassen. Eine kleine Treppe hinauf begann die Wanderung und wurde zum ersten Mal bei den Bälgen unterbrochen, die dalagen wie Riesenlungen, zum tiefen Atmen bereit, sobald ihnen der Fuß auf die Brust gesetzt wurde; aufwärts stiegen sie am Rosettenfenster über dem Portal vorbei, guckten durch eine Brettertür und sahen die Windlade, auf der die Prinzipalstimmen mit der zweiunddreißig Fuß hohen Subkontrapfeife als Flügelmann in Reih und Glied standen; stiegen höher und höher, bis sie in den ganzen Rumpf hineinschauen konnten, geräumig wie der Brustkorb eines Walfischs, in dem man Rippen, Sehnen, Muskeln, Bronchien, Wirbel, Blutgefäße und Nerven durch all diese Pfeifen, Koppeln, Abstrakten, Regierstangen, Winkelhaken, Wippen, Vellaturen, Ziehdrähte und Registerzüge vertreten sah; ein gigantischer Organismus, der tausend Jahre gebraucht hatte, um auszuwachsen, alle hundert Jahre ein paar Ellen, jedes Jahrhundert eine Blüte treibend wie die Aloe, in einem Menschenalter einen Samen erzeugend, in jedem Dezennium einen Zweig, ein Blatt treibend, ein Menschenwerk ohne Erfinder wie die Kathedrale, ohne Baumeister wie die Pyramide, ein ungeheures Ergebnis der gemeinsamen Arbeit der ganzen Christenheit, die den Grundgedanken vom Heidentum geerbt hatte. Jetzt ragte sie steil auf wie ein Gebirge von Stalaktiten, und dem Schüler schwindelte, als der Meister ihn zur Spitze hinaufführte, wo sie die Schwibbogen eine Handbreit über dem Kopf hatten und sich plötzlich im Dämmerlicht umgeben von nackten Menschenkörpern mit Flügeln am Rücken wiederfanden, übermenschlich großen Kindern, die in Posaunen bliesen, und Frauen, die Harfen und Zimbeln schlugen; und als sie nach vorn durchgedrungen waren und in die Kirche hinunterschauten, wo kleine Menschen mit Büchern in den Händen in die Bänke krochen, wurde der Schüler von einem Schwindel ergriffen, so daß er nach dem Arm eines Cherubs fassen mußte; doch der Meister lachte wie der Versucher auf dem Berg, als er dem Menschensohn seine schöne Welt zeigte. Sie standen einen Augenblick dort oben im Halbdunkel, und sobald der Schüler sich erholt hatte, deutete der Versucher hinaus unter die geschwärzten Spitzbogen, wo das Dunkel mit dem von unten kommenden Licht kämpfte, so daß man zu sehen meinte, wie sie sich mischten wie die kalte und die warme Luft über dem Acker, auf den die Frühlingssonne brennt, und nachdem das Auge sich eine Weile gewöhnt hatte, drang eine große helle Wolke durch das Dunkel; die Wolke teilte sich wie wallender Dampf, und die Farben verdichteten sich, nahmen Gestalt an und wurden zu Christus und den beiden Jüngern im Augenblick der Verklärung, durch das Dunkel auf all dem Licht schwebend, das die gewaltigen Fenster des hohen Chores einfallen ließen. Gleichzeitig hörten sie ein Dröhnen über ihren Köpfen, spürten eine leichte Erschütterung unter ihren Füßen, und nun setzten alle Glocken des Turms zum Zusammenläuten ein, so daß das Holzdach des Orgelwerks bebte und die schmale Holztreppe knarrte, als die beiden Wanderer hinunterstiegen. Und der Schüler hatte das Gefühl, er sei im Himmel bei den Engeln gewesen und habe Christus verklärt und das Licht über die Finsternis siegen sehen.

Als er jetzt das große Musikinstrument von unten sah, das keinem anderen Gegenstand in der Natur oder der Kunst glich und ihn daher beunruhigte, ihn bedrückte, und bewirkte, daß er sich diesem Werk von Menschenhand unterlegen fühlte, das doch erst unter einer Menschenhand lebendig wurde, wollte er sich klarmachen, was er sah, dessen Formen auf andere bekannte zurückführen und sich ihm damit nähern, es zu sich herunterziehen und wieder Ruhe finden. Über die Kirche war er sich bereits im klaren, daß sie der Urwald war, in dem die Heiden Menschen opferten, die Säulen waren Bäume und die Bogen die Zweige, die Orgel aber war die Orgel. Sie war keine Pflanze, kein Tier - es sei denn eine Koralle -, kein Bauwerk - es sei denn eine Ansammlung von Hängetürmen alter Ritterburgen - diese Tourellen mit den Fassadepfeifen, von denen einige stumm geworden waren, aber noch vorhanden wie Rudimente älterer Entwicklungsstufen, jetzt ohne Funktion. Jeder Satz der kleinen Pfeifen konnte mit der Panflöte verglichen werden, die wohl die Grundform war, die großen in den vorspringenden Ecktürmen jedoch erinnerten an eine Waffensammlung, ohne einer solchen ähnlich zu sein, und die aus dem vorigen Jahrhundert stammende Ornamentik aus vergoldetem Holz mit ihren schrägliegenden Schnecken und spiralförmigen Blüten, wie sie bei den Chinesen üblich ist, schnitt sofort den Faden der Gedanken ab, der die verschiedenen Glieder dieses Formenwirrwarrs verbinden wollte, aus dem ein gebildeterer Geist als der des jungen Kaufmannsgehilfen die gesamte Geschichte des Instruments hätte lesen können, von der Schilfrohrpfeife des latinischen Heiden über den Dudelsack des keltischen Barbaren, die Wasserorgel des byzantinischen Kaisers, samt den unterwegs aufgenommenen - wenn auch dunklen - Reminiszenzen an die Emporen, Triforien, Glockentürme, Altarschreine, Tabernakel der mittelalterlichen Kirche; an das sächsische Rokokoporzellan und den römischen Waffengeschmack des ersten Kaiserreiches.

Der Professor hatte sich an das Manual mit seinen drei Etagen gesetzt, die Prinzipalstimme gezogen und dem Schüler einen Wink gegeben, sich daneben zu setzen; die Bälge keuchten und knarrten, und nun sangen die Fassadepfeifen einstimmig das Präludium; bald stimmte die Flöte ein, und die Harmonien schwollen an; die Gambe begann im Nasenton ein Baritonsolo, die Trompeten schmetterten, und der Bourdun brummte;[10] darauf verstummten sie einer nach dem anderen, und als es still geworden war, hörte man die Stimme des Kantors die erste Strophe von Auf, Psalter und Harfe singen; und als der letzte Ton zitternd anklang, setzte brausend und mit sämtlichen Registern die Orgel ein, wobei auch die Gemeinde in den Gesang einfiel. Und mit getretenem Pedal und allen zweiundvierzig Stimmen spielte die Orgel ihre Sinfonie mit allen Instrumenten des Orchesters, die alle den Händen und Füßen eines einzigen Mannes gehorchten. Als dann der Geistliche am Altar das Heilig, heilig sprach, erweckte seine Stimme den Eindruck, irgendein Unbefugter habe während eines Konzertes zu schwatzen begonnen, und als man endlich bei der Predigt angekommen war, setzte sich der Professor mit dem Rücken zum Orgelwerk und schloß die Augen, wobei er mit einer Grimasse erkennen ließ, daß er sich gestört fühlte. Doch als dann der Gottesdienst beendet war, jedes Lied gesungen und das Wort frei, wie der Professor es nannte, wenn er den Ausgang spielen konnte, da mußte Herr Lundstedt danebensitzen und den Stimmenzug bedienen, als die große Fuge dahinrollte. Und da spielte er dann für seinen einzigen Zuhörer, den Bälgetreter ausgenommen, denn als endlich alles vorüber war, stand die Kirche leer. Das sah der Professor in seinem Reflektor, doch er war daran gewöhnt, genoß es und wäre böse geworden, wenn das ganze Publikum geblieben wäre und gewagt hätte, so zu tun, als begreife es das, was er allein zu würdigen verstand.

Herr Lundstedt verließ die Kirche mit dem Eindruck, etwas unerhört Großes gesehen, etwas übermenschlich Schönes gehört zu haben, inzwischen vollkommen überzeugt, daß seine Unfähigkeit, die Fugalmusik voll und ganz zu genießen, nur darauf beruhte, daß er ungebildet war, doch er war der stolzen Hoffnung, daß er eines Tages zu den wenigen Auserwählten gehören werde, die dies konnten.[11]

Ein seliges Mal darf Lundstedt auf der Orgel der Jakobskirche spielen - und hernach in der armselig einsamen Küsterei auf der Schäreninsel Rånö seiner Phantasie freien Lauf lassen und die Schöpfung nach seiner Vorstellung biegen und kneten. Sein Leben bleibt Traum.

---

[10] Zu den Registerfamilien der Orgel zählen Prinzipale, Flöten, Gedackte, Streicher, Rohrwerke. Die *Gambe* gehört zu den Streichern, die *Trompete* zu den Rohrwerken, die tiefe Stimme des *Bourdun* (Bordun) zu den Gedacktregistern mit gedeckten oder geschlossenen Pfeifen.

[11] August Strindberg, Der romantische Küster auf Rånö. Aus dem Schwedischen von Angelika Gundlach. In: August Strindberg, Das Leben der Schärenleute. Erzählungen. Werke in zeitlicher Folge (Anm. 1), Fünfter Band: 1887-1888, hg. von Wolfgang Butt, 1984, S. 651-707, hier S. 671-675 (erste, schwedische Ausgabe „Den romantiske klockaren på Rånö" in „Skärkarlsliv. Berättelser" 1888; erste, deutschsprachige Ausgabe 1898).

Ziel unseres Bummelanten Arvid Falk ist das Etablissement von Berns am Berzelii-Park. Noch fehlt seinerzeit das prunkvolle „Dramaten"-Theater gegenüber. In Berns' Rotem Zimmer legt Stockholms Bohème ihre großen Perspektiven an die kleinen Dinge, persifliert die Gesellschaft und ihre politischen Spiele, mokiert sich über Unterdrückte wie Unterdrücker, über Glaubenseifer wie simplen Betrug, witzelt über alle Welt - und gießt ihren Spott auch über sich selbst:

Berns „Salon" hatte gerade zu der Zeit begonnen, seine kulturhistorische Rolle im Leben Stockholms zu spielen; er verdrängte den ungesunden Café-chantant-Betrieb, der seit den sechziger Jahren in der Hauptstadt florierte oder grassierte und sich von dort über das ganze Land ausbreitete. Hier versammelten sich ungefähr von sieben Uhr an Scharen junger Leute, die sich in dem abnormen Zustand befanden, der eintritt, wenn man sein Elternhaus verläßt, und endet, wenn man selbst eines gründet. Hier saßen alle die Junggesellen, die ihren einsamen Kammern oder Mansarden entflohen waren, um in Licht und Wärme zu sitzen und einen Menschen zu treffen, mit dem sie sich unterhalten konnten. Der Wirt des Lokals hatte mehrere Versuche gemacht, sein Publikum mit Pantomime, Akrobatik, Ballett und so weiter zu vergnügen, doch man hatte ihm deutlich gezeigt, daß man nicht hierherkam, um vergnügt zu werden, sondern um seine Ruhe zu haben, und daß man eine Stätte für Gespräche und Zusammenkünfte suchte, wo man jederzeit und mit Sicherheit Bekannte treffen konnte. Und da Musik ein Gespräch nicht stört, sondern eher fördert, wurde sie geduldet und gehörte - neben Punsch und Tabak - allmählich zur Abendkost der Stockholmer Junggesellen. Auf diese Weise wurde Berns „Salon" zum Junggesellenklub von ganz Stockholm. Jede Clique wählte sich ihre Ecke; die Kolonisten von Lill-Jans hatten das hintere Schachzimmer unter der südlichen Galerie in Besitz genommen. Es wurde allmählich, seiner roten Möbel und der Kürze wegen, das Rote Zimmer genannt.

Man war sicher, sich hier zu treffen, selbst wenn man tagsüber wie Spreu verweht gewesen war. Von hier aus unternahm man förmlich Razzien durch den Saal, wenn die Not groß war und wenn es galt, irgendwo Geld aufzuspüren. Dann zog man ein Schleppnetz: zwei Mann nahmen die Galerien vor, zwei andere die Längsseiten des Saals. Und selten fischte man vergeblich, da ja im Laufe des Abends dauernd neue Gäste hereinströmten.[12]

Der Erfolg ermuntert Berns zu renovieren. Das Etablissement folgt der Begeisterung für alles Altnordische, rezipiert Schwedens Renaissance mit edlem Holz, Messing und Kristall. Wo das Rote Zimmer lag, laden nun götische Räume. Nach diesen götischen Zimmern nennt Strindberg ein Vierteljahrhundert später die Neuauflage seines Gesellschaftsstücks. Als ergraude Gestalten kehren die Bohèmiens von einst zu Berns zurück und stecken die alte Herrlichkeit ab. Romantiker sind sie geworden und Spießer, heuchlerisch und imperial, Muster einer Zeit, an der auch Schweden seinen Anteil findet. Seinen Ruhm pflegt Berns bis heute.

---

[12] August Strindberg, Das Rote Zimmer (Anm. 1), S. 84f.

Die große Landstraße

Kein schwedischer Schriftsteller hat Stockholm so unter die Füße genommen wie Strindberg. Zwei Dutzend Mal wechselt er in Stockholm seine Wohnung, vom Geburtshaus am Riddarholmskai bis zum Sterbeort an der Drottninggatan. Allein die letzte Wohnung wahrt die Erinnerung an den Dichter.

Die frühen Jahre der Kindheit lebt Strindberg an der Klarakirche, zwischen Drottninggatan und Hauptbahnhof. Sein Kindheitsroman „Sohn der Magd" ist in Schweden zum Klassiker geworden. Seinerzeit gibt es in Stockholm noch keine Viertel, in denen die Oberklasse sich von der Unterklasse distanziert, abgeschieden durch hohe Mieten, feine Treppenhäuser und strenge Portiers:

Darum ist das Haus am Klara Kirchhof, trotz seiner vorteilhaften Lage und hohen Besteuerung, noch zu Beginn der fünfziger Jahre eine recht demokratische Familistère. Das Gebäude bildet ein Geviert um einen Hof. Der Flügel zur Straße hin wird im Erdgeschoß vom Baron bewohnt; im ersten Stock vom General; im zweiten Stock vom Justizrat, dem Hausbesitzer; im dritten Stock vom Kolonialwarenhändler und im vierten Stock vom pensionierten Küchenmeister des seligen Karl Johan. Im linken Hofflügel wohnen der Lederhändler und zwei Witwen; im dritten Flügel wohnt die Kupplerin mit ihren Mädchen.

Im dritten Stock erwachte der Sohn des Kolonialwarenhändlers und der Magd zu Selbstbewußtsein und Bewußtsein des Lebens und seinen Pflichten.[13]

Von den Vorderzimmern blickt der Sohn auf die Klarakirche:

Über den Linden erhob sich das Kirchenschiff wie ein Berg, und auf dem Berg saß der Riese mit dem Kupferhut, der ununterbrochen lärmte, um den Lauf der Zeit anzugeben. Er schlug die Viertelstunden im Diskant und die Stunden im Baß. Um vier Uhr läutete er zur Morgenandacht mit einem kleinen Glöckchen, um acht Uhr läutete er zur Morgenandacht, um sieben Uhr läutete er zum Abendgebet. Er schlug um zehn Uhr am Vormittag und um vier am Nachmittag. Nachts tutete er jede Stunde von zehn bis vier. Er läutete mitten in der Woche zu Beerdigungen, und jetzt während der Cholerazeit läutete er oft. Und an den Sonntagen, ach, da läutete er so, daß die ganze Familie den Tränen nahe war und keiner hörte, was der andere sagte. Das Tuten in der Nacht, wenn er wach lag, war sehr unheimlich. Am schlimmsten aber war das Feuergeläut. Als er nachts zum ersten Mal diesen tiefen dumpfen Klang hörte, fiel er in Schüttelfrost und weinte. Das Haus erwachte immer.

---

[13] August Strindberg, Der Sohn der Magd. Entwicklungsgeschichte einer Seele. Teil I. Aus dem Schwedischen von Jörg Scherzer. In: August Strindberg, Werke in zeitlicher Folge (Anm. 1), Vierter Band: 1886, hg. von Horst Brandl und Jörg Scherzer, 1984, S. 9–191, hier S. 18 (erste, schwedische Ausgabe „Tjänstekvinnans son. En själs utvecklingshistoria" 1886; erste deutschsprachige Ausgabe 1894).

- Es brennt! hörte man jemanden flüstern.

- Wo!

Man zählte die Schläge, und dann schlief man wieder ein, er aber schlief nicht ein. Er weinte. Dann mochte die Mutter zu ihm heraufkommen, ihn zudecken und sagen: Hab keine Angst, Gott beschützt die Unglücklichen schon!

- In dieser Weise hatte er noch nicht an Gott gedacht. - Am Morgen lasen die Dienstmädchen in der Zeitung, daß es auf Söder gebrannt hatte und daß zwei Menschen verbrannt waren.

- Dann war es Gottes Wille, sagte die Mutter. [...]

Manchmal ist er auf dem Kirchhof. Dort ist alles fremd. Steinkeller mit Deckeln, die Buchstaben und Zeichnungen tragen, Gras, auf das man nicht treten darf, Bäume mit Laub, das man nicht berühren darf. Eines Tages nimmt der Onkel Laub, doch da kommt die Polizei. Das große Gebäude, an dessen Fuß er überall stößt, ist ihm unbegreiflich. Dort gehen Leute ein und aus; von drinnen hört man Gesang und Musik; und es bimmelt und schlägt und läutet. Das Gebäude ist geheimnisvoll. Und im Ostgiebel befindet sich ein Fenster mit einem vergoldeten Auge darauf. - Das ist Gottes Auge! - Das versteht er nicht, doch es ist jedenfalls ein sehr großes Auge, das weit sehen muß.

Unter dem Fenster ist eine vergitterte Kelleröffnung. Der Onkel zeigt den Jungen, daß unten blanke Särge stehen. - Dort wohnt die Nonne Clara. - Wer ist das? - Das weiß er nicht, aber sicher ist es ein Gespenst.

Er steht in einem entsetzlich großen Raum und weiß nicht, wo er ist. Es ist sehr schön hier; alles in Weiß und Gold. Eine Musik wie von hundert Pianofortes erklingt über seinem Kopf, doch er sieht weder die Instrumente noch den Musikanten. Bänke stehen in einer langen Allee, und ganz vorne ist ein Gemälde, vermutlich aus der biblischen Geschichte. Zwei weiße Menschen liegen auf den Knien und haben Flügel, und große Kerzenleuchter stehen dort. Das ist vermutlich der Engel mit den beiden güldnen Lichtlein, der durch unser Land geht. Und dort steht ein Herr in rotem Mantel und kehrt einem stumm den Rücken zu. In den Bänken beugen sich die Menschen, als schliefen sie. - Setzt eure Mützen ab, sagt der Onkel und hält den Hut vor das Gesicht. - Die Jungen sehen sich um, und jetzt sehen sie dicht neben sich einen braungestrichenen eigenartigen Schemel, auf dem zwei Männer in grauen Kutten liegen, mit Kapuzen über dem Kopf; an Händen und Füßen haben sie Eisenketten und neben ihnen stehen Gardisten.

- Das sind Diebe, flüstert der Onkel.

Der Junge findet es unheimlich hier drinnen, rätselhaft, seltsam, unfreundlich und außerdem kalt. Sicher finden das die Brüder auch, denn sie bitten den Onkel, gehen zu dürfen, und er geht sofort.

Unbegreiflich! Das ist sein Eindruck von jenem Kult, der die einfachen Wahrheiten des Christentums anschaulich machen soll. Grausam! Grausamer als die milde Lehre Christi.

Das mit den Dieben ist das Schlimmste. Eisenketten und solche Mäntel! [14]

---

[14] August Strindberg, Der Sohn der Magd (Anm. 13), S. 29f, 34f.

Die Klarakirche hat ihren Platz gerettet, bedrängt von Bürobauten ringsum. Im Kircheninnern fände Strindberg sich auch heute zurecht. Das Auge Gottes ruht über dem Kaffeeausschank, an dem die Besucher sich von der Predigt erholen. Nahe dem Portal liegt Carl Michael Bellman begraben.

Vom Klara-Kirchhof zieht Familie Strindberg die große Landstraße, Stora Landsvägen, hinauf zur Norrtullsgatan, auf der Bauern und Milchwagen stadteinwärts zum Heumarkt ziehen, zum Hötorget, oder die Leichenwagen hinaus zum neuen Friedhof in Hagalund. An der Norrtullsgatan mietet die Familie einen „Malmgård", umhegt von langen Plankenzäunen, mit großem Garten, Weiden, Kuhstall, Orangerie. Von der Klaraschule müssen die Geschwister auf die ärmere Jakobsschule wechseln. Hier lernt der Junge das Prinzip der kommunizierenden Röhren, nach dem die Wasser zweier verbundener Röhren auf gleiche Höhe streben. Aber der Gleichstand gelinge nur, wenn die höhere Ebene sinke und die niedere steige. Dorthin, so resümiert Strindberg, strebe die moderne Gesellschaft. Und dann gebe es Ruhe.

1908 schließt Strindberg seinen Lebenskreis und kehrt an die große Landstraße heim, die nun als Drottninggatan vom Norrström im Süden schnurgerade nach Norden führt und in die Chaussee nach Uppsala übergeht.

Neunundfünfzig ist Strindberg, als er in der Pension Falkner an der Drottninggatan 85, Ecke Tegnérgatan, eine möblierte Drei-Zimmer-Wohnung mietet, vier Treppen hoch, mit Balkon zum Hügel des Tegnérlunden. Das Haus ist neu, Jugendstil, markanter Eckturm, lichte Balkons, Pflanzenornamente drinnen und draußen. Es hat Fahrstuhl, Zentralheizung und eine Dusche im Badezimmer.

Strindbergs Wohnung mutet lieblos, flüchtig besorgt, ihr Bewohner auf Durchreise: Linoleum und Serienmöbel, Schlafzimmer, Eßzimmer, ein Arbeitszimmer wie zum Bühnenbild arrangiert, Imitation und Nippes, Erinnerungen, verstaubter Lorbeer von Wohnung zu Wohnung mitgeschleppt, auf dem Schreibtisch peinliche Ordnung. Zwei Jahre nach dem Einzug löst Strindberg seine Bibliothek beim Pfandleiher aus und bringt sie im Dachgeschoß unter. Familie Falkner kocht für Strindberg. Tochter Fanny ist Schauspielerin. Strindberg fördert sie. Sie will von ihm einen Heiratsantrag erhalten haben - und habe schlußendlich abgelehnt. Belege gibt es nicht.[15]

„Die große Landstraße" nennt Strindberg 1909 sein letztes Drama, das er an der Drottninggatan schreibt, Allegorie eines Lebens, das in der Einsamkeit endet

---

[15] Vgl. Fanny Falkner, Strindberg im Blauen Turm. Aus dem Schwedischen von Emil Schering. München: Georg Müller, 1923, und Olof Lagercrantz, Strindberg (Anm. 1), S. 521-529.

und im Dunkel. Doch dort oben an Strindbergs Alterssitz ist die Drottninggatan heiter, mit Kneipen und Antiquariaten, indonesischer Heilkunst und italienischer Pasta. Im Parterre des Miethauses hat sich ein Kaffeegeschäft etabliert, das ein Bild des Eckturms in blau auf seine Tüten druckt. Strindberg klebt das Bild auf seine Briefe. So wird das Eckhaus zum „Blå tornet", zum „Blauen Turm".

Vor dem Blauen Turm wird Strindberg zum 60. Geburtstag 1909 mit einem Fackelzug geehrt. Hier stirbt er im Mai 1912, von hier wird sein Sarg im Trauerzug die Drottninggatan stadtauswärts zum Norra Kyrkogården getragen. Seit 1973 wird die Wohnung im Blauen Turm als Museum für den Dichter bewahrt.

Kontrapunkt zu Strindbergs lebenslangen Provisorien ist sein kolossales Denkmal auf dem Hügel des Tegnérlunden dichtbei, modelliert von Carl Eldh, 1942 aufgestellt. Dieser Strindberg versammelt Kraft, mühsam beherrscht, schamlos. Die Welt soll zittern, wenn der Riese sich rührt.

Eine literarische Topographie kann das „wetterleuchtende Werk" Strindbergs nur streifen. Er habe, so Thomas Mann in der Rückschau, „mit ungeheurer Wucht gesagt und gestaltet, was er litt - und das muß furchtbar gewesen sein".[16] An Thorsten Hedlund, Verleger in Göteborg, schreibt Strindberg im August 1894:

Ich habe immer Angst davor gehabt zu fliegen und wollte Boden unter den Füßen spüren. Habe oft nach großen geistigen Anstrengungen, wenn ich lange nur reine Luft geatmet hatte, ein Bedürfnis verspürt, mich im Schmutz zu wälzen, kurz, doch gründlich. Und es war wie ein wohltuendes Schlammbad. Mit neuem Abscheu vor der Materie, mit großer Lust und frischen Kräften bin ich wieder an die Arbeit gegangen. Somit habe ich zwei Leben gelebt: ein exoterisches, ein esoterisches, und wenn ich jetzt über mein Auftreten in Gesellschaft nachdenke, wo ich immer unbewußt meine Person ausgeliefert habe, der Lächerlichkeit, der Verachtung, dem Mitleid, kommt es mir so vor, als habe eine Furcht, mein Bestes preiszugeben, mich getrieben.[17]

---

[16] Thomas Mann, [August Strindberg]. In: Thomas Mann, Rede und Antwort. Frankfurt am Main: S. Fischer, 1984, S. 653f, hier S. 653 (Gesammelte Werke in Einzelbänden. Frankfurter Ausgabe; erstmals deutsch und schwedisch in „Svensk Literaturtidskrift", Lund, vol. 12, Nr. 1, Januar 1949).

[17] August Strindberg an Thorsten Hedlund, Ardagger, 11. August 1894. Aus dem Schwedischen von Wolfgang Butt. In: Renate Bleibtreu (Hg.), Ich dichte nie (Anm. 7), S. 488-493, hier S. 489.

Asyl auf Lidingö

Lidingö im Nordosten Stockholms ist durch den Meeresarm Lilla Värtan von der Hauptstadt getrennt und eine eigenständige Gemeinde. Dort hat der Bildhauer Carl Milles rund um sein Haus Mensch und Natur zum Kunstwerk versammelt, ein Stück Capri hoch über der schwimmenden Stadt. Unweit der Brücke hinüber nach Stockholm, am Südhang der Insel und vor dem Wind geschützt, gedeihen in Milles' Garten Oleander und Zypressen, Thymian und Lavendel, zwischen und über ihnen Götter und Genien. Milles' Lust ist eine Hymne an die Freude.

In der Nachbarschaft und noch zu Lebzeiten Milles' findet Bertolt Brecht vom April 1939 bis zum April 1940 Zuflucht auf Lidingö, nach der Flucht aus dem gefährdeten Dänemark und bis zur Flucht weiter nach Finnland, „öfter als die Schuhe die Länder wechselnd".[18]

Wie die übrigen nordischen Länder wird Schweden von der Massenflucht aus dem deutschen Machtbereich wenig berührt. Ein Prozent der Vertriebenen, an die fünftausend Menschen, kommen ins Land, ein Drittel von ihnen politische Flüchtlinge. Und dennoch schwankt Schwedens Haltung zwischen Naivität und Nicht-Wissen-Wollen, ergänzt von militant antikommunistischen und antisemitischen Tendenzen. Weder will Schweden Asylanten assimilieren noch sie als Arbeitskraft dulden. Bis 1937 können Provinzialbehörden und sogar lokale Polizei weitgehend eigenmächtig über Einreise und Aufenthalt von Ausländern entscheiden. Erst 1938 werden die Ausländerzuständigkeiten beim Ausländerbüro der Sozialbehörde zentralisiert; politische Flüchtlinge erhalten zugleich einen Sonderstatus und die Möglichkeit der Berufung.[19]

---

[18] Bertolt Brecht, An die Nachgeborenen 3 (Svendborger Gedichte VI). In: Bertolt Brecht, Werke. Große kommentierte Berliner und Frankfurter Ausgabe. Herausgegeben von Werner Hecht, Jan Knopf, Werner Mittenzwei und Klaus-Detlef Müller. Berlin und Weimar: Aufbau, und Frankfurt am Main: Suhrkamp, 30 Bände in 32 Teilen und ein Registerband 1988-2000, Band 12: Gedichte 2. Sammlungen 1938-1956, bearbeitet von Jan Knopf, 1988, S. 87f, hier S. 87. - Die Ausführungen zu Brechts Asyl in Schweden folgen dem Essay des Autors „Reise um Deutschland. Asyl und Exil. Bertolt Brecht zum hundertsten Geburtstag. In: Mare Balticum 1998, S. 9-27, hier S. 14f. Vgl. auch Werner Hecht, Brecht-Chronik 1898-1956. Frankfurt am Main: Suhrkamp, 1997, S. 573-603, und Werner Mittenzwei, Das Leben des Bertolt Brecht oder Der Umgang mit den Welträtseln. Berlin und Weimar: Aufbau, zwei Bände 1986, Band 1, S. 660-705.

[19] Vgl. Helmut Müssener, Exil in Schweden. Politische und kulturelle Emigration nach 1933. München: Hanser, S. 52-77, und Jan E. Olsson, Bertolt Brechts schwedisches Exil. Dissertation an der Universität Lund, 1969, Teil I, S. 1-26.

An die Visumfreiheit für Inhaber reichsdeutscher Pässe rührt Schweden zunächst nicht, doch wird eine Einreise an den Nachweis von Verwandten im Lande, von ausreichenden Mitteln oder von Aufenthaltserlaubnissen dritter Länder gebunden. Bei der Aussortierung jüdischer Flüchtlinge, die nicht als politisch Verfolgte anerkannt werden, hilft sehr die Einstempelung des „J" in die deutschen Pässe, wie sie aufgrund einer deutsch-schweizerischen Vereinbarung ab Oktober 1938 geübt wird. Zusätzlich ist seit April 1939 bei einem Einreiseantrag die Rassenzugehörigkeit anzugeben. Nach dem deutschen Angriff auf Polen führt Schweden den Visumzwang für alle nichtnordischen Staatsangehörigen ein, der im April und Mai 1940 auch auf Dänemark und Norwegen und ab Juni 1941 auf Finnland ausgedehnt wird. Ab Herbst 1941 erleichtert Schweden die Einreise jüdischer Flüchtlinge - seit Deutschland seinen Juden in aller Regel die Ausreise verweigert.

Im Januar 1945 setzt der schwedische Reichstag eine Kommission ein, die Schwedens Flüchtlingspolitik und Flüchtlingspraxis in den Jahren nach 1933 untersucht. Ihr Bericht vom Mai 1946 urteilt deutlich, auch wenn die Amtssprache sich windet:

In Anbetracht der beachtenswerten Anzahl Flüchtlinge, die in einer späteren Phase des Krieges im Lande aufgenommen wurden, ist die Kommission [...] zur Auffassung gekommen, daß es nicht unmöglich gewesen sein dürfte, die Ungelegenheiten zu meistern, die, wie man vor und zu Beginn des Krieges glaubte, mit einer liberaleren Anwendung der Einreisepolitik auf die Flüchtlinge aus Deutschland, besonders die jüdischen, verbunden gewesen wären. [...] Der Umschwung in der schwedischen Flüchtlingspolitik kam, so muß leider festgestellt werden, zu spät. Aber auch mit den der Ansicht der Kommission nach allzu restriktiven Prinzipien der Einreisepolitik, die während der frühen Phase angewandt wurde, hätte nach Auffassung der Kommission eine Einreisegenehmigung in verschiedenen, der Kommission angezeigten Fällen bewilligt werden müssen.[20]

Zur bitteren Satire können Ahnungslosigkeit und Naivität jener geraten, die von Unterdrückung und Vertreibung verschont bleiben. In einer populären Grammatik für den Deutschunterricht erklärt ein Oberstudienrat aus Uppsala, zugleich sozialdemokratischer Oberbürgermeister der Universitätsstadt, das Verb „schaffen": den Beispielsatz von 1929 „Gott hat die Welt geschaffen" ersetzt er 1934 durch „Der Führer hat Ordnung geschaffen"; 1945 formt der Autor, schön

---

[20] Parlamentariska undersökningskommissionen angående flyktingärenden och säkerhetstjänst (Die parlamentarische Untersuchungskommission betreffs Flüchtlingsangelegenheiten und Sicherheitsdienste). Stockholm 1946, S. 325, zitiert nach Helmut Müssener, Exil in Schweden (Anm. 19), S. 72.

neutral, „Der Künstler hat ein Meisterwerk geschaffen" [21] - bitterer hätte auch Brecht den Schlingerkurs des neutralen Schweden nicht auf den Nenner bringen können.

Doch Brecht lebt auch in Schweden bevorzugt. Sein Einkommen ist gesichert, die Aufenthaltserlaubnis für Dänemark hat er in der Tasche. Die Familie steigt nach ihrer Ankunft in Stockholm im Hotel „Pallas" ab, im Klaraviertel nahe dem Hauptbahnhof. Das Hotel ist heute verschwunden. Die Schauspielerin Naima Wifstrand vermittelt Brecht ein komfortables Haus auf Lidingö zur Miete. Beim Einzug in den Lövstigen 1 notiert er: „Das Haus ist ideal. Es liegt auf Lidingö, von zwei Seiten geht Tannenwald heran. Das Arbeitszimmer, bisher ein Bildhaueratelier, ist sieben Meter lang, fünf Meter breit. Ich habe also viele Tische." [22]

Lidingö ist ein gutbürgerliches Wohnquartier, großzügig fast, sehr ruhig, distanziert. Das Grundstück ist mäßig groß, unter alten Kiefern, Fels bricht durch. Fotos zeigen ein anderthalbstöckiges Holzhaus unterm Satteldach, verbrettert, falunrot, weiße Fenster. In einem Anbau hat Brecht sein Atelier. Heute besetzt ein Bungalow das Grundstück. Geblieben sind Fels und Kiefern.

Deutsche, Schweden, Dänen - Spanienkämpfer, Gewerkschaftler, Künstler - treffen sich am Lövstigen, unter ihnen Willy Brandt.[23] Brecht arbeitet am „Verhör des Lukullus", am „Guten Menschen von Sezuan", am Roman über die „Geschäfte des Herrn Julius Caesar" und an der Revue „Pluto" über den Gott des Wohlstands und seine Leidenschaft für die Kriegsfurie. Für agitierende Laienspieler liefert Brecht die Einakter „Was kostet das Eisen" und „Dansen" - bitterer Spott für Dänen wie Schweden, die weiter ihren Schnitt mit dem Fremden machen, während der die Nachbarn liquidiert:

DER FREMDE Warum sind Sie denn so bleich?
DANSEN Das will ich Ihnen sagen, lieber Mann, ich bin bleich vor innerer Erregung.
DER FREMDE Da sollten Sie sich ein Beispiel an Ihrem hübschen kleinen Schwein nehmen. Das ist rosig und bleibt rosig.
DANSEN Ein Schwein ist auch kein Mensch. Ich bin menschlich aufgewühlt und Sie wissen auch warum.
DER FREMDE Das ist aber ein gutes Ferkelchen!

---

[21] Helmut Müssener, Exil in Schweden. In: Hans Uwe Petersen (Hg.), Hitlerflüchtlinge im Norden. Asyl und politisches Exil 1933-1945. Kiel: Neuer Malik Verlag, 1991, S. 93-121, hier S. 95.

[22] Bertolt Brecht, Journal Schweden 23. April 1939 - 10. Februar 1940. In: Bertolt Brecht, Werke (Anm. 18), Band 26: Journale I 1913-1941, bearbeitet von Marianne Conrad und Werner Hecht, 1994, S. 335-363, hier S. 339.

[23] Vgl. Jan E. Olsson, Bertolt Brechts schwedisches Exil (Anm. 18), Teil II.

DANSEN anklagend auf den Tabakladen zeigend: *Was - war - da - drin?*

DER FREMDE Wollen Sie das wirklich wissen?

DANSEN Allerdings will ich das wissen! Was mit meinen Mitmenschen passiert ...
Das Schwein quiekt zum zweiten Mal.

DANSEN Was denn? Was denn?

DER FREMDE Nicht wahr, Sie wollen es nicht wissen!

DANSEN zum Schwein: *Aber der Mann ...* Er deutet hinüber.

DER FREMDE Kannten Sie den Mann ?

DANSEN Ich? Nein, ja, entschuldigen Sie, ich bin jetzt ganz verwirrt. Vorwurfsvoll.
Wir waren im gleichen Verband.

DER FREMDE Und was machtet ihr da? Schweine verkaufen, wie?

DANSEN mürrisch: *Karten spielen. Das Nichteinmischspiel.*

DER FREMDE Kann ich mir nicht leisten. Zu teuer.

DANSEN Es ist nur einmal die Woche. Samstags. Er deutet hinüber: *Er kommt
auch.*

DER FREMDE zögernd: *Ich glaube nicht, daß er noch einmal kommt.*

DANSEN aufgebracht: *Wollen Sie ihm das verbieten? Das wäre doch unerhört. Wirklich. Österreicher ist ein freier Mann.*

DER FREMDE Dem verbietet niemand mehr was. Er lacht unlustig.

DANSEN entsetzt: *Was wollen Sie damit sagen?*

DER FREMDE Wollen Sie das wirklich wissen?

*DANSEN Ich? Ja, nein. Ich weiß ja nicht mehr, wo mir der Kopf steht. Da stehen Sie vor
mir und reden, als ob ... Und vorhin habe ich eigenen Auges mitangesehen ... Selbstverständlich will ich das wissen! Unbe...*
Das Schwein unter seinem Arm quiekt zum dritten Mal, und so angstvoll, als
würde es entsetzlich mißhandelt.

DANSEN beendigt tonlos: *...dingt.*
Er ist jetzt sehr unsicher und wagt dem Fremden, der sein Schwein streichelt,
nicht mehr ins Auge zu schauen.

*DANSEN Ich verstehe die Welt nicht mehr. Ich bin ein friedliebender Mann, verabscheue
jede Gewalt und halte mich an Verträge. Ich habe Geschäftsverbindungen und meine Freiheit, ein paar Kunden und ein paar Freunde, meine Schweinezucht und meine ...* Wie gei-
stesabwesend. *Wollen Sie ein Schwein kaufen?*

DER FREMDE verdutzt: *Wie bitte?*

*DANSEN Ein Schwein? Ein paar Schweine? Ich könnte sie Ihnen billig ablassen. Ich
habe so viele. Zu viele. Sie wachsen mir über den Kopf.*

DER FREMDE Geben Sie eines her.

DANSEN intensiv: *Sind Sie sicher, daß Sie nicht zwei wollen?*

DER FREMDE Eines.

*DANSEN Aber was mache ich dann mit den übrigen? Sie wachsen wie Schwämme. Jeden
Abend ersäufe ich ein halbes Dutzend in der Jauchgrube und jeden Morgen ist ein neues*

Dutzend da. Läßt den Fremden einen Blick in den Stall werfen. *Sehen Sie, es sind schon wieder vierzehn.*

DER FREMDE *Eines.*

DANSEN *Sehen Sie sie genau an. Sind sie nicht gesund, freundlich und appetitlich? Läuft Ihnen da nicht das Wasser im Mund zusammen?*

DER FREMDE dem das Wasser im Mund zusammenläuft, mühsam: *Sie sind Luxus.*

DANSEN *Wie können Sie so was behaupten, wo sie doch ganz und gar eßbar sind. Sogar die Ohren. Sogar die Zehen. Gebackene Schweinezehen.*

DER FREMDE *Luxus.*

DANSEN bekümmert zu seinem Schwein: *Du ein Luxus!* Desillusioniert zum Fremden: *Dann nehmen wir also nur zwei.*

DER FREMDE laut: *Eines. Ich gebe kein Geld aus für Luxus.*

DANSEN *Aber Eisen kaufen Sie doch auch. Von meinem Freund Svensson kaufen Sie doch Eisen, so viel er liefern kann.*

DER FREMDE *Eisen ist kein Luxus. Eisen ist lebensnotwendig.*

DANSEN gibt ihm das Schwein, seine Hände zittern: *Ich bin mit den Nerven ganz herunter. Das furchtbare Erlebnis vorhin ...* Er wischt sich mit einem kleinen roten Tuch den Schweiß im Nacken ab.

DER FREMDE *Was haben Sie denn da für ein rotes Tuch?*

DANSEN *Das da?*

DER FREMDE barsch: *Ja, das da.* Er legt das Schwein auf die Tonne zurück.

DANSEN eifrig: *Das ist kein rotes Tuch. Sehen Sie, da ist ein weißes Kreuz drin.* Er zeigt es.

DER FREMDE *Geht in Ordnung.* Er schmeißt ihm Geld hin.

DANSEN *Ich packe es Ihnen ein.*

DER FREMDE *Hier ist Papier. Sonst berechnen Sie mir auch noch die Verpackung.* Er reicht ihm einen großen Bogen Papier, den er aus der Tasche gezogen hat.

DANSEN den Bogen glatt streichend: *Aber das ist doch ein Vertrag!*

DER FREMDE *Was für einer?*

DANSEN *Ich glaube, mit Herrn Österreicher. Hier steht Freundschaftsvertrag. Brauchen Sie denn den nicht mehr?*

DER FREMDE *Nein. Was soll mir ein Freundschaftsvertrag mit einem toten Mann nützen?* Er nimmt ihm das Papier weg und zerreißt es.

DANSEN wird fast ohnmächtig: *Nehmen Sie mir schnell das Schwein ab, mir wird übel.* [24]

---

[24] Bertolt Brecht, Dansen. In: Bertolt Brecht, Werke (Anm. 18), Band 5: Stücke 5, bearbeitet von Bärbel Schrader und Günther Klotz, 1988, S. 291-306, hier S. 294-297.

Der Bauernheld Engelbrekt Engelbrektsson, der hundert Jahre vor dem deutschen Bauernkrieg Schwedens Bauern gegen König Erik von Pommern und seine dänischen Vögte führt, inspiriert Brecht zu ersten Entwürfen.[25] Peter Weiss lernt Brecht über der Arbeit am Engelbrektmotiv kennen. 1934 aus Deutschland emigriert, hat Weiss seit 1939 eine Aufenthaltsgenehmigung für Schweden, wo er sein Leben als Arbeiter verdient. Seine Erfahrungen im Umkreis Brechts verarbeitet Weiss in seinem Roman „Die Ästhetik des Widerstands".[26]

Am Tage, als Warschau vor der deutschen Wehrmacht kapituliert, beginnt Brecht auf Lidingö „Mutter Courage und ihre Kinder". Naima Wifstrand hat ihm die Geschichte der Marketenderin Lotta Svärd erzählt. Als in den Jahren 1808 und 1809 Schweden mit Rußland um Finnland kämpft, folgt Lotta Svärd den schwedischen Truppen, Finnländern zumeist, erbittert im Rückzug und begeistert beim Angriff, bis die Festung Sveaborg fällt und die Schlacht von Oravais an der Küste von Österbotten den Krieg endgültig gegen Schweden wendet, das im Frieden von Fredrikshamn seinen Reichsteil Finnland an Rußland verliert. Der Gymnasiallehrer Johan Ludvig Runeberg aus Borgå verklärt, ein Menschenalter später, jenen Krieg in den patriotischen Gesängen des Fähnrichs Stål. Deren erster wird zur finnischen Hymne: „Du Land, du unser Vaterland, / Laut klinge, teures Wort!" Ein anderer erzählt die Moritat der Lotta Svärd, die ihren Mann im Krieg verliert und seither vom Krieg profitiert.[27]

Den Namen der Courage leiht Brecht von der „Ertzbetrügerin und Landstörtzerin" des Christoffel von Grimmelshausen, „wie sie anfangs eine Rittmeisterin / hernach eine Hauptmännin / ferner eine Leutenantin / bald eine Marcketenterin / Mußquetirerin / und letzlich eine Ziegeunerin abgegeben".[28] Mit Grimmelshausens Courasche und Runebergs Lotta Svärd teilt Brechts Mutter Courage Geschäftssinn und Mut: „Courage heiß ich, weil ich den Ruin gefürch-

---

[25] Jan E. Olsson, Bertolt Brechts schwedisches Exil (Anm. 19), Teil III, S. 65. Zu den Nachlässigkeiten der Berliner und Frankfurter Brecht-Ausgabe zählt, daß sie die Bruchstücke zum „Engelbrecht" lediglich - wie andere auch - auflistet, aber nicht abdruckt: Bertolt Brecht, Werke (Anm. 18), Band 10/2: Stückfragmente und Stückprojekte Teil 2, bearbeitet von Günter Glaeser, 1997, S. 1308f (Nr. 74).

[26] Peter Weiss, Die Ästhetik des Widerstands. Frankfurt am Main: Suhrkamp, drei Bände 1975, 1978 und 1981; hier Band 2, Teil II.

[27] Johan Ludvig Runeberg, Fähnrich Ståls Erzählungen. Aus dem Schwedischen von F. Tilgmann. Leipzig: Hinrichs, dritte, verbesserte Auflage 1910, S. 3 und 74-81 (erste Auflage 1902; erste, schwedischsprachige Ausgabe des ersten Teils 1848, des zweiten Teils 1860).

[28] Hans Jacob Christoffel von Grimmelshausen, Courasche. In: Hans Jacob Christoffel von Grimmelshausen, Werke I.2, hg. von Dieter Breuer (Simplicianische Schriften VI-X). Frankfurt am Main: Deutscher Klassiker Verlag, 1992, S. 9-151, hier S. 11. Die erste Ausgabe der „Courasche" erschien 1670.

tet hab, Feldwebel, und bin durch das Geschützfeuer von Riga gefahrn mit fünfzig Brotlaib im Wagen. Sie waren schon angeschimmelt, es war höchste Zeit, ich
hab keine Wahl gehabt." [29] So auf das Leben eingerichtet, verliert die Courage
ein Kind nach dem andern. Und zieht ihren Planwagen weiter durch den Krieg.

Am 9. April 1940 greifen die Deutschen Dänemark und Norwegen an. Dänemark beugt sich sofort, Norwegen kämpft bis zum 10. Juni. Schweden erneu-
ert seine Neutralität. Mit der Wehrmacht vor der Tür oder im Haus wagt keine
Bühne Skandinaviens die Inszenierung der „Courage". Im April 1941 faßt das
Zürcher Schauspielhaus den Mut zur Uraufführung.

Schweden gestattet Versorgungstransporte für die deutschen Truppen in
Norwegen und verstärkt den Druck auf die deutschen Flüchtlinge. Brechts Asyl
auf Lidingö wird durchsucht. Freunde raten zur Abreise. Brecht erhält Kontakt
zur finnischen Kauffrau, Schriftstellerin und Politikerin Hella Wuolijoki: „Vielleicht bekämen wir ein finnisches Einreisevisum, wenn wir von Ihnen eine Einladung zeigen könnten? Könnten Sie uns eine schicken? Es müßte freilich bald
sein." [30]

Finnland wird zum letzten Schlupfloch auf der Flucht der Familie fort nach
Amerika. Freunde bewahren den Hausrat des Asyls auf Lidingö, bis Brechts ihn,
nach Deutschland heimgekehrt, einfordern für ihr Haus in Berlin.

---

[29] Bertolt Brecht, Mutter Courage und ihre Kinder. Eine Chronik aus dem Dreißigjährigen
Krieg. In: Bertolt Brecht, Werke (Anm. 18), Band 6: Stücke 6, bearbeitet von Klaus-Detlef
Müller, 1989, S. 7-86, hier S. 11.
[30] Bertolt Brecht an Hella Wuolijoki, Lidingö, April 1940. In: Bertolt Brecht, Werke (Anm. 18),
Band 29: Briefe 2, Briefe 1937-1949, bearbeitet von Günter Glaeser, 1998, S. 165.

VI
Schärengarten

Der Besucher soll den Hauptstädten des Nordens von See sich nähern. Als ein Bühnenrund öffnet sich Oslo seinem Fjord. An Villen und Schlössern des Øresund vorüber steigert Kopenhagen seinen Reichtum bis zum Halt im Nyhavn oder vor Christiansborg. Jenseits der Festungspassage von Suomenlinna leuchtet Helsinkis Dom. Ouvertüre Stockholms sind das Grün und Blau des Schärengartens und seine falunrot gesprenkelte Sommerlust.

Der Schärengarten ist Vorplatz und Sommerfrische Stockholms. August Strindberg erzählt von Landschaft und Leuten der Schären. Während der Jahre in Stockholm verbringt Strindberg die Sommer auf Kymmendö, Runmarö, Furusund, beobachtet und schreibt. Mit dem Eifer des Volkskundlers und verliebt ins Detail liest er den Leuten vom Maul. Strindbergs Sammlung vom „Leben der Schärenleute" erscheint 1888 und öffnet den Stockholmern eine neue Welt:

Dieses ganze zerrissene Küstengebiet der Schären ruht zum allergrößten Teil auf Urformationen: Gneis, Granit und Eisenerzen, von welchen letzteren man nur die von Utö als den Abbau lohnend angesehen hat. Die Granitspielart Pegmatit tritt zuweilen in so großen Konzentrationen auf, daß sie des Feldspats wegen Beachtung findet, der in die Porzellanfabriken geht.

Das Fehlen der jüngeren Formationen mit ihren horizontalen Lagerungen in lichten leichten Farbtönen verleiht der Schärenlandschaft diesen Zug von Wildheit und Düsterkeit, der die Urformation begleitet. Die Landschaftskonturen werden durch die abgerissenen, rohen, unregelmäßigen Blöcke kamm- oder wellenförmig auf den Höhen, flach, buckelig und höckerig, wo das Meer seine Schleifarbeit getan hat. Die partielle Schieferhaltigkeit des Gneises setzt sogar die Strandklippen den Sprengungen des Eises aus, so daß Grotten, Aushöhlungen und tiefe Risse das Wilde im Landschaftscharakter verstärken, der dadurch niemals eintönig wie die Kalk- oder Sandsteinküsten an der französischen Nordküste wird. Diese Wildheit wird jedoch jäh unterbrochen durch das üppige Erdreich aus der Quartärperiode mit Moränengrus und Glacial-Lehmen, Muschelsand, Mooshumus und Tangumwandlungen, deren Fruchtbarkeit oft vermehrt wird durch Abfall von jahrtausendealter Großfischerei, der auf den Grundgesteinen reiche Schlicke bildet, und ganz weit draußen auf den kleinsten Schären vom Guano der Seevögel. Auf dieser Erdschicht wachsen Kiefer und Tanne, wobei die Gotik der Tanne der Natur der inneren Schären ihren auffälligen Charakter verleiht, wenn auch die Kiefer zäher ist und bis weit draußen am offenen Meer wächst, sich auf den letzten Felsplatten nach dem vorherrschenden Wind dreht.

In den Talsenken wird der Wiesengrund durch Aufschlammungen und Salzwasser besonders prachtvoll, und die natürliche Wiese bietet eine reiche Blumenflora mit allen wilden Prachtgewächsen des mittleren Schweden, unter denen vielleicht die Orchideen und Szilla die vornehmsten sind. An den Stränden leuchten Weiderich und Pfennigkraut, in den Wäldern gedeiht die Blaubeere, auf offenen Ebenen die Himbeere, und in den Moosen ist die Multbeere nicht selten. Tiefliegende Inseln mit besserem Humus erhalten einen besonders freundlichen Charakter durch ihren Reichtum an Laubbäumen und Büschen. Die Eiche belebt hier mit ihren sanften Linien und ihrem recht lichten Laubwerk die Nadelwaldlandschaft, und der Hag, diese Eigentümlichkeit des Nordens, eine Kreuzung aus Wald, Buschwald und Wiese, ist vielleicht das Anmutigste, was man sehen kann, wenn unter einer Mischung von Birken und Nadelbäumen die Hasel einen Laubsaal über dem Fahrweg bilden, der hier den Namen Drog trägt. Es sind Teile eines englischen Parks, durch die man spaziert, bis man auf die Strandklippe mit ihren Tannen und Kiefern auf Rentierflechte und unterhalb davon auf die Sandauflage der Meeresbucht mit ihrem Tanggürtel stößt. Schiebt sich eine Bucht der Förde weiter ins Land hinein, ist sie immer schön gesäumt mit Erlen und reichen Schilfbänken.

Es ist dieser Wechsel von Düsterkeit und Freundlichkeit, von Armut und Reichtum, von Anmut und Wildheit, von Binnenland und Meeresküste, der Schwedens östliches Schärenmeer so fesselnd macht. Und hinzu kommt, daß die meist steinigen Strände das Wasser so rein, so durchsichtig halten; und auch wenn der Sand bis ins Wasser hinausgeht, ist er so schwer und so rein, daß der Badende sich nicht zu ekeln braucht, wie er es an der französischen Nordküste muß, wo ein Meeresbad ein Schlammbad ist. Man entgeht hier den meisten Unannehmlichkeiten des offenen Meeres und besitzt die meisten Vorteile des Hinterlandes, was das östliche Schärenmeer der kahlen und öden Westküste voraushat.

[...]

Der Schärenbewohner ist ein Einsiedler; hat es weit zum Gerichtsgebäude, weit zur Kirche und weit zur Schule; weit zu den Nachbarn und weit zur Stadt. Der Badeort ist sein nächstes Zivilisationszentrum, aber dort kann er nur Luxus und Neid gegenüber der Menschheit lernen, die er drei Monate lang feiern sieht, denn ihr arbeitendes Mitglied, das in der Stadt ist, sieht er nicht.

In der Einsamkeit würde er Denker werden, leitete man ihn an, statt dessen wird er zum Phantasten, und wie geschickt er auch in seinem Beruf sein mag, wie klarsichtig in der Alltagssituation, wird er leicht ein Raub seiner subjektiven Empfindungen, wird „hellseherisch", wunderlich, wie der Küster auf Rånö, und er zieht, meist Ursache und Wirkung verwechselnd, falsche Schlüsse, so daß für einen guten Fischfang, vor dem man die Münze unter den Stein gelegt hat, die Münze die mächtige Ursache ist. Er ist abergläubisch, und das Heidentum sitzt so tief in ihm, daß für ihn die Symbole der christlichen Kirche noch gleichbedeutend mit magischen Geheimzeilen, Kaffeesatzlesen und Zauberei sind.

Selbst die Familie gründet sich auf alte Gewohnheit und die einfachen Ansprüche der Natur, wo eine ökonomische Berechnung als Faktor nicht hinzukommen kann. Das Verhältnis zwischen den Geschlechtern ist ungezwungen, und die Ehe wird normalerweise bei Schwangerschaft geschlossen, wenn sich das Mädchen sonst als zuverlässig und einer Familiengründung geneigt erwiesen hat. Liegt die Sache anders, entstehen bisweilen schwere Verwicklungen, die mit dem totalen Verschwinden des Kindes und anderen traurigen Ereignissen enden können, welche allen Leuten zur Kenntnis gelangen außer dem Staatsanwalt, der im übrigen nichts in der Sache tun kann, in der Zeugen nicht aufzutreiben sind. [1]

Kymmendö steht für Abgeschiedenheit. Furusund im Nordosten, das „Fagervik" in Strindbergs „Kindergeschichte", ist der Welt verbunden. Kymmendö im Südosten liegt außen vor, im Nordosten der großen Insel Ornö, zweieinhalb Kilometer lang, anderthalb Kilometer breit, Wald, Weide und Hag.

In den Sommermonaten fahren die Boote der Stockholmer Waxholmsbolaget hinaus nach Kymmendö: vom Strömkajen vis-à-vis des „Grand Hôtel", von Saltsjöbaden am Weg in den Schärengarten oder, der Insel nächstgelegen, von Dalarö, das Sommerfrische ist seit Entdeckung der Schärenwelt durch Maler wie Anders Zorn. Doch die Fahrpläne sind eigenwillig, Buchungen nicht möglich, und Fahrkarten gibt es nur an Bord.

Eine besondere Annäherung verpricht das Boot, das am späten Vormittag von Årsta havsbad im Süden der Hauptstadt, nahe Västerhänninge, nach Gruvby auf Utö ablegt; ein zweites geht anderthalb Stunden später von Gruvby zu den Inseln hinaus und setzt nach einem Dutzend Schären Fahrgäste auch auf Kymmendö aus. Dort werden die Stunden lang. Erst am späten Abend, aber mitleidlos pünktlich, fährt ein Boot über Saltsjöbaden zurück nach Stockholm.

---

[1] August Strindberg, Das Leben der Schärenleute. Erzählungen. Einleitung. Aus dem Schwedischen von Verena Reichel. In August Strindberg, Werke in zeitlicher Folge (Frankfurter Ausgabe). Hg. von Angelika Gundlach u. a. Frankfurt am Main: Insel, erschienen sind Band 4: 1886 (1984), Band 5: 1887-1888 (1984), Band 8 I und II: 1898-1900 (1992) und Band 10: 1903-1905 (1987), hier Band 5, hg. von Wolfgang Butt, S. 643-645, 649 (erste, schwedische Ausgabe „Skärkarlsliv. Berättelser" 1888; erste deutschsprachige Ausgabe 1898).

Die Hemsöer

Kymmendös winzige Siedlung geht zurück auf die Wikinger, denen die Insel nahe dem Meer eine sichere Zuflucht bot. Die Hafenbucht der Wikinger ist verschilft, der Anlegeplatz auf die Landseite verlegt, mit Kramladen und Tagesbedarf für die Schärenleute ringsum, mit Gatukök für die wenigen Inselwanderer, einer Art Herberge und einem Fußweg landeinwärts zum Gehöft der Inselbauern, deren Sippe die Insel seit mehr als zweihundert Jahren gehört. Gut zwei Dutzend Menschen bewohnen Kymmendö jahraus jahrein.[2] Schwedens Allmansrät erlaubt jedermann, Strand, Ufer, Wald und Wiese zu erwandern.

Im Sommer 1871 lernt Strindberg Kymmendö kennen und quartiert sich seither beim Inselbauern Jonas Eriksson ein, der als Knecht aus Värmland drei Jahre zuvor die um zwanzig Jahre ältere Hofbesitzerin Susanna Berg geheiratet hat, Witwe des Inselbauern Carl Anders Berg und Mutter von Carl Albert.

Auf Kymmendö kommt im Sommer 1881 Strindbergs zweite Tochter, zur Welt. Strindberg lädt zur Taufe auf die Insel - und schreibt Frack und Orden vor. Auch Carl Larsson ist dabei, der Strindbergs grandioses „Jahrtausend schwedischer Bildungs- und Sittengeschichte" illustrieren soll. Für Larsson hat das Leben der Künst-lerbohème ein unerfreuliches Zwischenspiel:

Oft gab es einen Ball in einer Scheune. Es war immer ich, der dazu einlud. Das Essen war einfach genug, nur Brot, Butter und Branntwein - in einem großen Fäßchen - sowie viele Körbe Bier. Denn seht, es waren nicht nur wir Sommergäste und Kymmendös ganze Einwohnerschaft, sondern auch die Leute von den Nachbarinseln waren eingeladen. Das war Großschwedisch! Die Boote kamen zwischen den Schären und kleinen Felseninseln hervor und sahen so hübsch aus, wie sie auf uns zukamen, näher und näher. Ich und ein Kerl, der am Tag zuvor die Sachen für die Bewirtung von Dalarö geholt hatte, hatten alles stilvoll arrangiert und ohne viel Umstände ging es los. Zwei Jungen mit Ziehharmonika sorgten für die Musik, und bald war das Fest in vollem Gang. Es war da immer ein kleines Mädchen, das um mich herumstrich, sie hieß Erika und war bei Eriksson im Dienst, dem Magnaten der Insel, von dem wir gemietet hatten und der aus Värmland gebürtig war, sich aber auf die Schären verheiratet hatte. Alias Carlsson aus den „Inselbauern".

Ich verhielt mich kurz angebunden gegenüber dieser Kindfrau, wenn ich mich auch geschmeichelt fühlte.

Einige Monate später, in Paris, erhielt ich einen Brief von Strindberg, in dem er mich ermahnte, die Angelegenheit mit dem Kind in Ordnung zu bringen und Geld zu schicken. „Wenn ich alles für die Taufe arrangieren soll", schrieb er, „so soll es ein Fest werden."

---

[2] Vgl. Karin Lindeberg und Britt-Marie Utter Wahlström, Kymendö. Strindbergs Hemsö. Halmstad: Bulls Tryckeri, 1992.

„Die Teufel der Hölle spielten auf der Geige,
der Herr Schurke selbst spielte das Klavier.
Hurra für Svealand!
Hurra für Götaland!
Hurra für uns alle, jetzt trinken wir eins. "
Ich konnte ja nur das zurückschreiben, was wahr war, nämlich, daß niemals ein Mann un-
schuldiger gewesen sei als ich in diesem Fall und ihn bitten, das Mädchen zu zwingen, die
Wahrheit zu sagen.

Strindberg war wütend und roh. Es gab wohl Indizien, die gegen mich sprachen, aber er
würdigte mich nicht einmal einer Antwort.

Nach einiger Zeit kam ein friedlicher und ruhiger Brief von Strindberg. Das Kind war
gestorben, und Erika hatte aus freien Stücken gestanden, daß sie aus Verzweiflung dem die
Vaterschaft aufgebürdet hatte, der am weitesten weg war, und daß ihr Dienstherr, Eriksson-
Carlsson, der Schuldige war ...

Es wundert mich, daß Strindberg nicht davon Gebrauch gemacht hat, sondern sich mit ge-
spieltem Glauben, wie es seine Art war, zornig auf mich stürzte und mich verleumdete. Er
konnte doch diejenigen nicht ausstehen, die „die Wahrheit unterdrückten".

Indessen endete der Ball immer so, wie er nach alten Traditionen enden soll: mit einer gro-
ßen und prächtigen Schlägerei. Es begann immer damit, daß einer der Musikanten irgendje-
mand seine Ziehharmonika über den Schädel haute ... und das heizte die übrigen an. Früh am
Morgen kam der Musikant splitterfasernackt und blutig geschlagen an und fragte, ob ich ein
paar Hosen entbehren könnte. Daß ich ihm eine neue Ziehharmonika kaufen sollte, hielt er
für selbstverständlich.[3]

Strindberg hat seine Welt der Schären auch mit dem Auge des Malers gesehen
- Kymmendö, Dalarö, die Leuchtfeuer, die Felsen, die See. Zwei kleine Ölbilder
von 1873 zeigen die Sicht des Dichters von seiner Hütte auf Kymmendö. Eine
Ausstellung der Tate Modern in London hat im Jahre 2005 Strindbergs Bilder
versammelt - voller Zauber und furios, märchenhaft und weltverloren.[4]

Kymmendös Bewohner liefern den Stoff für die „Hemsöborna", die Leute
von Hemsö. „Holländisches Genre mit schwedischer Landschaft" nennt Strindberg seine Schärengeschichte, eine landläufige Idylle „mit einer Prise Konflikt
zwischen Industrie und Bauern, doch vor allem Schöne Literatur".[5] Strindberg

---

[3] Carl Larsson, Ich. Ein Buch über das Gute und das Böse. Aus dem Schwedischen nach der
Ausgabe 1969 von Hans-Günter Thimm. Königstein: Langewiesche, zweite Auflage 1991
(erste, schwedische Ausgabe „Jag" 1931, zweite Ausgabe 1969, erste deutsche Ausgabe
1983), S. 76-78.

[4] Olle Granath u. a., August Strindberg. Painter, photographer, writer. London: Tate Modern,
2005. Die Tafeln 16 und 17 zeigen die Strandmotive Kymmendö I und II.

[5] August Strindberg an Albert Bonnier, 22. September 1886. Zitiert im Anhang zu „Die Hemsöer" in: August Strindberg, Werke in zeitlicher Folge Band 5 (Anm. 1), S. 852.

erzählt, wie auf Hemsö Inselbauer Flod gestorben ist und Madam Flod Ersatz sucht, besser als ihr Sohn Gusten, der dem Fischen und Jagen zuliebe die Landwirtschaft verlottern läßt. Carlsson aus Värmland tritt als Knecht an und macht seine Runde:

Das Haus, das eigentlich aus zweien zusammengebaut war, lag auf einem Felshügel am südlichen inneren Ende eines langen, ziemlich seichten Arms der Bucht, der so tief ins Land schnitt, daß man das offene Meer nicht sehen und den Eindruck haben konnte, man befinde sich an einem kleinen Binnensee im Landesinneren. Die Felsen senkten sich in ein Tal mit Weideland, Wiesen und Hagen, die von Laubbäumen, Birken, Erlen und Eichen umsäumt waren. Auf der Nordseite der Bucht gab eine mit Fichten bewachsene Anhöhe Schutz vor den kalten Winden, und die südlichen Teile der Insel bestanden aus Kieferngehölzen, Birkenhainen, Mooren, Sümpfen, zwischen denen kleine Stückchen Ackerland verstreut lagen.

Neben dem Wohnhaus standen auf der Anhöhe der Vorratsschuppen und ein Stück weiter das große Wohnhaus, ein rotes, aus Baumstämmen gezimmertes, recht großes Holzhaus mit Ziegeldach, das sich der alte Flod als Altenteil erbaut hatte, das nun aber leer stand, weil die Alte dort nicht allein wohnen wollte und unnötig viele Feuerstellen auch zu sehr am Wald gezehrt hätten.

Weiter weg, zum Hag hin, lagen Stall und Scheune; in einem Wäldchen aus hochgewachsenen Eichen hatten Dampfbad und Erdkeller einen schattigen Platz gefunden; und ganz hinten auf der südlichen Wiese war das Dach einer verfallenen Schmiede zu sehen.

Unten am inneren Ende der Bucht standen die Bootsschuppen bis an die Brücke heran, und dort befand sich auch der Hafen für die Boote.

Ohne daß er die Schönheiten der Landschaft bewundert hätte, schien Carlsson von dem Ganzen doch angenehm berührt zu sein. Die fischreiche Bucht, die ebenen Wiesen, die schrägen Äcker, vorm Wind geschützt und mit der richtigen Neigung ausgestattet, der dichte Hochwald, das schöne Nutzholz in den Hagen, alles versprach guten Ertrag, wenn nur eine starke Hand die Kräfte in Bewegung setzte und die verborgenen Schätze ans Tageslicht hob.[6]

Sommergäste ziehen ins leere Altenteil, bringen den Hemsöern Gewinn und Carlsson eine Liebschaft mit der Köchin Ida aus der Stadt. Carlsson schwankt. Ida will keinen Knecht, und Bauer kann er nicht werden. Kann er nicht? Die Hemsöer laden die Schärennachbarn zur Heumahd. Kymmendö erlebt ein Bild wie von Breughel gemalt:

Es ist drei Uhr morgens an einem Julitag zu Anfang des Monats. Es raucht schon aus dem Schornstein, und der Kaffeekessel ist aufgesetzt; das ganze Haus ist wach und in Bewegung,

---

[6] August Strindberg, Die Hemsöer. Eine Erzählung aus dem Schärenmeer. Aus dem Schwedischen von Alken Bruns. In: August Strindberg, Werke in zeitlicher Folge Band 5 (Anm. 1), S. 159-308, hier S. 174f (erste, schwedische Ausgabe „Hemsöborna. Skärgårdsberättelse" 1887; erste deutsche Ausgabe 1887).

und draußen auf dem Hof ist ein langer Kaffeetisch gedeckt. Die Schnitter, die am Abend vorher angekommen sind, haben auf Heuböden und in der Scheune geschlafen, und zwölf stattliche Schärenbauern mit weißen Hemdsärmeln und Strohhüten stehen in Gruppen vor dem Haus herum, bewaffnet mit Sensen und Wetzsteinen. Da sind der Åvassabauer und der von Svinnock, beide schon alt, die Rücken krumm vom Rudern, da ist der Aspöer mit seinem Kämpenbart, einen Kopf größer als die anderen, die Blicke tief, traurig von der Einsamkeit draußen am Meer, von Sorgen ohne Namen und ohne Klage; da ist der Mann von Fjälläng, kantig und einen halben Schlag verdreht wie eine Krüppelkiefer draußen auf der letzten Kobbe; der Fiversätraöer, mager, durchgeweht, lebhaft und trocken wie eine Klärhaut; die Kvarnöer, Bootsbauer von Ruf, die Leute von den Långviksschären, die besten Seehundsjäger, und der Arnöbauer mit seinen Jungen. Und um sie herum, zwischen ihnen trippelten die Mädchen in ihren Leinenärmeln, mit Busentüchern über der Brust, in hellen Baumwollkleidern und Tüchern auf den Köpfen; die Rechen, frisch bemalt in Regenbogenfarben, hatten sie selbst mitgebracht, und sie sahen eher so aus, als gingen sie zum Fest als zur Arbeit. Die Männer tatschten ihnen mit den Fingerknöcheln in die Seite und sagten Vertraulichkeiten, die jungen Burschen aber hielten so früh am Morgen Abstand und warteten den Abend mit seiner Dämmerung, mit Tanz und Musik ab, um ihre Liebesspiele zu spielen. Die Sonne war seit einer Viertelstunde aufgegangen, aber noch nicht über die Kiefernhöhe gelangt, um den Tau aus dem Gras lecken zu können; die Bucht lag spiegelblank da, eingefaßt in das um diese Zeit bleichgrüne Schilf, aus dem das Gepiepse der neu ausgeschlüpften Entenjungen zwischen dem Geschnatter der Alten zu hören war; die Möwen fischten Ukeleie da unten, groß, breitflügelig und schneeweiß durch die Luft segelnd wie Gipsengel in der Kirche; in der Eiche über dem Erdkeller waren die Elstern erwacht und schwätzten und schwatzten von den vielen Hemdsärmeln, die sie unten beim Haus gesehen hatten; im Hag rief der Kuckuck, geil und wütend, als wäre die Zeit der Brunst zu Ende, wenn er den ersten Heuhaufen zu sehen bekam; der Wiesenknarrer schnarrte und knarrte unten im Roggenfeld; auf dem Hof aber lief der Hund umher und begrüßte alte Bekannte, und Hemdsärmel und Leinenbänder blitzten im Sonnenschein und streckten sich über den Kaffeetisch, auf dem Tassen und Schüsseln, Gläser und Kannen klirrten, während das Gastmahl im Gange war.

Gusten, sonst scheu, machte den Gastgeber, und da er sich unter diesen alten Freunden seines Vaters sicher fühlte, schob er Carlsson beiseite und kümmerte sich selbst um die Branntweinflasche. Dieser aber hatte auf seiner Einladungsfahrt schon Bekanntschaften geschlossen, er machte sich's bequem wie ein älterer Angehöriger oder Gast und ließ sich schmeicheln. Mit zehn Jahren Vorsprung vor Gusten und mit einem erwachsenen, männlichen Äußeren fiel es ihm nicht schwer, Gusten den Rang abzulaufen, der doch nie etwas anderes war als der Junge gegenüber den Männern sein konnte, die sich mit seinem Vater geduzt hatten.

Inzwischen war der Kaffee getrunken, die Sonne stieg und die Veteranen setzten sich mit geschulterten Sensen in Marsch zur großen Wiese hinunter, gefolgt von den Jungen und der Schar der Mädchen.

Das Gras stand schenkelhoch und war dicht wie ein Fell, so daß Carlsson über die neue Bearbeitungsmethode Auskunft geben mußte; wie er Laub und Gras vom Vorjahr hatte ab-

räumen, die Maulwurfshügel einebnen, die Frostflecken neu besäen und mit Jauche begießen lassen. Dann ordnete er wie ein Hauptmann seine Truppe, gab den Alten und Vermögenden die Ehrenplätze und ging selbst ganz am Ende, so daß er sich dennoch nicht im Haufen verlor. Und dann rückte die Linie vor: zwei Dutzend weißer Hemdsärmel, in einem Keil wie Schwäne auf ihrem herbstlichen Zug, die Sensen Ferse an Ferse, und dahinter kamen in loser Ordnung, wie eine Schar Seeschwalben mit launischen Schwüngen und Wendungen und doch zusammenhaltend, die Mädchen mit ihren Rechen, jede ihrem Schnitter folgend.

Die Sensen zischten, und das tauige Gras fiel schwadenweise, und Seite an Seite lagen alle die Sommerblumen, die sich aus Wald und Gehölz herausgewagt hatten: Margeriten und Kuckucksblumen, Pechnelken und Labkraut, Kälberkropf, Heidenelke, Erve, Steinsame, Vogelwicke, Pestwurz, Klee und all die Gräser und Halbgräser der Wiesen; und es duftete süß wie Honig und Gewürz, und Bienen und Hummeln flohen in Schwärmen vor der mordenden Schar, die Maulwürfe verkrochen sich in den Eingeweiden der Erde, als sie es auf ihrem zerbrechlichen Dach lärmen hörten; die Natter kroch erschreckt in den Graben hinunter und schlüpfte in ein Loch wie ein Schotende; hoch oben über dem Schlachtfeld aber schwangen sich ein paar Lerchen, deren Nest von einem Absatz zertreten war; und als Nachhut kamen die Stare angetrippelt und hackten und pickten allerlei Gewürm auf, das nun im brennenden Sonnenschein lag.

Die erste Bahn ging bis an den Rand des Ackers, und nun blieben die Kämpfer stehen, indem sie sich auf ihre Sensenstiele stützten und das Werk der Zerstörung betrachteten, das sie hinter sich gelassen hatten, sich den Schweiß aus den Mützenbändern wischten und sich mit einem neuen Priem aus der Messingdose versorgten, während die Mädchen sich beeilten, die Frontlinie zu erreichen.

Und dann ging es wieder los, in das grüne Blumenmeer hinein, das nun in der auffrischenden Morgenbrise auf und ab wogt und bald leuchtend bunte Farben zeigt, wenn die steiferen Stiele und Köpfe der Blumen über die Wogen des weichen Grases, welches sich nachgiebig vor der Brise neigt, emporragen, und sich bald wieder glatt und grün ausbreitet wie ein See bei Windstille.

Es liegt Feststimmung in der Luft und Wettstreit in der Arbeit, so daß man lieber in der heißen Sonne umsinken würde, als die Sense aus der Hand zu legen. Carlsson hat Professors Ida zum Harken hinter sich, und da er der letzte in der Linie ist, kann er, ohne um seine Waden fürchten zu müssen, angeben und sich umdrehen und ihr ein Wörtchen zuwerfen; Norman aber hat er unter strenger Bewachung schräg vor sich, und sobald dieser versucht, einen entzückten Blick nach Südosten zu werfen, hat er Carlssons Sense in den Hacken nebst einem weniger wohlgemeinten als unfreundlichen Warnruf: - Nimm die Knochen in acht, du! [7]

Ida wird abgerufen. Die Bäuerin springt für sie ein. Carlsson holt ihr den Prachtrechen. Flod höchstpersönlich hat ihn gemacht. Und die Alte harkt derart

---

[7] August Strindberg, Die Hemsöer (Anm. 6), S. 204-207.

drauflos, daß sie dicht hinter Carlsson bleibt. Die anderen scherzen über das Paar, und so wächst, was zu keimen bereits begonnen hat.

Als der Dampfer mit den Gästen ablegt, unter ihnen seine Sommerliebe Köchin Ida, blickt Carlsson von einem der Granitbuckel über das Land der Hemsöer:

Unten lag die Insel, im Sonnenuntergang ausgebreitet und mit einem Blick zu übersehen, mit ihren Wäldern, Äckern, Wiesen und Häusern; und draußen Holme, Kobben und Schären, bis ans offene Meer. Es war ein großes Stück der schönen Erde, und das Wasser, die Bäume, die Steine, alles konnte sein sein, wenn er nur die Hand ausstreckte, nur die eine, und die andere, die nach Eitelkeit, Bettfreuden und Armut griff, zurückzog. Es brauchte kein Versucher neben ihm zu stehen und um einen Kniefall vor diesem Bild zu bitten, das sich in den zauberischen Strahlen einer untergehenden Sonne rosa färbte; auf dem blaues Wasser, grüne Wälder, gelbe Äcker, rote Häuser sich zu einem Regenbogen mischten, der einen weniger scharfen Verstand als den eines Bauernknechts betört hätte.[8]

Carlsson besinnt sich und ist zur Hochzeit mit Madam Flod bereit. Doch nicht lange, und Carlsson geht fremd. Madam Carlsson wird Zeugin. Sie läßt ihren Sohn Gusten das Testament verbrennen, das Carlsson den Hof übertrug. Doch vom Ausspähen der Liebschaft Carlssons in frostiger Nacht hat die Alte sich den Tod geholt. Als die Männer von Hemsö ihren Sarg über den Sund zur Kirche schaffen, bricht das Eis. Der Sarg versinkt. Zur selben Zeit bleibt Carlsson im Eis verschwunden. Gusten rudert heim als Herr.

Haus und Hof der Flod alias Berg sind geblieben. Über dem Schärenrand im Osten steht Strindbergs Dichterhütte verankert auf blankem Fels, eine Bretterbude mit Tisch und Stuhl und Blick zur See. Ein Blatt aus dem Manuskript zur Satire „Das neue Reich" liegt obenauf, die Strindberg 1882 hier schrieb.

Engström

Weit im Norden des Schärengartens hat ein anderer Künstler sich seine Werkstatt gebaut. Zwei, drei Fahrstunden von Stockholm nordwärts liegt ein wenig abseits in Uppland Grisslehamn, Badeidylle und Fährhafen zu den Inseln von Åland. Albert Engström wurde 1869 im småländischen Lönneberga geboren, das in die Geschichten Astrid Lindgrens spielt. Der Großvater Engströms und der

---

[8] August Strindberg, Die Hemsöer (Anm. 6), S. 218f.

Urgroßvater Lindgrens waren Geschwister[9], und dem Enkel und der Urenkelin gemeinsam ist die Erzähltradition Smålands: komisch, volkstümlich, drastisch. Engström hatte 1894 die Schären an der Küste von Roslagen kennengelernt, sich 1900 in Grisslehamn eingemietet und alsbald das Haus „Augustberg" gekauft. Als Engström seinen Plan verkündet, draußen auf dem nackten Fels mit nichts als dem Blick auf die Åland-Bucht sein Künstlerhaus zu verankern, warnen ihn Strindberg und auch Verner von Heidenstam: tagaus tagein allein die Waagerechte des Horizonts, das werde für ihn zur Hölle werden.

Engström erhält die Erlaubnis zum Bau der verrückten Hütte mit der Auflage, ihre Seeseite leuchtendweiß zu streichen - als Merkpunkt für die Einfahrt nach Grisslehamn. Belagert von Wind und Wellen karikiert Engström in der Hütte über dem Meer seine Mitmenschen und ihre Welt, beliefert Woche für Woche seine Zeitschrift „Strix" und lädt seine Freunde zu trinkfesten Treffen. Bleiben die über Nacht, werden die Wandbänke zu Schlaflagern ausgezogen.

Engströms Atelier ist als Museum erhalten. Seine Boxhandschuhe hängen an der Wand und neben ihnen die Eule als Markenzeichen seines weithin belachten Magazins. Der Zeichner und Schreiber rückt auf zum Professor an der Kunsthochschule und zum Mitglied der Schwedischen Akademie. Als er auf die Fünfzig geht, kauft er für die Winter eine Wohnung in Stockholm. Vor seinem Tode wird Engström taub und blind. 1940 hinterläßt er über vierzig Bücher neben zehntausenden seiner Zeichnungen.[10]

---

[9] Margareta Strömstedt, Astrid Lindgren. Ein Lebensbild. Aus dem Schwedischen von Birgitta Kicherer. Hamburg: Oetinger, 2001, S. 53, 138-148 (erste, schwedische Ausgabe „Astrid Lindgren. En levnadsteckning" 1977, in zweiter, überarbeiteter und ergänzter Auflage 1999).

[10] Vgl. eine eingedeutschte Sammlung von Engströms Gestalten in: Albert Engström, Von Narren, Klugen und Überklugen. Berlin: Rembrandt, o. J. (um 1930).

Sällskapet

Der Schärengarten ist mehr als Sommerlust. Felsen, Wald und Wasser sichern Rückzug, Freiheit, Kraft, schaffen Raum. Anfangs der sechziger Jahre ist der Schriftsteller Alfred Andersch Gast in den Lederfauteuils von Stockholms „Sällskapet", dem Klub der Wirtschaftskapitäne und Aristokraten. Direktor Ljungquist, sonnengebräunt und schmal, ist von seiner Schäre bei Furusund gekommen, um Andersch den Besuch einiger der Fabriken seines Holzkonzerns zu ermöglichen. Nach dem Essen zeigt Ljungquist die Räume der „Gesellschaft", die Säle und Zimmer voller alter Möbel und Teppiche, von deren Wänden die Bilder der Könige und Prinzen, der Forscher und Kaufleute herabdunkeln. Andersch begreift, daß dieser Klub keine Versammlung ängstlicher Opfer des schwedischen Wohlfahrtsstaates ist:

Diese stolzen Herren hatten sich niemals als die Dompteure, sondern immer als die Delegierten ihrer Völker gefühlt; wie das Wort Wohlfahrt war auch das Wort Demokratie in Schweden nicht diskreditiert, so daß denn auch das Wort Elite seinen Sinn bewahrt hatte - die Schilde und Wappen glänzten noch, von dem mächtigen Tabu der Krone umdunkelt, in Skandinavien und England. Zwischen Glanz und Dunkel aber, in jenen Randzonen, wo sich Monarchie und Elite, Elite und Volk berührten, irisierten noch andere Eigenschaften, die kleinen köstlichen Geschmeide von Dandytum und Nonsense, Skurrilität und Spleen, die Merkmale einer alten, zusammenhängenden, reich differenzierten Gesellschaft. In ihnen durfte das Individuum sich aus der Gesellschaft in seine persönlichen Träume entfernen, es wurde auf Schären und in Teakholzboote entlassen, an Forellenströme und unter die farbigen Massen des Südens. Ken dachte sich ein vollständiges und sicherlich utopisch idealisiertes Gesellschaftsbild aus, während er mit Direktor Ljungquist Schwedenpunsch trank, in einen der alten, abgewetzten Lederfauteuils der „Sällskapet" gelagert. Er stellte sich Ljungquist vor, den großen leptosomen Kapitän eines schwedischen Holztrusts, nur mit einer Badehose bekleidet oder vielleicht auch ganz ohne etwas, auf einer Schäre stehend, wie er mit seinen tiefliegenden freundlichen blauen Augen über das Wasser starrte, die Zigarre im Mund, und wirklich, aus seinen Schwedenpunschträumen auffahrend, hörte er Ljungquist ein Gedicht sprechen. „Schweden liegt wie ein Rauch", sagte Ljungquist, „wie der Rauch einer Maduro-Havanna, und darüber sitzt die Sonne wie eine halberloschene Zigarre, doch rings am Horizonte stehen die Sturzseen so rot wie bengalische Feuer und beleuchten das Elend. - Es ist ein Gedicht von Strindberg, kennen Sie es?" fragte der Direktor, aber Ken kannte es nicht. „Seitdem hat sich viel geändert", sagte Ljungquist, „auch wir haben jetzt unsere Probleme." „Ja", sagte Ken, „und Sie haben auch Ihre Leidenschaft, diese Probleme zu lösen, die Probleme von Staat und Gesellschaft." Und außerdem - aber das dachte er nur - haben Sie Ihre Schären, jeder Schwede hat seine eigene Schäre, auf der er stehen kann, nackt, vom Rauch einer Maduro-Havanna umwölkt, einsam und nachdenklich auf das Meer blickend. Eine Schäre für jeden schwedischen Traum und unzählige Teakholzboote und Forellenströme für alle privaten Neurosen, für Dandytum und

Nonsense, für Skurrilität und Spleen, für geglückte Fluchten aus Monarchie und Wohlfahrts-staat.[11]

Zwanzig Jahre nach Alfred Anderschs Visite reist Hans Magnus Enzensberger durch Schweden. In den menschenleeren Wäldern von Uppland findet er ein kleines Wunder der frühen industriellen Zivilisation: Lövstabruk, eine still vor sich hinträumende Siedlung abseits des großen Verkehrs. Lövstabruk bewahrt das Bild eines utopischen Gemeinwesens aus dem achtzehnten Jahrhundert:

Im Zentrum, von einem alten Park umgeben, das Herrenhaus, das sich im großen Wasser-reservoir spiegelt - Teil eines kunstvollen hydraulischen Systems, das die Kräfte der Natur der menschlichen Vernunft dienstbar machte; jenseits des Wassers in symmetrischer Anordnung die Wohnhäuser der Verwalter, der Schmiede und der Handlanger; daneben die Schule, die Apo-theke, die Wohnung des Arztes; der hölzerne Turm, dessen Glocke die ganze Gemeinde zur Arbeit rief; und die kleine, ebenso karge wie prächtige Kirche, die mit einer der schönsten Ba-rockorgeln des europäischen Nordens geschmückt ist.

Das Eisenwerk freilich, die eigentliche raison d'être dieses phantastischen Ortes, existiert nicht mehr; seine letzten Reste wurden in den dreißiger Jahren abgerissen. Nur die alten Stiche, die in der unzugänglichen Bibliothek des Schlosses schlummern, könnten dem Betrachter ein anschauliches Bild von der unerhörten technischen Energie seiner Erbauer geben. Es mutet heute noch wie ein Wunder an, daß dieses strukturell arme, unterbevölkerte Land vor dreihun-dert Jahren zum führenden Eisen- und Stahlexporteur der Welt werden konnte. Diese techno-logische Leistung wäre undenkbar gewesen ohne jene soziale Phantasie, die sich in der planeri-schen Gestalt solcher Gemeinden herauskristallisiert hat. Jedem, der dort zu Hause war, stellte das Werk für sich und seine Familie zeitlebens Arbeitsplatz und Wohnung, Schulbildung und Seelsorge, ärztliche Hilfe und Altersversorgung zur Verfügung [...]. Man müßte taub und blind sein, um in dieser patriarchalischen Utopie nicht die Basis des modernen schwedischen Wohlfahrtsstaates zu erkennen.[12]

Lövstabruk scheint für den Beobachter aus Deutschland eine Enklave sanfter und unerbittlicher Pädagogik, Schwedens Beitrag zur Zähmung des Menschen. Noch immer trennt eine hohe Mauer den Ort von der Außenwelt.

---

[11] Alfred Andersch, Wanderungen im Norden. Olten und Freiburg: Walter, 1962, S. 60f.
[12] Hans Magnus Enzensberger, Schwedischer Herbst (1982). In: Ach Europa! Wahrnehmun-gen aus sieben Ländern. Frankfurt am Main: Suhrkamp, 1987, S. 7-49, hier S. 36f. Vgl. Axel Seidel, Das „Schwedische Modell" oder der „Dritte Weg". In: Ewald Gläßer, Rolf Linde-mann, Jörg-Friedhelm Venzke (Hg.), Nordeuropa. Darmstadt: Wissenschaftliche Buchge-sellschaft, 2003,
S. 221f. - *raison d'être* Daseinszweck

VII
Dalarna

Die Landschaft Dalarna streckt sich von den rauhen und menschenleeren Fjällen an Norwegens Grenze über den Siljan-See und die Flüsse Västerdalälven, Österdalälven und Dalälven entlang bis ins schwedische Herzland um Västmanland und Uppland an den Nordufern des Mälar-Sees.

Männer und Frauen Dalarnas, Dalkarlar und Dalkullor, stehen für Freiheitsliebe, Bodenständigkeit und Zuverlässigkeit. Mit den Bauern von Dalarna erhebt sich im 15. Jahrhundert Engelbrekt gegen Erik von Pommern, der Dänemark, Schweden und Norwegen in der Kalmarer Union zusammenhalten will, und sie sind es, die Gustav Eriksson zum Sieg über den blutigen Dänenkönig Christian II. und - als Gustav I. Wasa - zur schwedischen Krone helfen. Und wer unter den Bürgern Stockholms es sich leisten konnte, holte sich Hauspersonal aus Dalarna.

Ernst Moritz Arndt, auf Einladung der schwedischen Regierung unterwegs zu Land und Leute des Reiches, schreibt aus Torsåker, das schon jenseits der Ostgrenze Dalarnas liegt, im Juni 1804 an Freiherrn von Weigel daheim in Stralsund:

Es ist mir hier in Dalekarlien, wie wir Deutschen die Landschaft wunderlich verkehrt nennen, oder in den Thälern (Dalarne), wie sie schwedisch heißen, kurz hier bei den Dalkarlar oder Thalleuten wieder ein fast ganz neues, wenigstens ein ganz anderes schwedisches Leben aufgegangen; auch hat mir das Sonnenlicht, wie ich mir einbilde, einiges ans Licht gebracht. [...]

Berühmt genug und lange berühmt und größtentheils auch verkehrt berühmt genug sind diese Thalkerle bei uns, als könnten sie allein vor allen andern Schweden Bäume mit den Wurzeln ausreißen, und mit Felsstücken wie mit Schneebällen um sich werfen; aber Kerle sind sie allerdings, und recht besondere und eigenthümliche Kerle, in mehr als einer Beziehung so besondere Kerle daß man sie den andern schwedischen Landschaften gegenüber Schwedens Tyroler nennen möchte. Denn wirklich sie sind eine Art Tyroler durch ihr auf Du und Du mit dem König wie mit dem Bettler, durch fröhlichen Lebensmuth und unverwüstliche Heiterkeit und Derbheit, durch kurzen geschwinden spartischen Witz und eine lächelnde bewußte Gewandtheit und Einfältigkeit; auch gelegentlich durch ein wenig Prahlhansigkeit sind sie etwas tyrolisch. [...]

Meistens ist der Dalkarl hoch und groß gewachsen, von starkem und schlankem Gliederbau, trägt seinen Leib aufgerichtet, sein Antlitz erhaben und frei; in der Regel ist er hager, aber die mächtigen Knochen sprechen die gewaltige Natur. Auch der Bau seines Kopfs und Gesichts ist so gestellt - eine hohe breite Stirn, tiefe dunkelblaue Augen, eine starke Nase bei oft zu sehr hervortretenden Backenknochen, ein tapfer und männlich geschnittener Mund mit vollen festen Lippen, ein breites rundes, oft ein gespaltenes Kinn; solche Spaltung, sagen sie, bezeichnet die tapfre Mannlichkeit. Sein Wesen ist ernst, still und freundlich, und wenn er auch Hut und Mütze nicht gern vor irgend einem Sterblichen rückt, so ruckt und regt er doch, immer gewandt und rüstig und zu allem anstellig und, wo es bedarf, zu allem dienstwillig, die starken Hände. Frei und vor nichts scheu und über nichts verwundert oder erschrocken, schaut er um sich her und spricht mit Zutraulichkeit und ohne Umstände einem jeden zu. [...]

Man kann denken wie tüchtig solche Männer sind, wenn sie zum Schwert greifen; doch tragen die meisten andern Schweden ihnen da Neid, und wollen ihnen keinen besondern Ruhm der Tapferkeit zugestehen. Den Ruhm geben sie ihnen gern, daß diese starken freudigen Männer welche als Maurer, Gräber, Waldroder, Steinbrecher zu Tausenden im ganzen Reiche weit umher im Sommer auf Arbeit gehen, durch Arbeitseiligkeit, Sparsamkeit und Zuverlässigkeit ausgezeichnet sind. [...]

[Die] Thalfrauen oder Dalkullor sind meistens nach Art der Männer auch stattlich und mächtig in ihrem Geschlecht, aber die herrliche breite Stirn, die großen trotzigen blauen Augen, die schönen und schneeweißen Zähne in Münden voll Rosenroth und Fülle, und die zutrauliche Herzigkeit und Kühnheit des Blicks machen die Jüngeren und die Mädchen oft fast reizender als die schönsten.

Ja die tapfern Dalkarlar und die freundlichen und zutraulichen und geschwind und frisch sprechenden und schmunzelnden Dalkullor haben mir es recht angethan, und ich werde mit fröhlicher Erinnerung nimmer vergessen mit welcher Freundlichkeit sie mir immer Milch, Brod, Käse und Fische zugetragen, die Fliegen und Mücken aus den Fenstern gejagt und die Schlafstübchen ausgestäubt haben, daß der Paradieswunsch in allen ihren Häusern in Erfüllung gehen möge, den ich unter einem mit Adam und Eva und Bäumen, Blumen und Thieren gefüllten und gemalten Paradiesgarten von schlechter Bauernhand in folgenden Versen geschrieben fand:

> En dag och sommar altid skön
> Och en lustgården altid grön,
> Och alla träden bära frukt
> Och alla rosor gifva lukt.

> *Ein Tag und Sommer allzeit schön,*
> *Und ein Lustgarten allzeit grün,*
> *Und alle Bäume tragen Frucht,*
> *Und alle Blumen geben Duft.* [1]

---

[1] Ernst Moritz Arndt an Christian Ehrenfried Freiherrn von Weigel, Thorsaker in Gestrikland, 18. Juni 1804. In: Ernst Moritz Arndts Briefe aus Schweden an einen Stralsunder Freund. Hg. von Erich Gülzow. Stralsund: Kgl. Regierungs-Buchdruckerei, 1926, S. 47-55, hier S. 48-52 (Das Arndt-Museum 2).

Falun

Falun im Südosten Dalarnas ist eines der Zentren des Bergbaus und der Eisenhütten, die vom Osten Värmlands über den Norden Närkes und Västmanlands zum Süden Dalarnas und zum Westen Upplands reichen. Sie haben den Reichtum Schwedens begründet. Die Grube von Falun rühmt sich, die älteste Industrieanlage dieses Streifens quer durch Schweden zu sein. Seit Ende des elften Jahrhunderts wurde hier Kupfer abgebaut. Als der Welt größter Kupferproduzent sorgte Falun für das Kapital Gustavs I. Wasa und Gustavs II. Adolf gleichermaßen

Faluns Großer Kupferberg ist durchlöchert ist wie ein Schweizer Käse. 1687 stürzen Stollen und Schächte ein und öffnen eine ungeheure Gruft, die Attraktion geblieben ist bis heute. Sie wird ein Höhepunkt der Schwedenreise Ernst Moritz Arndts:

Bis an die Gipfel sind die Berge kahl und bestehen aus zerbröckelten Felsen, wo nur hier und da ein wenig Grün sich angesetzt hat; einige stumme Seen liegen in solchem öden Steingeklüft, hie und da ist ein ärmliches Stückchen Land gereinigt, und hat kümmerliche Kornstreifen; weiter abwärts nahe vor der Stadt, sind theils mehrere alte, vormals versuchte und nachher verschüttete oder aufgegebene Gruben, theils alle die Zurüstungen der unterirdischen Ökonomie, große Berge von Steinen und Schlacken, Haufen Erz und schon einmal ausgebranntes Erz, von Schwefel dampfend: nur die vielen herrlichen Maschinen erheben den Menschen wieder von dem Gefühl des Chaos und der Zerstörung zu der lebendigen Idee der Natur und Schöpfung. Gleich wie man aus der Stadt kömmt, zwischen der großen Grube und der Stadt, sind viele Wohnungen für manche der Bergbau- und Grubenbeamten und ein stattliches Gebäude für die verschiedenen Komtoire und das Rechnungswesen. Ich ging mit einem der Steiger dort ein, ließ mir die ganze Einrichtung, auch manche seltene Stuffen und Mineralien zeigen, und kroch dann in die Bergmannstracht, deren lange und schwere wollene Dalkarlsstrümpfe und eisenbeschlagenen Schuhe mir an einem der heißesten Sommertage eben nicht leicht und kühl an dem Leib saßen. So nahmen wir den Weg zur Storgrufva, wohinab ich meine Höllenfahrt thun wollte.

Denn wie eine Öffnung der Hölle sieht der ungeheure Schlund der Grube in den Rauchwolken aus, die um ihn her dampfen. Er ist rings mit Geländern umgeben und hat an vielen Stellen Flechtwerke von Balken, die künstlich in einandergefügt und tief gesenkt, und vom Kupferdampf gelbbraun grade aussehen wie Wespennester. Man erzählte mir bei'm Hinabgehen eine Geschichte von einem Dalkarl, die das Volk karakterisirt. Er fuhr mit einem großen Fuder Heu am Geländer hin, dies warf um und er rutschte mit ihm wohl an die 60 Fuß hinab, fiel aber so glücklich auf das mitfahrende Heu, daß ihm unten nichts fehlte. Sein erstes Geschrei bei'm Sturz mitten in der Luft war über seine Pfeife, die ihm in der ersten Verwirrung aus dem Munde fiel. Zu dieser ersten weiten Öffnung stiegen wir etwas sicherer, als der Dalkarl auf Leitern hinab, dann ging es tief hinunter in das Dunkle, mit Fackeln in den Händen, ganz sanft und gemächlich, so daß auch die Pferde, die man zum Getriebe in der Tiefe gebraucht, bis hieher auf und ab steigen. Sie befinden sich im Grubendampf ganz wohl und werden fast jeden Sonntag Abend von andern abgelöst; denn unten sind sie zu vielen Maschinen nöthig, wodurch sowohl Wasser als Erz hinaufgefördert wird. Ich stieg in allem nach meines Steigers Rechnung 190 Klafter tief, zuletzt auf hölzernen und eisernen Leitern noch 77 Klafter und fühlte wahrlich die Promenade nicht leicht. Oft geht man in einem erstickend heißen Dampf, dann wird es an einzelnen Stellen wieder schneidend kalt, daß selbst unsre Fackeln anfingen zu wehen; das Stoßen auf die Fersen bei diesem abhängigen Steigen ermüdet die Sehnen und Knien weit mehr, als das Berganklettern. Ich durchkletterte manche Schachte, mehr um die arbeitenden Menschen, als die Bergart und das Erz zu sehen, die sich eigentlich allenthalben ziemlich gleichen. Diese Schachte sind meistens nach königlichen und andern hohen Namen genannt und das Erz aus jeder wird oben numerirt, weil die Ergiebigkeit äußerst verschieden ist. Im Durchschnitt ist die Luft schwül, dampfig und zuweilen zum Ersticken beklemmend. Es gibt ein Loch, das nach meines Steigers Aussage 53 Grad Wärme haben soll. Und doch lockt der Gewinn und die Gewohnheit hier Menschen in der Kraft ihres Lebens hinab, die in Freiheit nicht unerträglich finden, was in Sklaverei manchen die härteste Verdammung scheinen würde. Die Arbeiter, die das Erz sowohl durch Bohren und Schießen, als durch Brennen gewinnen, gehen fast alle nackt bis auf Beinkleider, Schuhe und Strümpfe; ich sah herrliche und gewandte Leiber darunter, aber bleich und gelb sind sie doch fast alle, auch sterben die meisten zwischen den 40sten und 50sten Jahre; hohes Alter ist eine seltene Ausnahme.[2]

Gotthilf Heinrich Schubert, Naturforscher und Naturphilosoph der Romantik, berichtet 1808 von einem makabren Fund in Falun. In einer Vorlesung zur organischen Welt zitiert Schubert als ein Beispiel für die Zerstörbarkeit des menschlichen Körpers, wie ein merkwürdiger Leichnam eines Bergmanns, dem Anschein nach in festen Stein verwandelt, zu Asche zerfallen sei, nachdem man ihn vor dem Zutritt der Luft nicht hatte sichern können. Als sentimentale Beigabe erzählt Schubert die Geschichte vom Wiedersehen:

Man fand diesen ehemaligen Bergmann, in der schwedischen Eisengrube zu Falun, als zwischen zween Schachten ein Durchschlag versucht wurde. Der Leichnam, ganz mit Eisenvitriol durchdrungen, war Anfangs weich, wurde aber, so bald man ihn an die Luft gebracht, so hart als Stein. Funfzig Jahre hatte derselbe in einer Tiefe von 300 Ellen, in jenem Vitriolwasser gelegen, und niemand hätte die noch unveränderten Gesichtszüge des verunglückten Jünglings erkannt, niemand die Zeit, seit welcher er in dem Schachte gelegen, gewußt, da die Bergchronicken so wie die Volkssagen bei der Menge der Unglücksfälle in Ungewißheit waren, hätte nicht das Andenken der ehemals geliebten Züge eine alte treue Liebe bewahrt. Denn als um den kaum hervorgezogenen Leichnam, das Volk, die unbekannten jugendlichen Gesichtszüge

---

[2] Ernst Moritz, Reise durch Schweden im Jahr 1804. Berlin: G. A. Lange, vier Teile in zwei Bänden 1806, Zweiter Teil S. 208-212.

betrachtend steht, da kömmt an Krücken und mit grauem Haar ein altes Mütterchen, mit Thränen über den geliebten Toden, der ihr verlobter Bräutigam gewesen, hinsinkend, die Stunde segnend, da ihr noch an den Pforten des Grabes ein solches Wiedersehen gegönnt war, und das Volk sahe mit Verwunderung die Wiedervereinigung dieses seltnen Paares, davon das Eine im Tode und in tiefer Gruft das jugendliche Aussehen, das Andre, bei dem Verwelken und Veralten des Leibes die jugendliche Liebe, treu und unverändert erhalten hatte, und wie bei der 50jährigen Silberhochzeit [!] der noch jugendliche Bräutigam starr und kalt, die alte und graue Braut voll warmer Liebe gefunden wurden.[3]

Der Vorfall ist verbürgt. 1719 finden die Bergleute von Falun in großer Tiefe die Leiche eines jungen Hauers konserviert im Kupfervitriol. Eine alte Frau identifiziert den Toten als ihren Verlobten, der seit 1670 im Kupferberg verschollen war.

Als erster verarbeitet Achim von Arnim die Geschichte vom Bergmann in seinem Roman von „Armut, Reichtum, Schuld und Buße der Gräfin Dolores", der 1810 erscheint. Ein Jahr nach Arnim formt Johann Peter Hebel das Falun-Motiv zur Erzählung vom „Unverhofften Wiedersehen". Er nimmt sie in sein „Schatzkästlein für den rheinischen Hausfreund":

In Falun in Schweden küßte vor guten fünfzig Jahren und mehr ein junger Bergmann seine junge hübsche Braut und sagte zu ihr: „Auf Sankt Luciä wird unsere Liebe von des Priesters Hand gesegnet. Dann sind wir Mann und Weib, und bauen uns ein eigenes Nestlein." - „Und Friede und Liebe soll darin wohnen", sagte die schöne Braut mit holdem Lächeln, „denn du bist mein Einziges und Alles, und ohne dich möchte ich lieber im Grab seyn, als an einem andern Ort." Als sie aber vor Sankt Luciä der Pfarrer zum Zweitenmal in der Kirche ausgerufen hatte: „So nun Jemand Hinderniß wüßte anzuzeigen, warum diese Personen nicht möchten ehelich zusammenkommen", da meldete sich der Tod. Denn als der Jüngling den andern Morgen in seiner schwarzen Bergmannskleidung an ihrem Haus vorbei ging, der Bergmann hat sein Todtenkleid immer an, da klopfte er zwar noch einmal an ihrem Fenster, und sagte ihr guten Morgen, aber keinen guten Abend mehr. Er kam nimmer aus dem Bergwerk zurück, und sie saumte vergeblich selbigen Morgen ein schwarzes Halstuch mit rothem Rand für ihn zum Hochzeittag, sondern als er nimmer kam, legte sie es weg, und weinte um ihn und vergaß ihn nie. Unterdessen wurde die Stadt Lissabon in Portugal durch ein Erdbeben zerstört [1755], und der siebenjährige Krieg ging vorüber [1756-1763], und Kaiser Franz der Erste starb [1765], und der Jesuiten-Orden wurde aufgehoben [1773] und Polen getheilt [1772/1793/1795], und die Kaiserin Maria Theresia starb [1780], und der Struensee wurde hingerichtet [1772], Amerika wurde frei [1776], und die vereinigte französische und spani-

---

[3] Gotthilf Heinrich Schubert, Ansichten von der Nachtseite der Naturwissenschaft. Dresden: Arnoldi, neubearbeitete Auflage 1818 (erste Auflage 1808), Achte Vorlesung. Die organische Welt, S. 209-231, hier S. 220f.

sche Macht konnte Gibraltar nicht erobern [1779-1783]. *Die Türken schlossen den General Stein* [!] *in der Veteraner Höhle in Ungarn ein* [1788], *und der Kaiser Joseph starb auch* [1790]. *Der König Gustav von Schweden eroberte russisch Finnland* [1788-1790], *und die französische Revolution* [1789] *und der lange Krieg fing an* [1792], *und der Kaiser Leopold der Zweite ging auch ins Grab* [1792]. *Napoleon eroberte Preußen* [1807], *und die Engländer bombardirten Kopenhagen* [1807], *und die Ackerleute säeten und schnitten. Der Müller mahlte, und die Schmiede hämmerten, und die Bergleute gruben nach den Metalladern in ihrer unterirdischen Werkstatt. Als aber die Bergleute in Falun im Jahr 1809 etwas vor oder nach Johannis zwischen zwei Schachten eine Oeffnung durchgraben wollten, gute dreihundert Ellen tief unter dem Boden, gruben sie aus dem Schutt und Vitriolwasser den Leichnam eines Jünglings heraus, der ganz mit Eisenvitriol durchdrungen, sonst aber unverwest und unverändert war; also daß man seine Gesichtszüge und sein Alter noch völlig erkennen konnte, als wenn er erst vor einer Stunde gestorben, oder ein wenig eingeschlafen wäre an der Arbeit. Als man ihn aber zu Tag ausgefördert hatte, Vater und Mutter, Gefreundte und Bekannte waren schon lange tot, kein Mensch wollte den schlafenden Jüngling kennen oder etwas von seinem Unglück wissen, bis die ehemalige Verlobte des Bergmanns kam, der eines Tages auf die Schicht gegangen war und nimmer zurückkehrte. Grau und zusammengeschrumpft kam sie an einer Krücke an den Platz und erkannte ihren Bräutigam; und mehr mit freudigem Entzücken als mit Schmerz sank sie auf die geliebte Leiche nieder, und erst als sie sich von einer langen heftigen Bewegung des Gemüts erholt hatte, „es ist mein Verlobter", sagte sie endlich, „um den ich fünfzig Jahre lang getrauert hatte, und den mich Gott noch einmal sehen läßt vor meinem Ende. Acht Tage vor der Hochzeit ist er unter die Erde gegangen und nimmer herauf gekommen."* Da wurden die Gemüther aller Umstehenden von Wehmuth und Thränen ergriffen, als sie sahen die ehemalige Braut jetzt in der Gestalt des hingewelkten kraftlosen Alters und den Bräutigam noch in seiner jugendlichen Schöne, und wie in ihrer Brust nach 50 Jahren die Flamme der jugendlichen Liebe noch einmal erwachte; aber er öffnete den Mund nimmer zum Lächeln oder die Augen zum Wiedererkennen; und wie sie ihn endlich von den Bergleuten in ihr Stübchen tragen ließ, als die Einzige, die ihm angehöre, und ein Recht an ihn habe, bis sein Grab gerüstet sey auf dem Kirchhof. Den andern Tag, als das Grab gerüstet war auf dem Kirchhof und ihn die Bergleute holten, schloß sie ein Kästlein auf, legte ihm das schwarzseidene Halstuch mit roten Streifen um, und begleitete ihn alsdann in ihrem Sonntagsgewand, als wenn es ihr Hochzeittag und nicht der Tag seiner Beerdigung wäre. Denn als man ihn auf dem Kirchhof in's Grab legte, sagte sie: „Schlafe nun wohl, noch einen Tag oder zehen im kühlen Hochzeitbett, und laß dir die Zeit nicht lang werden. Ich habe nur noch wenig zu thun, und komme bald, und bald wird's wieder Tag. - Was die Erde Einmal wiedergegeben hat, wird sie zum Zweitenmal auch nicht behalten", sagte sie, als sie fortging, und noch einmal umschaute.* [4]

---

[4] Johann Peter Hebel, Unverhofftes Wiedersehen. In: Johann Peter Hebel, Schatzkästlein des rheinischen Hausfreundes. Neue Auflage. Stuttgart und Tübingen: Cotta, 1833, S. 292-294 (erste Auflage 1811). - Daten in eckigen Klammern D. A. Die Veterani-Höhle über der Donau oberhalb der Eisernen Pforte hielt 1788 ein *Major* Stein mit seinem Bataillon.

1819 veröffentlicht E. T. A. Hoffmann im ersten Band der „Serapionsbrüder" seine Novelle „Die Bergwerke zu Falun". Achtzig Jahre später dramatisiert Hugo von Hofmannsthal Hoffmanns Erzählung. Hebels Version im „Schatzkästlein" übertrifft sie alle. Atemberaubend rollt die Geschichte eines halben Jahrhunderts ab. Doch für die Braut des Toten bleibt ihr Verlust das einzig Nennenswerte, und als sie den Leichnam ihres Bräutigams findet, wird sie froh. Einmal schaut sie noch um - und geht leichten Herzens fort. Franz Kafka, so erzählt Jan Philipp Reemtsma in seinem Essay über die Fähigkeit zu trauern „Geh nicht hinein", habe Hebels „Schatzkästlein" mit sich herumgetragen und vom „Unverhofften Wiedersehen" gesagt: „Das ist die wunderbarste Geschichte, die es gibt." [5]

Falun zu beiden Seiten der Falu å und ihrer Mündung in den Runn-See hat sich als Verwaltungs- und Handelsplatz nach den Bedürfnissen der Grube entwickelt. Rechtwinklig legt sich das Raster der Straßen rings um den Stora Torget. Selma Lagerlöf ist 1897 für zehn Jahre nach Falun gezogen. Im „Centralpalatset" am Stora Torget, der Christinenkirche schräg gegenüber, hat sie seit 1902 gewohnt und ihren „Nils Holgersson" geschrieben. Das Dalarna-Museum am Ort bewahrt das Zimmer der Lagerlöf.

Schnurgerade führt die Gruvgatan zur großen Pinge am Südwestrand der Stadt. Dreihundert mal vierhundert Meter ist sie weit und annähernd hundert Meter tief. Über eine „Anfahrt", die hölzerne Abdeckung eines alten Schachts, auf dem Platz vor dem Grubenmuseum fahren die Besucher zu einer Strecke auf fünfundfünfzig Meter Teufe ab. Sechshundert Meter folgt die Wanderung dort unten Schächten, Strecken, Stollen und Abräumen mit Namen so seltsam wie die Welt ringsum: „Allgemeiner Friede", „Weihnachtsgabe", „Eugens Strecke", „Osman Pascha", „Gesenk des Fremdlings".

Faluns Kupferlager lohnen die Mühe nicht mehr. Seit 1992 steht die Grube still. Geblieben ist das Falunrot aus Eisenocker und Kieselsäure des Abraums, verwittert, geschlämmt, getrocknet und gebrannt zu jenem Rot, das einst die Ziegelbauten der Reichen imitieren sollte und sich rasch als dauerhafter Schutz des Holzes vor Wind und Wetter bewährte. Das Falunrot ist neben dem Blaugelb der Fahne zur Nationalfarbe Schwedens geworden.

---

[5] Jan Philipp Reemtsma, Geh nicht hinein! In: u. a. Falun: Reden & Aufsätze. Berlin: Tiamat, 1992, S. 353-396, hier S. 374. - Vgl. Karl Reuschel, Über Bearbeitungen der Geschichte des Bergmanns von Falun. In: „Studien zur vergleichenden Literaturgeschichte" Jg. 3 (1903), S. 1-28.

Lilla Hyttnäs

In Sundborn, einen Katzensprung im Nordosten von Falun, hat Carl Larsson mit Frau Karin und der Schar seiner Kinder sein Haus. Der Schwiegervater Larssons wollte das Malerpaar nach Jahren in der französischen Fremde seßhaft machen und schenkte ihnen 1889 ein Häuschen, in dem seine beiden alten Schwestern wohnten. 1897 kauften Larssons das angrenzende Gehöft „Spadarfvet" („Spatenerbe") hinzu. Beide Anwesen bauen sie über Jahre zum Wohnhof der Familie, inszenieren in ihm Kunst und Leben für sich und für das Publikum: Heim und Garten als Bühne und Kulisse.

Ein Dutzend Meter Gefälle liegen zwischen Sundborns Toftan-See und dem Runn-See von Falun. Sundborn nutzt die Wasserkraft. Ein paar Schritte im Süden von Wehr und Mühlen, wo der Sundbornfluß sich in Wiesen und Teichen verliert, haben die Larssons ihr Ensemble versammelt. Mensch und Natur sind lauter Freundlichkeit.

In seinem zweiten Bilderbuch „Ett hem" von 1899 stellt Carl Larsson sein „Lilla Hyttnäs" vor. Karl Robert Langewiesche nimmt den Text in die Sammlung „Das Haus in der Sonne", die er 1909 in der Reihe seiner Blauen Bücher verlegt:

Es war ein kleiner, häßlicher, unansehnlicher, auf einem Schlackenhügel gelegener Bau. Man nannte ihn „Klein-Hyttenäs", zum Unterschiede von dem, dem Nachbarn gehörenden „großen" Hyttenäs. - Das bißchen Erde, auf dem Kartoffeln gebaut wurden, war von anderswo hierher gebracht worden, und nur eine Hand voll Lehm ermöglichte es einigen Fliedersträuchern, den Duft und die Pracht Persiens über das Ganze zu verbreiten. Das Hüttlein steht unweit derjenigen Stelle, wo der Sunbornsbach eine Biegung macht, und wo er sich eine Kleinigkeit erweitert. Ein schmaler abschüssiger Fußpfad führt unmittelbar zum Wasser, und dort liegt ein alter Nachen, um anzudeuten, daß hier „der Hafen" sei. Neun schlanke Birken hatten unaufgefordert in der Schlacke Fuß, d. h. Wurzeln, gefaßt und sie machten in der Tat nicht den Eindruck, als litten sie hier unter Langerweile. Auch den beiden Alten konnte man keine Not ansehen. Zwei Muster von Ordnung. Und hatten doch nicht mehr, als sie so gerade zum Leben brauchten. Im Hause war alles sauber und nett. Die Möbel vom einfachsten Schlage, altmodisch und haltbar, ein Erbstück ihrer Eltern, die auf einem Gut in der Nähe gewohnt hatten.

An dieser Stätte überfiel mich das herrliche Gefühl der Abgeschiedenheit vom Lärm und Getriebe der großen Welt, so, wie ich es nur einmal vorher empfunden hatte. Und das war in einem französischen Bauernhof gewesen.

Als mein Schwiegervater mir daher vorschlug, mir im selben Dorf ein nicht zu großes Gut zu kaufen, lehnte ich mit absoluter Bestimmtheit ab, und begründete das, indem ich erklärte, daß sich nur etwas, was diesem kleinen Idyll gleiche, für einen Künstler eignen würde.

Einige Jahre später starb die eine der Schwestern. Die andere mochte nicht allein so einsam wohnen bleiben, und da erinnerte sich mein Schwiegervater meiner damaligen Äußerung, und schenkte mir das Haus mit allem, was darin war.

Dafür soll er bedankt sein! Es tut mir in der Seele leid, daß dieser Ehrenmann starb, ehe er sehen konnte, wieviel Segen seine Gabe brachte. Denn sie hat viel zu unserm Glück beigetragen. Dort ist gezimmert und gemauert worden, jeden Sommer, soweit die Zeit und der Geldbeutel es zuließen. Meine Arbeit floß so leicht, ich hätte fast gesagt im Takt mit den Axtschlägen und dem Hämmern der Zimmerleute aus dem Dorf. Jedes Brett, jeder Nagel, jeder Wochenlohn kostete mich einen kummervollen Seufzer, aber ich dachte, kommt Zeit, kommt Rat. Das Haus mußte ich so haben, genau so, wie ich es haben wollte, sonst hätte ich mich nie darin wohl gefühlt, und daß meine Arbeit darunter hätte leiden müssen, war mir klar.

Das Ergebnis dieser Umgestaltung meiner Hütte ist es, welches ich Euch zeigen will. Euch, die Ihr zum Teil größere Landhäuser besitzen möget als ich. Zum Teil vielleicht auch nur Luftschlösser. Es geschieht nicht in eitler Absicht, zu zeigen, wie ich es habe, sondern weil ich meine, hierbei so verständig zuwege gegangen zu sein, daß es, wie ich glaube, als - soll ich riskieren, es geradeaus zu sagen? - Vorbild dienen könnte - [so, jetzt ist es raus!] für Viele, welche das Bedürfnis haben, ihr Heim in netter Weise einzurichten.

Hier ist es, ein Haus, welches nicht viele Taler wert war, und dessen Möbel noch wertloser waren. Die „Renovierung" (klingt das nicht großartig?) wurde durch geradezu lebensgefährliche Hiebe auf das jährliche Einkommen - welches mitunter so, manchmal aber auch anders war - bestritten.

Und jetzt ist die Hütte fertig - glaube ich.[6]

„War Välkommen, kära Du, / Till Carl Larßon och hans Fru!" - Sei willkommen, lieber Du / Bei Carl Larsson und seiner Frau! Larsson selbst hat diesen Gruß über die Tür der Veranda geschrieben, im geschützten Südwestwinkel zwischen Wohnflügel und Atelier. Von der winzigen Diele - aber puppengleichverspielt ist alles in Lilla Hyttnäs - führt linkerhand eine Stiege ins Obergeschoß

---

[6] Carl Larsson, Das Haus in der Sonne. Aus dem Schwedischen von Ellen Jungbeck-Grönland. Düsseldorf und Leipzig: Langewiesche, 1909 (Die Blauen Bücher), S. 10f. Vgl. Carl Larsson, Unser Heim. Aus dem Schwedischen von Marina und Günter Thimm. Königstein: Langewiesche, 1996, S. 4-8 (erste deutschsprachige Ausgabe, aus dem Schwedischen von Günter Thimm, 1977; erste, schwedische Ausgabe „Ett hem" 1899). - Zum Rundgang durch das Haus vgl. Karl-Erik Granath (Bild), Ulf Hård af Segerstad (Text), Der Carl Larsson-Hof. Aus dem Schwedischen von Margareta Bieneck. Stockholm: Granath & Hård af Segerstad Förlagsproduktion, 1975. - Zu Leben und Werk Larssons vgl. Hans-Curt Köster (Hg.), Larssons Welt. Mit Beiträgen von Görel Cavalli-Björkman und Bo Lindwall aus dem Schwedischen von Marina und Günter Thimm. Königstein: Langewiesche, zweite, durchgesehene Auflage 1989 (erste Auflage 1982).

und unter der Stiege linksab ein Gang zum Atelier, das Larsson als letztes ans Wohnhaus fügt. Von der Diele gleich rechterhand geht es in die Werkstatt, die sich zur Abendsonne öffnet. Rotweiß gestreifte Markisen schützen vor dem Licht. Ein Portrait Karins schmückt die Tür von innen. Im Winkel hinten steht der Webstuhl. Ein Podest erleichtert, vom Platz an der Nähmaschine, den Auslug in Hof und Garten. Von der Werkstatt erlaubt ein Durchblick den Kontakt zur Guten Stube.

Durch die kleine Diele geradeaus tritt der Besucher ins Eßzimmer, Keimzelle des Hauses aus dem Jahr 1837. Von der Bank unterm Fenster versammelt der Hausherr seine Familie um den Tisch: ihm zur Rechten abgesetzt Karin, neben dieser auf den acht Stühlen der Längsseiten Kinder und Gäste. Das „Nordisk Familjebok" steht im Regal, griffbereit zu den Gesprächen bei Tisch. Handgewebtes von Karin schmückt Tisch und Bank. Dänischrot leuchten die Schränke mit dem Geschirr, tiefgrün verbrettert die Wände. Über die Tür zur Diele hat Larsson geschrieben „Vet du hvad: Var god och glad" - Weißt du was: Sei gut und froh.

Gedämpft und heimelig lädt das Eßzimmer, licht und weit die Wohnstube zur Rechten, blau und weiß und voller Sonne. Sundbornbach und Schwaneninsel leuchten von Süden durchs niedrig-breite Blumenfenster. Im Winkel zum Eßzimmer glänzt weißbunt ein Kachelofen mit der Jahreszahl 1754, Fundstück Larssons und eingetauscht gegen Industrieprodukte der Moderne.

Ans Eßzimmer schließt nach Norden die Küche mit einem Arbeitsplatz unter der Morgensonne. Linkerhand läßt die Spülkammer einen Durchgang in den Flur zum Hauseingang von Norden her. Am Flur liegen Speisekammer, Mädchenkammer und Badezimmer.

Die Stiege von der Diele endet in Karins Schreibstübchen, das Durchgang ist zum Lesezimmer linkerhand und zu Carls Schlafzimmer rechterhand. Durch Carls Zimmer mit dem Bett unterm Baldachin mittendrin geht der Weg in den Schlafraum für Karin und die kleineren der Mädchen: rotgewürfelt das Bettzeug, ein Kojenbett vorn rechts für die Mutter, in den Zimmerecken zwei Betten mit grünen Gittern aus Fichtenschindeln. Als die Mädchen größer werden, bastelt Larsson für sie - das geschieht 1910 - Taubenschläge unters Dach des Ateliers.

Ans Lesezimmer, dunkel und gewichtig, schließt im Norden die „alte Stube", friesisch getäfelt, ein Alkovenbett neben lauter Antiquitäten. Linkerhand führt ein Durchschlupf zu Tochter Suzannes Zimmer und die Treppe hinab zum „Mädchenflur". Alle Decken des Obergeschosses reichen bis in den First.

Der Atelierflügel aus dem Jahr 1900 schützt den Hof nach Norden und läßt zugleich Nordlicht in die Werkstatt des Künstlers. An der Südwand prunkt ein großer Kamin samt Sitzgruppe. Die Ostwand füllt großflächig die „Militärandacht der Schuljugend", patriotische Exerzitien auf Stockholms Ladugård, in dessen Armenquartieren Larsson seine Kindheit lebte. Auf der Staffelei ein männlicher Akt, Vorbild zum König im „Mittwinteropfer". 1912 baut Larsson noch die „Bergmannsstube" an, eine Hochzeitsmitgift von 1742, Fundstück aus der Nachbarschaft Faluns und Quartier nun für die Gäste auf dem Larssonhof.

Stets aufgekratzt und listig schmunzelnd zeigen die Bilder aus Lilla Hyttnäs den Vater, mild, großäugig, demütig fast die Mutter. Immer wieder sind die Kinder in die Staffage der Zimmer gerückt. Einer der Blicke ins Innenleben der Larssons zeigt Sohn Pontus in der Strafecke der Wohnstube, zwischen dem Kachelofen und der Tür zum Eßzimmer, in Fischerhemd, blauen Kniehosen, langen schwarzen Strümpfen, zerknirscht:

Er war am Mittagstisch frech gewesen und in den Salon hinausgeschickt worden; da konnte er jetzt sitzen und nachdenken, wie es in jeder Hinsicht nachteilig ist, sich schlecht zu benehmen.

Gesegnet sei die Stunde, da ich dort hin mußte, um meinen Pfeifentabak zu holen! Ich fand, daß der bockige Junge sich gut vor dem einfachen Hintergrund machte, und ich beschloß, den lange gehegten Gedanken in die Tat umzusetzen, Erinnerungsbilder von meinem kleinen Heim zu machen. Ich dachte, sie würden Bestandteile einer Familiengeschichte werden, die künftigen Geschlechtern überliefert werden. [7]

Die Larsson-Sippe ist heute auf gute hundert Mitglieder gewachsen. Sie verwaltet seit mehr als einem halben Jahrhundert Lilla Hyttnäs und pflegt das Erbe des Ahnherrn als Museum und als Familientreff, freundlich, tüchtig, einträglich.

„Den lustfyllda vardagen" überschreibt eine schwedische Autorin ihr Buch zur Welt der Larssons.[8] Als „lustvollen Alltag" führen Larssons ihr Lilla Hyttnäs vor - ähnlich wie zur selben Zeit Fidus sein Haus in Woltersdorf oder Heinrich Vogeler sein Worpsweder Barkenhoff.[9] Larssons Frau Karin tritt als Prinzessin und Heilige auf, und erst näheres Hinschauen entdeckt sie als scherenbewaffnete Herrin und energisch erziehende Mutter ihrer acht Kinder: 1884 wird Suzanne

---

[7] Carl Larsson, Unser Heim (Anm. 6), S. 24.

[8] Lena Rydin, Den lustfyllda vardagen. Hos Larssons i Sundborn. Stockholm: Bonniers, o. J. (1991).

[9] Vgl. Wolfgang de Bruyn (Hg.), Fidus. Künstler alles Lichtbaren. Berlin: Schelzky & Jeep, 1998, und Bernd Küster, Das Barkenhoff-Buch. Worpswede: Worpsweder Verlag, 1989.

geboren, 1887 Ulf (gestorben 1905), 1888 Pontus, 1891 Lisbeth, 1893 Brita, 1894 Matts (gestorben 1896), 1896 Kersti und 1900 Esbjörn.

Zehn Jahre nach dem Einzug zeigt Larsson zwanzig Aquarelle aus Lilla Hyttnäs auf der Stockholmer Ausstellung für Industrie und Kunst. Das Nationalmuseum kauft die Aquarelle und gibt Bonniers Verlag die Rechte zur Reproduktion. In fünf Folgen von Texten und Bildern erhöht Larsson Haus und Familie zum Lebensstil: 1895 erscheint „De mina. Gammalt krafs af Carl Larsson" (deutsch „Die Meinen und anderes altes Gekritzel" 1978), 1899 „Ett hem" (deutsch „Unser Heim" 1977), 1900 „Larssons" (deutsch 1978), 1906 „Spadarfvet" (deutsch „Bei uns auf dem Lande" 1977), 1910 „Åt solsidan" (deutsch „Auf der Sonnenseite" 1907/1984). Larssons Kommentare kokettieren mit Eitelkeit und Eigenliebe und mildern mit ein bißchen Ironie den verklärenden Schein.

Zu Weihnachten 1907 bringt in Berlin der Verlag Bruno Cassirer Larssons Bilderfolge „Bei uns auf dem Lande" als Luxusausgabe in deutscher Sprache. Der Verleger Langewiesche erkennt seine Chance, erwirbt die Rechte zu freier Verfügung und stellt aus Larssons Bilderbüchern ein höchst erfolgreiches Produkt zusammen - „Das Haus in der Sonne". Langewiesche spürt den Aufbruch im bürgerlichen Publikum. Er kondensiert und redigiert Lilla Hyttnäs ganz im Geist der Lebensreform und Volkserziehung und so im Zuge der Zeit.

1909 werden vom „Haus in der Sonne" vierzigtausend Hefte verkauft. Im selben Jahr schafft Selma Lagerlöfs „Nils Holgersson" zwölftausend Stück. Drei Jahre später haben die Deutschen Larssons Glück zweihunderttausendfach im eigenen Heim. Wo Larsson gesät hat, erntet IKEA.[10]

Auch die Gelassenheit des Meisters von Lilla Hyttnäs, heiter zur Schau getragen, ist bitter erkauft. In seiner Autobiographie „Jag" („Ich"), die er kurz vor seinem Tode abschließt und die erst 1931 erscheint, enthüllt Larsson eine andere Welt, die in ihm wirkt, seine Kindheit im Armenquartier Ladugårdsland im Osten Stockholms, wo heute Großbürgertum residiert. 1857 - Carl ist vier - wird dort Larssons einziger Bruder John ins Elend geboren:

Ich finde den Faden erst wieder, nachdem wir in die Grev Magnigränden Nummer 7, zweiter Stock, umgezogen waren. Ein Zimmer und Küche, große Löcher in den Wänden, die voller Unmengen von Kakerlaken und anderem Ungeziefer waren. Man kann nicht behaupten, daß es sich gut anließ.
Mutter weinte still vor sich hin und Vater strich düster und bedrückt umher.

---

[10] Vgl. Cecilia Lengefeld, Der Maler des glücklichen Heims. Zur Rezeption Carl Larssons im wilhelminischen Deutschland. Heidelberg: C. Winter, 1993 (Skandinavische Arbeiten 14).

Grev Magnigränden „Nummer 7" zuerst und später „Nummer 5" waren wohl die Hölle auf Erden! Der Hunger war das wenigste, man gewöhnt sich mit der Zeit an ein Minimalmaß - nun, das war eine weniger geglückte Wortwahl - Portion, das ist noch schlechter, weil es nur sehr unregelmäßig etwas zu essen gab, regelmäßig war eigentlich nichts ...

Außerdem gab es noch andere Schwierigkeiten. Da waren die Schwachsinnigen der Stadt untergebracht, da wütete die Schwindsucht, da fanden blutige Schlägereien statt, da wurde Unzucht getrieben, da zeigte man auf Mörder und Diebe.

Und dann das ewige Elend mit John. Lag es daran, daß er an derselben Brust wie das andere, syphiliskranke Kind gesaugt hatte? Indessen, klein und elend war er von Anfang an gewesen. Eines Tages - John muß damals ungefähr fünf Jahre alt gewesen sein - trug ich ihn ganz munter auf einem Stück Brett im Garten umher, als er auf einmal einen wimmernden Schrei ausstieß und nicht mehr auf seinen Beinen stehen konnte, worauf ich ihn die zwei Treppen hinauftragen mußte. Dann war er ernsthaft krank ... Seine Krankheit hieß in jener Zeit Hüftkrankheit, und sein Elend und seine Leiden endeten erst sechs Jahre später mit seinem Tode.

Wenn ich jetzt darüber schreibe, habe ich das Gefühl, die Qualen meiner Kindheit noch einmal zu durchleiden. Schrecklich! Denn es war nicht nur so, daß meine junge Seele sich vor Mitleid verzehrte, sondern es war auch schrecklich, daß mein Vater mich mit garstigen Worten bedachte und mir wütende Blicke zuwarf und mir sagte, daß alles dieses Elend nur meine Schuld sei und daß ich durch meine Unachtsamkeit mit dem Brett die Hüftkrankheit meines Bruders verursacht habe. Wie konnte er das Herz haben, so etwas zu sagen? Gewißlich wußte ich, daß es sich nicht so verhielt ... aber doch machte es mir sehr zu schaffen. Nun weiß ich, daß es für ihn nur eine Art Selbstschutz war: er fühlte, wenn auch nur dunkel, daß er selbst die Schuld daran trug in seiner Erbärmlichkeit, als fauler und schlechter Ernährer der Familie, als er für einen jämmerlichen Pfennigbetrag seine gute, einfältige Frau zwang, sich mit dem armen Kind einer Hure zu plagen.[11]

Von Lilla Hyttnäs am Bach zurück und weiter bis zum Toftan-See liegt Sundborns Kirche. Zur Zeit der Königin Kristina durften die Sundborner eine eigene Gemeinde gründen. Die Kirche stammt wohl aus jener Zeit, eine breite Glucke unter Schiefer und rotbraunen Schindeln, zur Seite ein Glockentürmchen mit stolzem Gockel überm Eisenkreuz. Carl Larsson hat den Kirchenraum mit viel Blau und Gold dekoriert.

Rechterhand der Kirche hat die Gemeinde ihren Versammlungssaal: Tische und Stühle wie zur Bastelstunde, ein Klavier mit aufgeschlagenem Gesangbuch, auf dem Vorstandstisch das Hämmerchen des Versammlungsleiters und der

---

[11] Carl Larsson, Ich. Ein Buch über das Gute und das Böse. Aus dem Schwedischen nach der Ausgabe 1969 von Hans-Günter Thimm. Königstein: Langewiesche, zweite Auflage 1991, S. 8 (erste, schwedische Ausgabe „Jag" 1931, zweite Ausgabe 1969, erste deutschsprachige Ausgabe 1983).

Kollektenteller. Ringsum an den Wänden sind die Gemeinderäte von Sundborn so versammelt wie Larsson sie sah:

Da fällt mir ein ...

Ich meine damit die kleine Portraitgalerie in der Gemeinde von Sundborn. Es war nicht das neue, langweilige Gemeindehaus, das mich dazu inspiriert hat, sondern diese Reihe prächtiger Gemeinderäte, denen seit längerer oder kürzerer Zeit die Verwaltung des Dorfes anvertraut war, und die voll und ganz die in sie gesetzten Erwartungen erfüllten, die ich „verewigen" will.

Wenn irgendwo ein Land die Voraussetzung für ein parlamentarisches System hat, so ist es wohl Schweden, denn so lange man zurückdenken kann, hat eine Dorfverwaltung aus Gutsbesitzern und Bauern zusammen die Geschäfte geführt, und in der Regel außerordentlich gut. Als man später Männer für den Reichstag brauchte, war es nur eine Wahl auf höherer Ebene. Erfahrung und kluge Berechnung waren vorhanden; nur der Maßstab vergrößerte sich.

Gewiß gehören diese Leute in meine Memoiren. Sie haben mich dreißig Jahre meines Lebens beschäftigt. Alle sind meine Freunde. Hinter dem Stuhl des Vorsitzenden seht Ihr das ungeschlachte, aber selbstsichere Gesicht des gebieterischen Dorfgemeindevorstehers, des jetzt pensionierten Oberstleutnants Pontus Linderdahl. Er ist mein nächster Nachbar, und es ehrt wohl uns beide, daß wir in all diesen Jahren größtenteils miteinander ausgekommen sind. Den einen oder anderen Krach wollen wir beiseite lassen.

Als ich hierherkam, war er ein junger Leutnant.

Meine besonderen Freunde sind Arnbom und Person, der Tischler und der Maler. Ich habe sie gern und sie haben mich gern, und dieses Gefühl beruht auf gegenseitiger Achtung. Arnbom ist das Faktotum der ganzen Gegend. In Windeseile steht er an seiner Drehbank oder seiner Hobelbank. Auch läuft er in das Dorf, um ein Schloß zu machen oder eine Scheibe einzusetzen. Zusammen mit dem Kirchendiener Älfström deckte er das Kirchendach, und es war unglaublich anzusehen, wie ein so alter Mann da arbeitete, ohne zu fürchten herunterzufallen. Und damit nicht genug; in seiner Jugend bekam er einen Eisensplitter in sein linkes Auge; vielleicht hängt deshalb immer ein Tropfen an seiner Nasenspitze. Bei einem Gläschen bei mir überlegt er genau, wie eine Sache gemacht werden soll, aber wenn das klar ist, erledigt er das Bestellte unverdrossen.

Der Maler Person ist auch ein guter Mensch. Wenn er den Pinsel in der Hand hat, läßt er ihn nicht eher fallen, als bis die Essenszeit gekommen ist. Er ist nicht gerade „übergenau", aber wenn es darauf ankommt, bemalt er Truhen und Schränke mit den wunderschönsten Blumen und den schmuckesten Jahreszahlen. Fromm wie ein Lamm und gut wie Gold. Aber Abstinenzler ... Und auch auf den Tanzboden geht er nicht: Er ist eines von Gottes Kindern, leider Gottes, wenn auch ein sehr rechtschaffenes.

Der Wretling dagegen ist ein Gefäß der Sünde: er versagt sich nichts. Er verkneift sich nicht das Trinken und auch nichts anderes. Ein Mordskerl! Wenn er sich nach einem bäuerlichen Fest auf den Weg macht, dann weiß sein Pferd, daß es sich nur auf sich selbst verlassen darf. Aber einmal hörte man nichts von Wretling in der Nacht. Eine allgemeine Suchaktion wurde veranstaltet, aber am Morgen fand man beide, Pferd und Mann, friedlich schnarchend vor Linderdahls Tür. Was war in das Pferd gefahren? Vermutlich hatte es dort einmal ein Stück Zucker bekommen. Es gibt so etwas wie Pferdeverstand.

Ich vergaß zu berichten, daß Wretling viele Jahre lang Schöffe gewesen ist. Dieses Amt ging vor ein paar Jahren an seinen Sohn Arvid über. Ein prächtiger und guter junger Mann. Aber dieses Jahr suchte die Grippe dieses ehrenwerte Haus heim und der Tod ereilte den jungen Mann, seine Frau und eines der beiden Kinder sowie die ein wenig „beschränkte" Tochter des Alten. Außer dem Alten ist somit nur noch ein kleines Mädchen übrig ...

„Lieber Wretling", sagte ich, als mich der schmerzerfüllte Blick des Alten traf, „ja, es gibt einen gerechten und guten Gott, wenn wir auch nicht die Fähigkeit haben, das zu erfassen ...".

Der nächste Mann: das ist Steinholz. Er ist langjähriger stellvertretender Gemeindevorsteher. Ein tüchtiger Bauer, der verlegen ist, wenn man ihn Großgrundbesitzer nennt. Er hat nämlich einen recht großen und in gutem Stand befindlichen Hof. Er wohnt ein gutes Stück vom Wege ab, und wir haben nicht viel miteinander zu tun. Gelegentlich zanken wir uns über die Grenzsteine in unseren Waldparzellen, die aneinander grenzen. Aber auf Festen kommen wir gut miteinander aus.

Dann unser Reichstagsabgeordneter Sam Söderberg. Viele Jahre lang - sind es achtzehn? - hat er ehrenvoll unsere Geschäfte in Stockholm vertreten. Er hat nicht viel Aufsehen um sich im Reichstag gemacht, aber er saß in einem Ausschuß nach dem anderen, und so begriffen wir, daß er etwas taugte.

Dann kommt der Küster, der Lehrer. Ein wirklich wunderbarer, prächtiger Mann! Außer, daß er zur allgemeinen Zufriedenheit diese beiden Berufe ausübt, hat er jetzt in diesen Kriegs- und Krisenjahren mit Klugheit und Unparteilichkeit für den Reiterhof im Dorf gesorgt, welchem Teil der Volkswirtschaft er vorstand. Da, wenn irgendwo, galt es, Klugheit und Takt zu zeigen, und mit dem Leben und mit Prügel bedroht hat er sich als ein Ehrenmann erwiesen, wo selbst in diese Gemeinde üble Leute kamen mit einfachen Begriffen von Recht und Unrecht, wobei sie eigentlich das zweite vorzogen. Es war mir ein Anliegen, sein Portrait zu malen: Hedström sollte für die dankbare Nachwelt von Sundborn erhalten bleiben!

Dann der Amtsanwalt, unser letzter Amtsanwalt. Voriges Jahr erhielt er nach einer rühmlichen, zwanzigjährigen Dienstzeit seinen Abschied.

Künftig soll sein Nachfolger Landsanwalt genannt werden. Oh, warum?

Der Schmied Erikson ist so, wie er aussieht: ein wenig verschlossen und „maulfaul", aber eine ehrliche Haut mit einem kleinen Schimmer von Humor, aber dieser erscheint genau so oft wie seine Rechnungen: einmal im Jahr.

Und dann der mit dem Wollhemd. Im Ausstellungskatalog habe ich ihn den „Soldaten" genannt. Das ist er gewiß nicht, wenn auch Voltaire sagt, daß „tous les Suédois sont nés guerriers"[12]*, sondern er ist der „Aufseher" bei einer Witwe, derjenigen, der Sandsberg gehört, jener Hof, den mein Schwiegervater mir einmal kaufen wollte und wo ich den Verstand und den*

---

[12] Alle Schweden werden als Krieger geboren.

Geschmack hatte, nein zu sagen. Es ist Forsberg, der in allen diesen Jahren mustergültig diesen kleinen Hof verwaltet hat, als sei er sein eigener; und es war dieser Mann, der einmal von dem Propst vor dem Altar eine Goldmedaille für langjährige und treue Dienste empfing, wovon ich etwas in einem meiner Bücher berichtet habe.

Zuletzt komme ich selbst. Auf Vorschlag des Küsters wandte sich nämlich die Gemeindevertretung mit der Bitte an mich, die Reihe der Portraits mit einem Bild von mir zu vervollständigen.

Das war Lohn genug, und mir wurde warm um das Herz.[13]

Auf dem Friedhof mit einem Bilderbuchblick weit übers Wasser ins Grün der Wälder von Dalarna liegt unter schwerem Stein das Grab der Larssons: Carl Larsson 1853 bis 1919, Karin Bergöö 1859 bis 1928, dazu ihre Kinder. Nur eines, Lisbeth, liegt fern der Familie begraben.

Arkadien

Zum Schönsten in Schweden gehört der Blick vom Gesundberget im Südwesten des Siljan-Sees: die Weite der Wasser, die falunroten Höfe auf Sollerön, die Kirchspiele ringsum in ruhig gewelltem Land, die Bergzüge der Fjälls im Norden und Nordwesten. Wenn Schweden ein Arkadien beanspruchen darf, dann liegt es rings um den Siljan-See.

Ernst Moritz Arndt hat den Siljan-See besucht, Hans Christian Andersen tat es ihm gleich. Mora sei eine sehr bedeutende Marktstelle in Dalarna und habe eine Menge Buden, beobachtet Arndt; im Sommer und Herbst würden hier große und vielbesuchte Jahrmärkte gehalten. Von seinen Einwohnern schicke das Kirchspiel zuweilen an tausendfünfhundert Menschen jährlich auf Arbeit.[14]

Auch die Magd Grudd Anna Andersdotter aus Utmeland bei Mora arbeitet in den sechziger und siebziger Jahren des 19. Jahrhunderts als Saisonarbeiterin in einer Brauerei in Uppsala. Dort lernt sie den Braumeister Leonhard Zorn aus Franken kennen. Anders Zorn wird 1860 als uneheliches Kind der beiden geboren. Seinen Vater lernt er nie kennen, auch wenn der sich von fern in die Erziehung des Sohnes mischt. Zorn wächst auf dem Hof der Großeltern bei Mora

---

[13] Carl Larsson, Ich (Anm. 11), S. 159-161.

[14] Ernst Moritz, Reise durch Schweden im Jahr 1804 (Anm. 2), Zweiter Teil S. 282-286.

auf. Zwar umsorgt der Großvater die ledige Mutter und ihr Kind, doch erinnert Zorn mit heftiger Abneigung den religiösen Eifer, der die Großeltern trieb.[15]

Der junge Zorn besucht das Gymnasium in Enköping am Nordufer des Mälar-Sees, fällt als Zeichner auf und gelangt bereits als Fünfzehnjähriger auf die Kunstakademie in Stockholm. Der Anteil am Erbe des Vaters hilft. Fünf Jahre später malt Zorn mit dem Portrait einer jungen Trauernden sich in den Beginn einer steilen Karriere. Das Original hängt im Stockholmer Nationalmuseum, eine Studie im Zorn-Museum in Mora.

Anders Zorn meistert den Weg von der ländlichen Ferne Dalarnas zum Lebensstil der Metropolen. Stockholms Modeschneider fügt zu Zorns Portraitkunst das modische Flair, die Delikatesse und die Eleganz der städtischen Kunstkonsumenten. Zorns Aquarelle und Ölbilder gefallen dem Publikum, und es kauft. Zorn bereist Europa und die USA, lebt in Spanien, London, Paris. Die Sommer verbringt er in Mora oder in Dalarö im Stockholmer Schärengarten.

1885 gibt das Nationalmuseum in Stockholm ein „vaterländisches Thema" bei Zorn in Auftrag. Ein Jahr darauf liefert Zorn „Unser täglich Brot" („Vårt dagliga bröd"), ein Aquarell auf Papier, signiert „Mora Sept. 1886". Das Bild gibt ein Zeugnis des ländlichen Lebens aus der Kindheit Zorns: Bauern in der alten Tracht Dalarnas ernten ihr Getreide, die älteren Kinder und die Erwachsenen sind bei der Mahd, die Großmutter (ein Portrait der Großmutter Zorns) sitzt am Graben und bereitet das Brot, ein Kessel hängt überm Feuer, die Enkelin trägt Reiser herbei.

Während der Arbeit an jenem Bild erwirbt Zorn sein erstes Stück Land in Mora. Auf das Grundstück baut er sein Landhaus „Zorngården". Im Sommer 1889, „zu Hause", so erzählt Zorn in seinem Lebensbericht, habe er sich auf eigener Scholle eingerichtet:

Von der Schwiegermutter meiner Mutter hatte ich ein Stück Land nahe bei der Kirche für fünfhundert Kronen gekauft und das Haus in Yvraden, daß Großvater gebaut hatte und von dem meine Mutter ein Drittel geerbt hatte, dorthin versetzt. Ich habe es erweitert, da neben mir auch meine Mutter und Großmutter unterm selben Dach wohnen sollten. Einen stolzeren Hausbesitzer hat es wohl nicht gegeben. Am Anfang ärmer als jeder andere und ohne Erb-

---

[15] Vgl. Anders Zorn 1860-1920. Gemälde, Aquarelle, Zeichnungen, Radierungen, hg. von Jens Christian Jensen. Kiel: Kunsthalle, 1989 (Katalog zu den Ausstellungen in der Kunsthalle Kiel 1989 und der Hypo-Kulturstiftung München 1990), darin vor allem Hans Henrik Brummer, Anders Zorn 1989 - Leben und Werk, S. 39-89.

schaft war ich nun der Reichste. Der Flüchtling im fremden Land, der Heimatlose besaß jetzt für sich und seine Nächsten ein Heim.[16]

1896, im vierten Lebensjahrzehnt, läßt Zorn sich in Mora endgültig nieder. Während Carl Larsson sein lichtes Lilla Hyttnäs bastelt, sammelt Zorn in seiner massiv gediegenen Villa neben dem aus Utmeland verpflanzten großelterlichen Hof schwedische Renaissance, gotisch und nordisch, schwer und echt, kostbar allemal. Aus der benachbarten Kirche kauft Zorn die geschnitzten Türen der Bänke und baut sie als Täfelungen in sein Haus. Als die Kirche sich wieder besinnt, muß sie sich mit Kopien begnügen. Seine Räume voller Antiquitäten stattet Zorn zugleich mit dem Modernsten der Technik aus, und so wächst ein gastfrohes Haus, wohnlich und festlich im Überfluß. Zorns Landhaus illustriert den Weg vom Bauernbankert zum Millionär.

Zwanzig Jahre nach dem Tod des Malers baut der Architekt des Stockholmer Stadthauses, Ragnar Östberg, neben den Zorngården ein Museum für Anders Zorn, zweistöckig und aus Backstein, ein Rathaus eher oder Gericht, schlicht und bodenständig. In den neunziger Jahren ergänzt ein funktionaler, lichter Anbau das Haus.

Im Zornmuseum finden wir zwei Jahrmarktszenen aus Mora, beide 1890 gemalt, Miniaturen fast, Aquarelle auf Papier: den Marktrummel vor Glockenturm und Kirche und die „Buden bei Westerbergs Steg". Ein drittes Bild der Reihe „Mora Jahrmarkt" zwei Jahre später, großformatig und in Öl, stiftet Zorn der Gemeinde. Es hängt im Tingshus an der Hafengasse, Richtern und Schöffen im Blick. Ein junger Mann, das Gesicht zur Erde, schläft seinen Rausch aus. Über ihm wartet ergeben die Frau: „Die Gruppen im Hintergrund sind am stärksten charakteristisch für jene, die man auf dem Jahrmarkt in Mora sehen konnte. Flirtende und betrunkene Leute aus Orsa, den eingetauschten Falben, der ausprobiert wird, und meine Großmutter, wie sie mit der Kuh heimzieht, die sie nicht verkaufen konnte."[17]

1897 malt Zorn den „Mittsommertanz". Wie „Unser täglich Brot" hängt das großformatige Ölbild im Stockholmer Nationalmuseum. Es ist eines der bekanntesten des Malers aus Dalarna.[18] Einen weiteren Mittsommertanz in der Gopsmorsstuga, Zorns Sommerhütte draußen am Nordufer des Österdalälv,

---

[16] Anders Zorn, Själfbiografiska anteckningar (1907-1914). Utgivna och kommenterade av Hans Henrik Brummer. Stockholm: Bonniers, 1982, S. 64. Übersetzung D. A.

[17] Anders Zorn, Själfbiografiska anteckningar (Anm. 16), S. 76.

[18] Hans Henrik Brummer, Zu Anders Zorns Mittsommertanz. In: „Konsthistorisk Tidskrift", Stockholm, Jg. 56 (1987), S. 57-65.

präsentiert das Museum in Mora. Zorn erzählt, wie er mit Prinz Eugen, dem passionierten Maler und Freund (seine Werke finden wir auf seinem Herrensitz Waldemarsudde im Stockholmer Djurgården), den Fluß hinaufgerudert und in Morkarlby an Land gegangen sei: „Da fiel mir ein, nach einem Musikanten zu schicken, und wir gingen auf einen Hof. Bald sammelten sich Leute, ein Sechzigjähriger eröffnete den Tanz mit einer gesungenen Polska, und schon war der Tanz in vollem Gang. Man stellte uns Stühle hin, und das Schauspiel setzte den Prinzen in Ekstase." [19] Prinz Eugen drängt Zorn, die Szene zu malen. Das dauert bis zur Mittsommerzeit ein Jahr darauf. Zorn malt das Bild in fahl aufreizendem Licht:

> *Ich hatte damals Morkarlby einen neuen hohen Maibaum geschenkt. Er wurde jeden Mittsommer rot gestrichen, und ich sah es und sehe es noch heute als meine heilige Pflicht, dabeizusein und das Schmücken zu leiten. Über das Aufrichten um zwölf in der Mittsommernacht hatte mein Knecht, der liebe Verner, die Aufsicht.*
>
> *Alsdann wurde zur Polska und zum Reigen gespielt, und eine endlose Schlange von jungen Leuten tanzte um den Baum und über die Höfe. Den Tanz setzten sie auf irgendeinem Hof bis Sonnenaufgang fort. Das ist es, was mein Bild zeigt.*
>
> *Zu jener Zeit herrschten noch religiöse Stimmungen vor, und Tanz und Spiel, Maibaum und Mittsommerfest galten als Teufelswerk, das direkt in die Hölle führe. Dieser Maibaum war folglich einer der wenigen, die es damals in Mora gab.* [20]

Seit dem 17. Jahrhundert sind die polnischen Tänze beliebt in Schweden, ein Erbe wohl aus der Zeit, als die Wasa-Könige in Polen regierten. Die Polska wird zum schwedischen Volkstanz, und dies vor allem in Dalarna, im Dreivierteltakt als Polska Mazurka, von der Zorn erzählt. Als „långdans" oder „långpolska" tanzt sie das Volk in Form einer Kette, die mancherlei Schnurren des Anführers folgt, zum Frühlingsfest, zu Pfingsten, und eben zur Mittsommernacht. Beschrieben ist die Polska kaum, weil eben alle sie kennen - bis weit ins letzte Jahrhundert hinein. [21]

Im Zorn-Museum finden wir unter den berühmten und, in der letzten Werkphase Zorns, auch berüchtigten Akten eine Badende, 1894 datiert. Rosa und perlmutt schimmert das Licht der eben untergegangenen Sonne im Wasser der Schären und mischt sich mit den Reflexen einer Nackten, die dem Betrachter ihren Rücken kehrt. „Sommerabend" nennt Zorn sein Bild, an dem man sich freut. Das Gemälde erregt auch die Sinne Berlins. Hugo von Tschudi, Direktor

---

[19] Anders Zorn, Själfbiografiska anteckningar (Anm. 16), S. 92.
[20] Anders Zorn, Själfbiografiska anteckningar (Anm. 16), S. 92f.
[21] Vgl. aber Erkki Ala-Könni, Die Polska-Tänze in Finnland. Eine ethno-musikologische Untersuchung. Helsinki: Suomen Muinaismuisto Oyhdistys, 1956.

der Nationalgalerie und durch Max Liebermann mit Zorn bekannt, erwirbt den „Sommerabend" - mit allerhöchster Billigung. Der Kaiser mag seine sittliche Entrüstung für einmal hintangestellt haben, schafft doch Tschudi im Gegenzug für die Nationalgalerie ein Marinesujet des Akademiemalers Saltzmann an: „Torpedoboote auf einer Manöverfahrt".[22]

Im Südosten der Kirche von Mora haben Anders und Emma Zorn unter einem hohen Steinsarg ihr Grab. Anders Zorn stirbt 1920 nach einem im Übermaß gekosteten Leben, Emma zweiundzwanzig Jahre nach ihm. An der Friedhofsmauer in Sicht des Zorngården liegt, unter einem Bronzerelief von der Hand ihres Sohnes, die Mutter Zorns, „Mona", wie die Leute in Mora sagen.

Auf einem bescheidenen Grashügel am Ostausgang des alten Mora, an der Nordspitze des Sees, dort wo der Österdalälv in den Siljan-See mündet, steht auf unbehauenem Granit das Standbild Gustav Eriksson Wasas, des späteren Gustav I. Wasa, die Kirche im Rücken, den See im Blick. Nach dem Stockholmer Blutbad des Dänenkönigs Christian II. im Jahr 1520 ruft der fliehende Eriksson hier in Mora die Bauern Dalarnas zum Widerstand gegen die Dänen. Die Bauern zögern, Eriksson flieht weiter in Richtung Norwegen. Doch die Bauern besinnen sich und schicken dem Flüchtling zwei Skiläufer nach, die ihn in Sälen einholen, 85 km entfernt am Västerdalälv. Eriksson kehrt um und beginnt seinen Siegeszug. Jahr für Jahr wiederholen tausende Schweden den Lauf Gustav Eriksson Wasas von Sälen nach Mora.

Hans Christian Andersen, der um die Sommersonnenwende 1851 Dalarna bereist, erzählt die Geschichte von Erikssons Flucht:

Die Geschichte wirft Glanz über Dalarna. Du hörst es aus den Blättern der Geschichte singen, wenn du diese Gegend besuchst.

Am Siljan-See, wo sich die Kirchtürme von Rättvik und Mora in der Wasserfläche spiegeln, und in den dunklen Wäldern hier oben zog Gustav Vasa in der bittren Zeit seiner Jugend umher, verfolgt und verlassen, jetzt ein reicher Stoff für Bilder und Lieder. Auf Christierns königliches Gebot waren die Besten aus dem edlen Geschlecht der Sture, unter ihnen der junge Gustav Erikson Vasa, als Geiseln nach Kopenhagen gebracht und dort in den „Blauen Turm" gesperrt worden. Gustav wurde jedoch bald darauf in ein weniger strenges Gefängnis auf dem Schloß Kalø in Jütland geführt; seine Jugend und Schönheit nahmen für ihn ein, er bekam die Erlaubnis, mit geringer Bewachung herumzugehen. Diese sah ihn oft wie träumend sitzen

[22] Zur Marktgeschichte der „Badenden" vgl. Cecilia Lengefeld im Feuilleton der Frankfurter Allgemeinen Zeitung vom 25. März 1995. Siehe auch Cecilia Lengefeld, Anders Zorn. Eine Künstlerkarriere in Deutschland. Aus dem Schwedischen von Cecilia Larsson. Berlin: Reimer, 2004 (erste, schwedische Ausgabe „Resor, konst och kommers i Tyskland" 2000).

und mit den großen blauen Augen traurig über das Kattegat zur schwedischen Küste blicken.
Man war sich seiner sicher, gab nicht weiter auf ihn acht - und so konnte er entschlüpfen; er lief
durch Wälder und über Heiden und hielt erst inne, als er zwölf Meilen von seinem Gefängnis
entfernt war. Jütländisches Vieh wurde nach Deutschland getrieben, und Gustav Vasa wurde
Viehtreiber; auf diese Weise kam er nach Lübeck und trug dem Bürgermeister und dem Rat
seine Sache so gut vor, daß sie ihm Schutz gewährten und ihm ein Schiff beschafften, mit dem
er nach Schweden fuhr. Auf Stensö-Näs bei Kalmar stieg er an Land, da aber die Menge
ringsum noch immer an König Christierns Versprechen von Milde und Gnade glaubte, mußte
sich Gustav auf nächtlichen Wanderungen durch die dichten Wälder seines Vaterlands schlei-
chen. Die besten Männer der Sture waren hier geächtet, ihnen, vor allem aber Gustav, stellten
die dänischen Vögte nach. Alles Kriegsvolk zog nach Stockholm, wo das Blutbad stattfand;
als Gustav davon hörte, floh er nach Dalarna. In der Tracht des Dalekarliers, mit der Axt
auf der Schulter, kam er nach „Rankhyttan", zwei Meilen von Falun, verdingte sich bei sei-
nem einstigen Schulkameraden, dem reichen Bergmann Anders Pehrsson, und drosch für Tage-
lohn. Die Magd des Hauses entdeckte den goldgestickten Seidenkragen, den er unter seiner
groben Kleidung trug, und erzählte davon ihrem Dienstherrn, der Gustav heimlich zu sich rief.
Dieser erzählte ihm nun vom Blutbad in Stockholm, von seiner Mutter, die in Kopenhagen
gefangen war, von all der Not, die Schweden erlitt, und daß jetzt Leben und Blut gewagt wer-
den müsse. Doch all diese Worte waren verschwendet, und Gustav mußte „Rankhyttan" ver-
lassen und hinauf in die Wälder ziehen. Es war Winter, er brach im Eis der Lilla ein; in der
Fährhütte von Glottorp trocknete er am Feuer seine nassen Kleider und wanderte dann nach
Ornäs, wo Arendt Pehrsson wohnte. Doch dieser war ihm ein falscher Freund, er verriet ihn
und ließ den Vogt mit sieben seiner Leute kommen; sie waren schon auf dem Hof, doch
Arendts Gattin, die brave Barbro Stigsdotter, hatte Gustav gewarnt, und bevor sie in die Stu-
be eindrangen, ließ er sich aus der Bodenluke zu einem Knecht hinunter, der auf Barbros Be-
fehl mit vorgespanntem Schlitten hielt, und dann jagte er davon nach Korsnäs, zu den Sand-
viks-Hütten und nach Svärdsjö, immer gehetzt und geschreckt von Spähern und Verfolgern.
Sein Jugendfreund aus der Schulzeit, der Hauptpastor Herr Jonn, nahm ihn freundlich auf,
acht Tage sprachen die beiden, still und herzlich, über Schweden. Da aber Arendt von Ornäs
und der Vogt fortwährend Späher und Wachen aussandten, mußte Gustav abermals fliehen,
und kaum war er in die warme Stube von Herrn Swen in Isala getreten, da waren die Leute
des Vogts auch schon da; doch schlau sprang Swens Gattin zu Gustav hin, versetzte ihm einen
Schlag auf den Rücken und schimpfte zornig: „Was stehst du da und gaffst die Fremden an,
als hättest du nie zuvor Leute gesehn! Pack dich und geh in die Scheune dreschen!" Und Gu-
stav stellte sich dumm und ging in die Scheune. Es fiel den Leuten des Vogts nicht ein, daß der
geprügelte Bursche eben jener war, den sie fangen sollten. Überall in Dalarna, auf allen Wegen
wimmelte es von Spähern und bewaffneten Männern, sie suchten nach den Geächteten, vor al-
lem aber nach Gustav Erikson Vasa. [...]
Und Gustav zog über Mora nach Utmeland, wo ihn Maths Larssons Gattin in ihrem Kel-
ler versteckte und auf die Falltür das große Bierfaß stellte, damit die Leute des Vogts ihn nicht
finden sollten. Hier blieb er bis Weihnachten verborgen, und an einem der Feiertage trat er auf

einem Hügel in der Nähe von Mora hervor und sprach mit lauter und klangvoller Stimme zu den Dalekarliern, die vom Gottesdienst kamen. Er gemahnte sie daran, wie sehr ihre Väter Freiheit und Vaterland geliebt, wie sie unter Engelbrekt und den Sture gekämpft hatten, er sprach vom Blutbad in Stockholm und von Christierns Grausamkeit gegen Stures Witwe und Kinder. Die ganze Versammlung wurde davon erschüttert, einige weinten, andere riefen laut, sie wollten zu den Waffen greifen, doch bald traten viele andere hervor und sprachen gegen Gustav; sie sagten, Christierns Blutbad hätte nur den Herren und nicht den Bauern gegolten, und ihre Meinung war nicht unberechtigt, denn Christiern, der Tyrann des Adels, war ein Freund des armen Mannes, seine menschenfreundlichen Gesetze zum Schutz des Bauern, der zu dieser Zeit wie ein Tier behandelt wurde, zeugen für ihn in der Gegenwart.

Die Männer von Mora schwankten in ihren Entschlüssen, die meisten rieten Gustav, noch weiter, über die norwegische Grenze zu gehen, und entmutigt zog er davon und gab sein Vaterland auf.

Schon sah er die norwegischen Berge, tieftraurig blieb er stehen, er war hungrig und durstig; als er die Glocken der Kirche von Lima läuten hörte, ging er dorthin und verrichtete seine Andacht. In inbrünstigen Gebeten erhob er sein tiefbetrübtes Herz zu Gott, der ihm Mut, Kraft und Feuer schenkte, noch einmal zu den Bauern zu sprechen. Sie hörten ihn, sie verstanden ihn, doch sie wagten nicht, etwas zu unternehmen, und abermals zog er davon und kam zum Dorf Sälen, dem letzten vor der norwegischen Grenze. Noch einmal, ein allerletztes Mal, wandte er sich zum Dalarna-Land und blickte zurück auf seine Tannenwälder, auf Eis und Schnee. - Da kamen, mit der Geschwindigkeit des Dampfes, zwei Männer auf ihren Skiern über Eis und verharschten Schnee gelaufen, gute Skiläufer, ausgesandt von den Leuten in Mora, um Gustav zu suchen und ihn zurückzurufen als ihren Häuptling. Der Herrgott hatte es so gewollt, daß gleich nach Gustavs Aufbruch der berühmte Kriegsmann Lars Olofsson als Geächteter nach Mora kam; er berichtete vom Blutbad und von den Galgen, die Christiern im ganzen Land errichten ließ, und daß dies bald auch in Dalarna geschehen sollte, Steuern und Plagen würden über sie kommen, weil sie den Sture die Treue gehalten. Da reute es sie, daß sie Gustav hatten davonziehen lassen, und ein alter Mann stand auf und sagte, daß jedesmal, wenn Gustav hier gesprochen habe, dann ein frischer Nordwind geweht habe. Daran erinnerten sie sich; und weil nach altem Glauben in dieser Gegend jede Unternehmung, die bei Nordwind begonnen wurde, gelingen mußte, erhoben sich alle, alle wie einer; sie wollten Leben und Gut für das Vaterland und für Gustav Erikson Vasa wagen.[23]

Anders Zorn hat das Denkmal für Gustav Eriksson in Mora geschaffen. Die Bronzeplinte kündet in altem Moradialekt: „Jän Gustaf Eriksson täled a Morkarrum 1520 reited Dalfok mörkja 1903. Gärdi Zornim" - „Wo Gustaf Eriksson 1520 zu den Männern von Mora sprach, hat das Volk von Dalarna 1903 dieses Denkmal errichtet. Zorn hat es geschaffen."

---

[23] Hans Christian Andersen, In Schweden. In: Reisebilder aus Schweden und England. Aus dem Dänischen von Gisela Perlet. Leipzig und Weimar: G. Kiepenheuer, 1985, S. 5-160, hier S. 106-110 (erste, dänische Ausgabe „I Sverrig" und erste deutsche Ausgabe 1851).

VIII
Norrland

Schweden sammelt seine Landschaften in den drei Landesteilen Götaland, Svealand und Norrland - den drei Kronen des Staatswappens. Zum Götaland zählen Skåne und Blekinge im Süden, Halland und Bohuslän am Kattegat, zur Küste im Osten das weite Småland, die Inseln Öland und Gotland, nordwärts im Innern Dalsland, Västergötland und Östergötland. Svealand sammelt im Westen Värmland und Dalarna, inmitten Närke und Västmanland und im Osten Södermanland und Uppland mit der Hauptstadt Stockholm. Norrland dehnt sich weit in den Norden mit Gästrikland, Hälsingland, Medelpad, Ångermanland, Västerbotten und Norrbotten an den Küsten des Bottnischen Meerbusens und auf den Hochebenen der Fjälls Härjedalen, Jämtland, Lappland.

Jede der Landschaften hat ihre eigene Pflanze und ihr eigenes Tier. *Skåne* oder Schonen die Margerite - Prästkrage genannt wie das Beffchen der Pfarrer - und den Rothirsch, *Blekinge* die Eiche und den Hirschkäfer, *Halland* den Ginster und den Lachs, *Bohuslän* das Jelängerjelieber und den Seehund, *Småland* das Moosglöckchen und den Otter, *Öland* das Sonnenröschen und die Nachtigall, *Gotland* den Efeu und den Igel, *Dalsland* das Vergißmeinnicht und den Raben, *Västergötland* das Heidekraut und den Kranich, *Östergötland* die Kornblume und den Höckerschwan, *Värmland* den Seestern und den Wolf, *Dalarna* die Wiesenglockenblume und den Uhu, *Närke* die Schlüsselblume und die Haselmaus, *Västmanland* die Mistel und das Reh, *Södermanland* die weiße Seerose und den Fischadler, *Uppland* die Schachblume und den Seeadler, *Gästrikland* das Maiglöckchen und den Auerhahn, *Hälsingland* den Flachs und den Luchs, *Medelpad* die Fichte und den Schneehasen, *Ångermanland* das Stiefmütterchen und den Biber, *Västerbotten* den Moorkönig (oder das König-Karls-Szepter) und den Großen Brachvogel, *Norrbotten* die nordische Brombeere und die Krickente, *Härjedalen* die Frühlingskuhschelle und den Bären, *Jämtland* das Knabenkraut und den Elch, *Lappland* die Fjällanemone und den Fjällfuchs.

Fahrten in den Norden sind Fluchten in die kühle, helle, leichte Luft einer so grandiosen wie uneitlen Natur. Da sind die Wasser, tosend, spiegelnd, Eiswasser in Meeren von Geröll. Da sind die Hochmoore in endlosen Wellen, plattgescheuerte Kuppen, Halden von Krüppelkiefern. Da sind die Farben: braun, schwarzrot, flechtengrau, rosa - das Rosa frisch gefegter Rentiergeweihe. Und da sind die endlosen Wälder: „Man kriegt einen Gelbkoller von den Birken und einen Dreieckstick von den Tannen dazwischen." Horst Janssen der Zeichner bringt den Norden derart auf den Punkt.[1] Der Norden beziehe den Menschen eher gleichgültig ein, schreibt Janssen. Das Getue der Menschen um ihre Häuser herum verliere ihren Sinn. Der Mensch bleibe klein und seltsam fern - so wie die Passagiere des Charon den Zurückbleibenden erscheinen mögen. Dort ist der Norden ganz bei sich, wo Mensch und Natur ein Stück an die Ewigkeit rühren.

Der Mann im Boot

Einen Tag Autofahrt vom Svealand nordwärts nach Västerbotten liegt die Küstenstadt Skellefteå, auf halbem Wege von Umeå nach Luleå. Ein paar Kilometer im Süden der Stadt in Hjåggböle wird 1934 der Schriftsteller Per Olof Enquist geboren, dem wir in Schonen begegnet sind. Der See Hjåggböleträsk trennt Väster Hjåggböle von Öster Hjåggböle und reicht einen guten Kilometer von Ost nach West, das Doppelte von Nord nach Süd. Der Bureälv verbindet den Hjåggböleträsk mit einer Kette weiterer Seen und findet südlich von Skellefteå seinen Weg an die Küste.

Die Geschichte vom Mann im Boot geschieht ein Menschenleben zurück, als der Erzähler noch keine neun ist und sein Bruder Håkan zehn, ob nun am Hjåggböleträsk oder anderswo in Västerbotten, wo im Frühjahr das Holz geflößt wird. Langsam treiben die Stämme Flüsse und Seen abwärts, bis sie eines Tages verschwunden sind. Aus solchen Stämmen bauen Håkon und der Erzähler ein eigenes Floß, nehmen Proviant an Bord, spannen ein Laken zwischen zwei Stangen und segeln in die untergehende Sonne hinaus:

Genau hier ist es am schwersten, sich exakt zu erinnern, wie alles vor sich ging - aber ich will trotzdem versuchen zu erzählen. Håkan saß ganz vorne und sagte, daß er gerade eine feindliche Barkasse gesichtet habe, die wir rammen sollten: er gab Order, volle Segel zu setzen, befahl der Besatzung, die Enterhaken hervorzuholen, und ging selbst zurück, um die Armbrust zu holen, die in der Mitte des Floßes lag. Die Wellen gingen jetzt ziemlich hoch, und dann war ja Dämmerung, jetzt erinnere ich mich besser, die Dunkelheit brach herein, außer wo die Sonne untergegangen war, denn dort war der Himmel noch rot - und Håkan stand auf und kam zurück, um seine Armbrust zu holen. Alles auf dem Floß war ziemlich glatt und glitschig, und ich sah, wie er schwankte und einen Schritt zur Seite machte: und dann fiel er. Ich hatte alles genau vor mir. Håkan als Silhouette, die schwankte und fiel, vor dem hellroten Horizont. Das sehe ich noch deutlich vor mir. Und ebenso deutlich sehe ich noch sein Gesicht im

---

[1] Horst Janssen, Skandinavische Reise. Ein Skizzenbuch, ein Tagebuch und sechs Briefe an Joachim Fest. Mit Photographien und einem Postscriptum von Gesche Tietjens. Berlin: Alexander Fest, 2001, S. 63.

Wasser vor mir, ich sah, daß er gleichzeitig Angst hatte und sich schämte (Angst, weil er nicht so gut schwimmen konnte und sich schämte, weil er sich so dusselig angestellt hatte).

Die Wellen gingen ziemlich hoch. Ich streckte die Hand nach ihm aus. Es war genau in der Dämmerung, schwer zu sehen, sehr kaltes Wasser, ein hellroter Rand, wo die Sonne untergegangen war. Håkans Gesicht da unten im Wasser, er lächelte, als wolle er sagen: „Scheiße, hab' ich mich dusselig angestellt." Und ich streckte die Hand nach ihm aus.

Das nächste, woran ich mich erinnere, muß eine ganze Weile später gewesen sein. Eine Stunde vielleicht, vermutlich mehr. Ich selbst saß ganz achtern. Håkan saß ganz vorn, auf der vorderen Plattform. Er saß mit dem Rücken zu mir, zusammengekauert. Ich sah, daß er sich zusammenkauerte, als ob er fröre. Und als ich mich auf dem Floß umsah, begriff ich, daß wir in dem Durcheinander, als er ins Wasser gefallen war, eine ganze Menge verloren haben mußten. Das Segel war weg. Die Bretter, die als Paddel dienen sollten, waren weg. Die Stange zum Staken war weg. Das ganze Floß war vollkommen leer, abgesehen von der festgenagelten Essenkiste mit dem Reserveproviant, denn darauf saß ich. Und abgesehen von Håkan und mir. Die wir jeder an einem Ende des Floßes saßen und uns zusammenkauerten.

Aber das Merkwürdigste war dennoch etwas anderes, und ich habe hinterher viel darüber nachgedacht und auf eine Weise verstanden, daß da eine Erinnerungslücke sein muß. Das Merkwürdige war, daß der Wind ganz und gar aufgehört hatte zu wehen. Es war vollkommen ruhig, die Wellen hatten sich gelegt, das Wasser war spiegelblank. Und jetzt war es vollkommen ruhig und vollkommen dunkel, es kam mir vor, als sei es mitten in der Nacht, aber der Mond war aufgegangen. Der Mond leuchtete. Es war fast Vollmond, die Nacht war schwarz und das Wasser ruhig und schwarz, aber der Mond leuchtete. Es sah so sonderbar aus. Mitten in dem Mondstreifen lag ein stilles und fast zerschlagenes Floß, auf dem saßen zwei Jungen zusammengekauert, das Wasser war wie Silber, es war ruhig, es war vollkommen still.

Wir mußten in der Mitte des Sees sein, dachte ich. Ich wandte mich um, und da sah ich die Lichter von zu Hause als kleine weiße Punkte, weit entfernt, wie kleine weiße Nadelstiche in schwarzem Samt. Dann blickte ich auf den Mond. Dann auf das Wasser, auf das sonderbare weiße Mondlicht und das Floß mitten in dem Lichtstreifen, auf Håkans unbeweglichen Rücken. Es kam mir vor, als träumte ich. Und es war so sonderbar, diese Stille war so tief, daß ich nicht wagte, sie zu brechen. Ich wollte mit Håkan sprechen, aber ich schwieg.

Und so saßen wir schweigend, lange, lange.

Ich weiß nicht, woran ich dachte. Ich weiß, daß ich versuchte, mir klarzumachen, was geschehen war, wie Håkan gefallen war, wie er hochgekommen war, warum er so stumm dasaß. Warum der Wind aufgehört hatte. Warum die Wellen sich gelegt hatten. Warum der Mond leuchtete. Ich muß daran gedacht haben, wie wir nach Hause kommen würden. Wir hatten nichts, womit wir rudern konnten, kein Segel, keinen Wind.

Ich muß gefroren haben, doch daran erinnere ich mich nicht. Ich erinnere mich an die sonderbare Stille, das ruhige schwarze Wasser, den Mond, das Floß mitten in dem Mondstreifen, das Schweigen, die pechschwarze Nacht um uns her.

Es verging vielleicht eine Stunde. Da hörte ich schwach und wie aus einer ungeheuren Entfernung das Geräusch von Rudern. Das Geräusch kam nicht von zu Hause, sondern direkt aus Osten, und das war sonderbar, denn auf der Seite gab es keine Bebauung. Aber es waren Ruderschläge, kein Zweifel. Ich saß mit dem Kopf nach Osten gewandt und starrte gerade in die pechschwarze Nacht hinaus, sah aber nichts.

Die Ruderschläge kamen näher und näher. Langsam ruderte er. Platsch. Platsch. Ich konnte nichts sehen. Näher und näher. Und plötzlich sah ich, wie ein Boot gegen die Wasserspiegelung des Monds zu sehen war, direkt in den Mondstreifen glitt langsam die Silhouette eines Boots. Es kam auf uns zu, ich sah den Rücken eines Mannes, der ruderte.

Ich war aufgestanden, und ich sah, daß Håkan jetzt auch stand. Wir standen still und starrten dem Boot entgegen, das immer näher heranglitt.

„Hallo", schrie ich plötzlich über das Wasser, „komm und hilf uns!"

Der Mann im Boot drehte sich nicht um. Er sah nicht zu uns her. Er ließ nur das Boot still auf uns zugleiten, hielt die Ruder hoch. Das Wasser tropfte von den Rudern, das Boot glitt, oh, ich erinnere mich so gut, es war wie ein Traum; der Mann wandte sich nicht um, warum antwortete er nicht?

Dann war er bei uns. Lag ruhig neben dem Floß. Und da, erst da, drehte er sich um.

Ich sah sein Gesicht im Mondlicht. Ich kannte ihn nicht. Ich hatte ihn noch nie gesehen. Er hatte dunkles Haar, er hatte ein mageres Gesicht, er sah mich nicht an. Er sah nur Håkan an. Er war nicht aus der Gegend, aber er war gekommen, um uns zu helfen. Und er streckte die Hand nach Håkan aus, und Håkan ergriff die Hand, und er stieg vorsichtig hinunter in das Boot und setzte sich nach achtern. Keiner von ihnen sagte ein einziges Wort. Und ich stand still und sah sie an.

Da glitt das Ruderboot ein Stück fort, und es geschah so unmerklich, daß ich zunächst nicht verstand, was geschah. Doch der Mann setzte sich, er setzte sich an die Ruder. Und er begann zu rudern. Håkan saß achtern, mit dem Rücken zu mir, er bewegte sich nicht, er sah mich nicht an. Und der Mann fing an zu rudern, und langsam verschwand das Boot in der Dunkelheit.

Ich konnte nicht rufen. Ich stand still, wie versteinert. Ich muß eine ganze Weile so gestanden haben.

Alles, woran ich mich in dieser Situation erinnere, ist so verworren. Es ist schwer, davon zu erzählen. Ich muß mich auf die hintere Plattform gesetzt haben. Ich muß sehr gefroren haben. Ich weiß, daß ich die Kiste mit dem Reserveproviant öffnete, daß ich aß. Ich nahm das Glas mit Melasse, dem Sirup, den ich eigentlich nicht mochte: ich aß sie. Ich holte sie mit den Fingern heraus und stopfte sie in den Mund, es schmeckte süß. Ich saß da auf der hinteren Plattform und sah, wie die Morgendämmerung kam, wie das Licht sich über den See ausbreitete, wie die Morgennebel kamen und aufstiegen, wie es schließlich hell wurde.

Und da kamen die Boote zu mir.

Es war Großvater, der als erster kam. Sie sagten nachher, sie hätten lange gesucht und gerufen, aber ich hätte nicht geantwortet. Ich sagte ihnen, daß ich keine Rufe gehört hätte. Großvater kam zuerst. Ich stand, mein Gesicht war klebrig, und die Melasse war mir am Hals heruntergelaufen. Und Großvater nahm meine Hand und hob mich hinunter ins Boot, und mein Gesicht war verschmiert, aber ich war vollkommen ruhig. Und ich erinnere mich, daß ich mich auf den Boden des Ruderboots legte, der Länge nach, still dalag und gerade in die Luft schaute, während sie Wolldecken um mich stopften und Großvater anfing zu rudern, schnell, als habe er es sehr eilig. Ich lag auf dem Boden des Boots. Mein Mund und der Hals waren verschmiert, die Melasse war gelaufen. Großvater ruderte. Ich lag da und schaute auf sein Gesicht.

Danach muß ich sehr krank geworden sein. Ich erinnere mich, daß ich in meinem Bett lag, daß ich hohes Fieber hatte, daß ich so seltsame Träume hatte. Manchmal schwitzte ich stark, manchmal schlief ich und erwachte davon, daß ich schrie. Sie kamen zu mir herein und saßen bei mir. Mama saß da, Großmutter und Großvater und Annika, und es mußten viele Tage vergangen sein, ich weiß nicht, wie viele.

Dann eines Tages war ich gesund. Es ging so schnell, wie wenn man eine Lampe anknipst. Erst sehr krank. Dann - auf einmal - erwachte ich eines Tages und war vollkommen gesund.

Großvater saß bei mir.

„Was ist mit dem Floß?" fragte ich. „Habt ihr es an Land geholt, oder liegt es noch da draußen?"

„Wir haben es an Land geholt", sagte er.

„Liegt es jetzt da vertäut?"

„Nein", sagte er sehr ruhig. „Wir haben es auseinandergeschlagen und die Stämme weggeschickt. Ich habe es selbst am gleichen Tag getan."

„Jaha", sagte ich. „Jaha. Hast du alle Nägel rausgezogen?"

„Das habe ich gemacht", sagte er.

„Das ist gut", sagte ich. „Sonst hätten die Alten in der Säge nagelgesägt, und ihr Akkord wäre kaputt gewesen."

„Ja, ich weiß", sagte er.

„Wie hieß der, mit dessen Boot Håkan gefahren ist?"

Aber Großvater antwortete nicht, sondern saß nur da und sah nachdenklich aus.

„Er war nicht von hier", sagte ich. „Er ähnelte Eriksson an der Rindentrommel in der Abschleiferei, aber es war nicht er."

„Nei-ein", sagte Großvater leise. „Jetzt mußt du wieder eine Weile schlafen."

Er stand in der Tür und betrachtete mich, ich begann zu erzählen, was in jener Nacht vor sich gegangen war, aber er war ein wenig irritiert oder auf andere Weise komisch und drehte sich einfach um und ging, ganz abrupt. Und am nächsten Tag, als ich anfangen durfte, auf zu sein, kam er wieder und bat mich zu erzählen, und da erzählte ich alles.

Er saß nur da und sah nachdenklich aus, wie er es im Bethaus zu tun pflegte, wenn es quälend und langweilig und ernst wurde und er dasaß und ans Fischen dachte. Dann sah er nachdenklich aus. Jetzt sah er genauso aus, so daß ich glaubte, er dächte wieder ans Fischen.

Da sagte ich: „Gut, daß du alle Nägel rausgezogen hast. Es hätte ihnen den Akkord kaputtmachen können."

Da sagte er, geradeaus in die Luft: „Ja, Håkan, ja. Er ist ja nicht zurückgekommen."

Der Junge sucht nach dem Bruder, vergebens. An einem der letzten Tage im September, dem Tag, als er neun wird, rudert er, in Großvaters Boot, in die Mitte des Sees, in dünnem Nebel, zieht die Ruder ein und wartet:

Ich mußte eine Stunde so gesessen haben. Da sah ich, wie das Boot auf mich zukam, aus dem Nebel.

Es war ein Ruderboot, ein Mann, der ruderte. Jemand saß achtern, das Gesicht mir zugewandt.

Es war klar zu sehen, man konnte sich nicht irren. Es war Håkan. Und das Boot glitt langsam auf mich zu, vollkommen lautlos, direkt durch den Nebel, und ich hatte kein bißchen Angst. Håkan saß achtern und sah mich direkt an, und er sah genauso aus wie früher. Und er lächelte mich an.

Es war vollkommen still. Ich saß ruhig da und sah, wie das andere Boot langsam auf mich zuglitt, neben mich, und vorbeifuhr. Die ganze Zeit sah Håkan mich an, und sein Gesicht hatte einen so eigentümlichen Ausdruck. Er lächelte ein wenig, und er sah mich direkt an. Als wolle er sagen: „Hier bin ich. Du brauchst nicht mehr zu suchen. Du hast mich gefunden. Und wenn du mich gefunden hast, mußt du aufhören, mich zu suchen. Mir geht es gut. Du mußt das begreifen. Du mußt aufhören, mich zu suchen, denn jetzt hast du mich gefunden. Und dann mußt du du selbst werden. Und dann mußt du erwachsen werden."

Wir sprachen nicht ein Wort, aber wir sahen uns an. Wir lächelten beide. Dann glitt das Boot fort, und dann waren sie weg. Und seitdem habe ich meinen einzigen Freund Håkan nie wieder gesehen.

Ich blieb lange still sitzen und dachte nach. Dann griff ich nach den Rudern, um zu rudern, aber gerade in dem Moment sah ich etwas im Wasser treiben. Es war eine lange Stange. Es war die Stange, die wir zum Staken benutzt hatten. Ich dachte: „Das war Håkan, er wollte sie zurückgeben. Das ist gut, ich hole sie heraus."

Ich holte sie heraus. Und danach ruderte ich wieder zurück.

Als ich zurückkehrte, stand Großvater am Ufer. Ich sah ihn von weitem. Er sah ärgerlich aus, dann wird er so komisch steif am ganzen Körper, läßt beide Schultern fallen, starrt gerade vor sich hin. Doch ich hatte keine Angst. Ich lenkte das Boot direkt ans Ufer, legte die Ruder hoch, nahm die Stange, warf sie ans Ufer.

Er sah sie an und sagte: „Wo hast du die gefunden?"

Ich sagte nur: „Ich habe sie zurückbekommen."

Ich stieg aus dem Boot. Wir zogen es zusammen auf den Strand. Aber bevor er anfangen konnte, mit mir zu schimpfen, sagte ich: „Und dann wollte ich nur sagen, daß ich nicht mehr suchen werde. Ich werde nie mehr nach Håkan suchen. Das ist jetzt vorbei." [2]

---

[2] Per Olov Enquist, Der Mann im Boot. Die Geschichte, wie ich sie Mats erzählte. Aus dem Schwedischen von Wolfgang Butt. In: Aldo Keel (Hg.), Skandinavische Erzähler. Von Knut Hamsun bis Lars Gustafsson. Zürich: Manesse, 1999, S. 516-536, hier S. 521-529, 533-535 (erste, schwedische Ausgabe „Manen i båten. Historien som jag berättade den för Mats", in „Noveller nu" 1978). - Zu Enquists „Die Ausgelieferten" siehe S. 23-25.

Missenträsk

In Missenträsk im Kirchspiel Jörn, fünfzig Kilometer von Skellefteå den Skellefteälv aufwärts, wird 1923 Sara Lidman geboren. 1942 verläßt sie ihr Dorf. Mager ist der Boden dort, nichts will wachsen. Im Sommer stehen die Mücken wie ein grauer Rauch und wie ein fernes Klagen:

Die eine oder andere Kate besaß einen Baum oder zwei, um sich vor der Sommersonne zu schützen, aber die meisten standen kahl und wie hingeschleudert da. An nackte, magere Mädchen in den Entwicklungsjahren konnte man denken, wenn man die Häuser in dieser Dämmerung sah. Auch mit dem roten Anstrich stand es schlecht.
Schlimme Zeiten, rein zum Verzweifeln.
Aber etwas anpflanzen konnte man doch auch in schlechten Zeiten. An Arbeitskräften mangelte es nicht. Viel konnte verdeckt werden mit einigen Ebereschen und etwas Gartenland rings um das Haus.[3]

Im „Teermeiler" erzählt Sara Lidman eine Geschichte einfacher Leute in diesem einfachen kleinen Dorf. Sie nennt es Birkensee. Nils oder Nisch hat einen Teermeiler gerichtet; der Teer sichert sein Einkommen für die vier Kinder und seine Frau Agda. Jonas, Paria des Dorfs und schadenfroh, reißt den zum Brennen fertigen Meiler ein, gerät unters stürzende Holz und zerquetscht ein Bein. Zwar schaffen die Bauern den Schwerverletzten heim, doch überlassen sie ihn dem Wundbrand. Allein die schwachsinnige Vendla umsorgt den Todkranken.

Der Frevel um den Meiler fordert das Dorf: Nils schwankt zwischen Wahnsinn und Bekehrung; Agda verscherbelt das Holz des Meilers an den geldgierigen Albert, des Streikbrechers einst beim Straßenbau, und kann mit dem Erlös die Schuld beim Krämer Efraim löschen; dem Prediger Blom ist das Elend recht, um Nils und Agda zu erleuchten; Petrus, der in den Tag hinein lebt und liest, durchschaut die Selbstsucht, doch tauscht er seinen aufrechten Gang gegen dreihundert Kronen, die er bei Albert leiht, um seinen Hof vor dem Konkurs zu retten - sie und alle in der Gemeinschaft des Dorfs laden Schuld am Tod des Jonas auf sich.

Petrus wird Zeuge, wie eine Katze mit einer Maus ihr tödliches Spiel treibt, und er erkennt, wie das Dorf vor einem seiner Mitmenschen versagt:

---

[3] Sara Lidman, Der Teermeiler. Aus dem Schwedischen von H. von Born-Pilsach. Leipzig: Philipp Reclam jun., 1974, S. 109f (Text nach „Der Mensch ist so geschaffen". Berlin: Herbig, 1955; erste, schwedische Ausgabe „Tjärdalen" 1953).

Die Katze saß auf dem Hof und wartete auf einen Menschen, denn sie hatte eine Beute in den Krallen. Eine Feldmaus, eine große, schwarze. Petrus hatte in diesem Sommer bisher noch keine gesehen und dachte, ja, so werden wir die Mäuseplage auf den Kartoffelacker bekommen. Gut, in solcher Zeit eine Katze zu haben. Er drehte sich um und schob den Stalltürriegel vor, ohne dem Vorhaben des Tieres besondere Beachtung zu schenken.

Aber die Katze war bestrebt, seine Aufmerksamkeit zu erregen. Sie gab die Maus frei und drehte den Kopf weg, gleichsam um mit dem Menschen zu wetteifern, wer dem Opfer gegenüber am gleichgültigsten sei. Träumerisch blickte sie in die Ferne, genoß Luft und Sonne und war mit dem Leben zufrieden. Wie eine naturliebende Lehrerin, die die Seele der Landschaft entdeckt hat und den Ackergeruch nicht verachtet - wenn die Bauern nur wüßten, in welcher Schönheit sie förmlich badeten! So vornehm blinzelte die Katze. Aber die Feldmaus kam mit entsetzten Augen und auf drei Beinen humpelnd auf den Bauern zu. Sie hinterließ eine dünne Blutsträhne, hielt vor Petrus inne und wimmerte. Als glaube sie an die Hilfe des Menschen.

Und der Mann sah ihre Pein, spürte sie eine furchtbare Sekunde lang in den Beinen und Augen und gedachte ihrer später mit jener Erinnerung, die Mitleid heißt. Er stand da und vernahm den Jammer eines kleinen Schädlings, aber der machte ihn so schwach, daß er nicht dachte und handelte: geh-in-den-Stall-nach-der-Hacke-gib-diesem-Geschöpf-den-erlösenden-Tod. Da kam die Katze getänzelt, sie hieß Milly um ihrer Weichheit willen, sie schleuderte die Beute in die Luft, um sie schreien zu hören, spielte mit ihr, zärtlich und weich, mit eingezogenen Krallen. Da, im Wahnsinn, ging die Maus zum Angriff vor, weiße Zähnchen stachen wie Nadeln in die Katzenpfote, hielten fest. Die Katze schrie. Kam frei. Stürzte sich wütend auf ihr Opfer mit Bissen, die beinahe tödlich waren. Ließ dann wieder von ihm ab, wie um sich zu besinnen, ich-ging-vielleicht-etwas-zu-weit-aber-wenn-man-so-gereizt-wird!

Die Maus lag still, piepste kaum hörbar.

Langweilig auf die Dauer, dieser Zustand. Milly glitt herbei, streckte ihre weichste Pfote aus, stupste die Maus und tröstete. Siehst du wohl, so gefährlich war das doch wohl nicht, etwas lautere Schreie will ich hören.

Petrus schaute zu, außerstande, einzugreifen. Aber als die Katze den Kopf auf die Seite legte und lächelte, riß er die Augen auf. Ist das nicht ein Tier? Ein unvernünftiges Tier kann doch wohl nicht lächeln! Das ist nicht regelrecht, kein anderes Tier tut das, es tötet sein Opfer so schnell wie möglich und frißt es auf, um leben zu können. Für die Katze scheint der Genuß der Qual das wichtigste zu sein. Aber warum geschieht das, etwas so Sinnloses, eine so große Pein bei einem Geschöpf, nur damit ein anderes lächeln kann? Das ist abnorm wie bei einem verderbten Menschen. Milly lächelt, sie ist kein Tier, sie ist ein verkapptes Menschenwesen. Weiß indessen, was sie tut, weiß überall da zu beißen, wo es weh tut, nur nicht in den Kopf. Kann dieses Schlachten stundenlang treiben. Ich glaube dir, Nisch, daß es den Satan gibt, in die Katze ist er gefahren.

Schreck und Zorn verschlagen ihm den Atem. Soll so etwas hier auf dem Hof geschehen dürfen, sollen seine Töchter dazu erzogen werden, süße Milly, brave Milly, wenn sie solche Schändlichkeiten begeht!

Er lief in den Schuppen nach einer Axt und suchte, an die Katze heranzukommen. Ärgerlich darüber, in ihrem Spiel gestört zu sein, versetzte sie ihrem Opfer aus Versehen zu früh den tödlichen Biß. Dann stellte sie sich, als fräße sie, es war aber hauptsächlich eine Triumphmahlzeit, und wenn sich der Mensch näherte, um zuzusehen, erhöhte das noch den Triumph. Aber diesmal war der Mensch ein Meuchelmörder, mit der Axt über der Schulter, und die Katze wurde erschlagen.

Als das vorüber war, schob er die Leiche auf eine Schaufel und ging mit ihr in den Wald, grub eine Grube und bedeckte sie mit Erde und Zweigen.

Die ganze Zeit verteidigte er sich hitzig.

Wenn man Kinder hat, trägt man doch eine schwere Verantwortung. Man darf sie doch nicht solche Scheußlichkeiten mitansehen lassen und gleichzeitig versuchen, ihnen eine christliche Erziehung beizubringen. Wie kann man sie dazu anhalten, die Ungerechtigkeit zu erkennen und zu bekämpfen, wenn solche Dinge mit Zustimmung der Erwachsenen vor ihren Augen geschehen dürfen.

Aber als das Begräbnis vorüber war und er nach Hause ging, war er müde und fühlte sich durchgerüttelt und alt.

Ich habe sie nicht getötet, wie wenn man ein Tier schlachtet, sie war nicht einmal ein Tier in meinen Augen, es lag ja an ihrem menschlichen Lächeln, daß ich meine Hand gegen sie erhob.

Kein Sperling fällt vom Dache ohne den Willen des Vaters. Oh, Christus, warum hat dein Vater nichts über das gräßliche Katz-und-Maus-Spiel auf Erden gesagt! Er taumelte ins Haus in dem Bewußtsein, daß ihm Ähnliches bisher nie widerfahren war und daß dieses Erlebnis einen Markstein in seinem Leben bedeutete. Künftig würde er denken, dies und jenes geschah, ehe ich die Katze erschlug, oder so und so ging es zu nach dem Mittsommermord.

Er legte sich auf das Küchensofa, ergriff die Zeitung und breitete sie sich über das Gesicht gegen Licht und Fliegen. Schlief. [4]

Petrus erbarmt sich und schafft die Leiche des Jonas zum Friedhof. Nach einer Disputation im gepflegten Heim des Pfarrers fährt er heim, voller Gewissensbisse über seine Verstrickung und die des Dorfs:

Zum Richter über uns alle ist er geworden, dem Nisch sein Teermeiler. Wenn man bedenkt, was er von den Birkenseern gefordert hat.

Von Jonas das Wenige, daß er es sein lassen und den Meiler nicht zerstören sollte.

Von den Männern, die ihn nach Hause trugen, daß sie sich erbarmen und einen Doktor beschaffen sollten.

Von Albert, daß er den Nisch anständig bezahlen sollte.

Von Petrus, den Hof aufzugeben.

Herrgott, du hättest doch mit den dreihundert, die du in der Tasche hattest, geraden Weges zu Nisch gehen können! Wie ein flammender Erzengel mitten in die Sodom-Betstunde hinein, hättest Blom beiseiteschieben, das Geld vor der Nase von ganz Birkensee auf den Küchentisch

---

[4] Sara Lidman, Der Teermeiler (Anm. 3), S. 93-96.

legen und dann diesem selben Dorf eine Predigt halten können, daß nicht ein einziger gewagt hätte, das Maul aufzumachen. Und daran denkst du erst jetzt!!!

Welch ein Sieg für die Gerechtigkeit wäre das gewesen! Oder nur für Petrus?

Für ihn, der dann plötzlich eines Tages das Dorf hätte verlassen müssen.

Geehrt oder gehaßt? Kann man nie wissen, ein Dorf ist so unberechenbar.

Aber das ganze Dorf hat versagt, nicht einer hat die Teermeilerprobe bestanden. Warum stehe ich denn so allein, ich gehöre doch auch zum Dorf und habe ihm viele Dienste erwiesen.

Denke daran, wieviel mehr du bist als die anderen!

Teuer, Buße zu predigen; kostet so viel, wie selbst ohne Sünde zu leben.

Wer kann einen so hohen Preis bezahlen?

War man wie ein Mann, der eine Hure - lieb und unschuldig wie eine kleine Pfarrfrau, gehüllt in eine weiße Gardine - gegen die tobende Volksmenge verteidigt und am Abend hingeht und für einen niedrigen Preis bei ihr schläft?

Zuletzt hatte er halb geschlafen, er erwachte davon, daß das Pferd stehenblieb. Eine Wasserwanne mit Holzschindeln zum Einweichen stand am Straßenrand, und das Pferd war durstig.

Sie waren bis zu Nischs Parzelle gelangt. Der Bauer war damit beschäftigt, ein Scheunendach auszubessern. Etwas mager war er, etwas schwärzer als zuvor, sonst jedoch schien er genesen zu sein.

„Wie geht es dir?"

„Gut, gut. Du hast wohl kein Holz, um Zinken für die Harke draus zu machen?" rief er vom Dachfirst herab.

„Ja, ich glaube doch."

„Mein Mädel behauptet, ihre Harke vom vorigen Jahr sei zu klein, sie müsse eine neue haben."

„Ich habe ein paar Zinken vom vorigen Jahr übrig, die kannst du bekommen."

„Gut, gut. Bist du weit weg gewesen?"

„Nur bis zum Kirchdorf."

„Was für eine Hitze!"

„Ja."

Nisch war der Mann, der den Teermeiler eingebüßt hatte - einmal und noch ein zweites Mal. Alle sagen, daß so was nicht geschehen darf. Und es ist doch geschehen. Aber Nisch saß und nagelte an seinem Scheunendach. Als hätte es nie einen Teermeiler gegeben.

Petrus verweilte noch, er mußte wissen, wie groß der Schaden in Nischs Augen war. Wünschte wieder, etwas anderes als Bauer zu sein und daß es eine Sprache für ihn gäbe, in der das Wort „vergib mir" vorkam.

„Was willst du zum Winter unternehmen?"

„Wurzelholz sammeln für einen Meiler, denke ich."

Petrus seufzte erleichtert auf.

„Das ist wirklich tapfer von dir gedacht! Dann bist du also einigermaßen über die Geschichte hinweg?"

„Hach - wenn man bedenkt, was ich bei der Sache gewonnen habe! Das Himmelreich ist wohl einen Teermeiler wert, sagte Blom gestern abend."

Nisch grinste schlau wie einer, der bei einem Pferdetausch gewonnen hat.

Petrus lächelte nicht zurück. Ist bei ihm eine Schraube los? Und Blom - immer wieder geistert er herum. Rechnete wohl nicht damit, daß dieser sein Ausspruch jemand zu Ohren kommen würde, der ebenfalls einigermaßen in der Weltgeschichte zu Hause ist. Paris ist wohl eine Messe wert, heißt es. Und der Kerl schämt sich nicht, diese Lästerung nach Belieben umzumodeln und Nisch in den Schädel zu setzen.

Beklommen fuhr er nach Hause.

Wer hat schuld, wenn der Nisch wirklich verrückt wird? Oder sieht so die Torheit in Christo aus? [5]

Und wieder legt sich bei den Einödbauern von Västerbotten der Alltag über alles Grübeln um Schuld, Hölle und Gnade. Das Dorf schwingt zurück ins Lot.

Pajala

Norre Norrland liegt am Rande der schwedischen Welt. Dort oben am Torneälven, wo Finnland hinüber nach Schweden langt, sind Licht und Finsternis noch kaum geschieden. Solch Maßnahme Gottes greift spät in den Weiten des Tornedal. Dort gleichen sich in den Sommern und Wintern Tage wie Nächte. Den Verstoß gegen die Ordnung der Schöpfung machen die Tornedaler durch klare Scheidung im Leben gut. Zwischenräume schüren Verdacht: man ist gläubig oder ungläubig, Mann oder Memme, Einheimischer oder Fremder, Kommunist oder Faschist.

In Pajala im Tornedal, auf halbem Weg von Haparanda nach Kiruna, verschwimmen die Grenzen zwischen Fluß, Moor und Wald. Hier wird 1959 Mikael Niemi geboren. Derb und grotesk hat er den Aufbruch seiner Kindheit und Jugend beschrieben, ironisch und voller Sympathie:

Mit der Zeit wurde uns klar, dass unsere Heimat eigentlich gar nicht zu Schweden gehörte. Wir waren sozusagen nur aus Zufall dazugekommen. Ein nördlicher Anhang, ein paar öde Sumpfgebiete, in denen kaum Menschen lebten, die es kaum schafften, Schweden zu sein. Wir waren anders, ein bisschen unterlegen, ein bisschen ungebildet, ein bisschen arm im Geist. Wir hatten keine Rehe oder Igel oder Nachtigallen. Wir hatten keine Berühmtheiten. Wir hatten

---

keine Achterbahnen, keine Verkehrsampeln, kein Schloss und keinen Herrensitz. Wir hatten nur unendlich viele Mücken, tornedal-finnische Flüche und Kommunisten.

Das war ein Aufwachsen im Mangel. Nicht in einem Mangel materieller Art, in der Beziehung hatten wir genug, um zurechtzukommen, sondern identitätsmäßig. Wir waren niemand. Unsere Eltern waren niemand. Unsere Vorväter hatten keinerlei Bedeutung für die schwedische Geschichte gehabt. Unsere Nachnamen konnten von den wenigen Referendaren, die aus dem richtigen Schweden zu uns kamen, nicht buchstabiert und schon gar nicht ausgesprochen werden. Keiner von uns traute sich, an „Upp till tretton" zu schreiben, da Ulf Eifving glauben könnte, wir wären Finnen.[6] Unsere Heimat war zu klein, um auf der Landkarte zu erscheinen. Wir schafften es ja kaum, uns selbst zu versorgen und nicht von der Sozialhilfe abhängig zu sein. Wir sahen, wie die bäuerlichen Familienbetriebe ausstarben und die Weiden von Unkraut überwuchert wurden, wir sahen die letzten Holzflöße auf dem Torneälv und dann keines mehr, wir sahen, wie vierzig kräftige Waldarbeiter von einem einzigen dieselstinkenden Scooter ersetzt wurden, wir sahen unsere Väter die Handschuhe an den Nagel hängen und fortreisen, für lange Wochen in die Gruben von Kiruna. Wir hatten die schlechtesten Ergebnisse im Standardtest im ganzen Reich. Wir hatten keine Tischsitten. Wir trugen auch im Haus Mützen. Wir suchten nie Pilze, vermieden Gemüse und aßen nie Krebsschnittchen. Wir konnten uns nicht ordentlich unterhalten, äänicht deklamieren, keine Geschenke einwickeln oder eine Rede halten. Wir gingen mit den Füßen auswärts. Wir radebrechten auf Finnisch, ohne Finnen zu sein, wir radebrechten auf Schwedisch, ohne Schweden zu sein.

Wir waren nichts.

Es gab nur einen Ausweg. Eine einzige Möglichkeit, wenn man etwas werden wollte, und wenn es nur das Allergeringste war. Nämlich wegzuziehen. Wir lernten, uns darauf zu freuen, überzeugt, dass es die Chance unseres Lebens sei, und wir gehorchten. In Västerås würde man endlich ein richtiger Mensch werden. In Lund. In Södertälje. In Arvika. In Borås. Es kam zu einer riesigen Evakuierung. Einer Flüchtlingswelle, die unseren Ort leerte, und merkwürdigerweise als vollkommen freiwillig angesehen wurde. Ein unsichtbarer Krieg.

Die Einzigen, die aus dem Süden zurückkehrten, waren die Toten. Verkehrsopfer. Selbstmörder. Und mit der Zeit auch die Aidstoten. Schwere Särge, die in den gefrorenen Boden zwischen den Birken des Pajala Friedhofs gesenkt wurden. Kotmaassa.[7]

Tornedalsche Kleinbürger krümmen sich, um Wärme zu sparen, bekommen steife Schultermuskeln, machen kleinere Schritte, atmen flacher, und ihre Haut wird wegen des Mangels an Sauerstoff leicht grau. Ein Tornedalscher Kleinbürger flieht nie bei einem Angriff, weil das sowieso keinen Sinn hat. Er kauert sich zusammen und hofft, daß er bald vorüber geht.

---

[6] „Up till tretton" „Bis dreizehn", ein Hörfunkprogramm für Kinder; Moderation Ulf Eifving.
[7] Mikael Niemi, Populärmusik aus Vittula. Aus dem Schwedischen von Christel Hildebrandt.
   München: btb, 2002 (erste, schwedische Ausgabe „Populärmusik från Vittula" 2000),
   S. 58-60. - *Kotmaassa* Im Heimatland

So wie die Mutter des Freundes Niila kommen viele der Frauen aus Finnland, „dieser gequälten Nation, die von Bürgerkrieg, Winterkrieg und folgendem Weltkrieg niedergetrampelt worden war, während die fetten Nachbarn im Westen Eisenerz an die Deutschen verkauften und dabei reich wurden. Sie fühlte sich minderwertig. Sie wollte ihren Kindern das geben, was sie selbst nicht bekommen hatte, sie sollten echte Reichsschweden werden, deshalb wollte sie ihnen lieber Schwedisch beibringen als ihre finnische Muttersprache. Und da sie selbst kaum Schwedisch konnte, schwieg sie lieber." [8]

Der Vater des Erzählers Matti ist einer von der stillen Sorte:

Er hatte drei Ziele in seinem Leben gehabt und sie alle erreicht, und manchmal strahlte er eine Selbstzufriedenheit aus, die mich reizte, je älter ich wurde. Erstens wollte er stark werden, und die Waldarbeit hatte ihm anschwellende Muskeln gegeben. Zweitens wollte er finanziell unabhängig sein. Und drittens eine Frau finden. Nachdem ihm all das gelungen war, war es jetzt meine Aufgabe, die Fackel weiterzutragen, und ich spürte, wie der Druck mit jedem Tag wuchs. Das Gitarrengeklimper stand jedenfalls nicht besonders hoch im Kurs. Dagegen übertrug er mir gern die Aufgabe, mit der stumpfsten Säge, die er finden konnte, Holz zu sägen, um so meine Oberkörpermuskeln zu kräftigen. Ab und zu überprüfte er, ob ich auch nicht schummelte, schob seinen kräftigen Unterkiefer vor, der einem Holzschuh ähnelte, und zupfte am Schirm seiner Mütze, die nur schwer auf seiner flachen, nach hinten fliehenden Stirn Halt fand. Er hatte nur einen schwachen Bartwuchs, was unter den Tornedalbewohnern ganz üblich ist, deshalb erschienen seine Wangen leicht dick und fast babyhaft, und mitten aus diesem Hefeteig ragte die Nase hervor. Sie sah aus wie ein Radieschen, das jemand geworfen hatte, sodass es etwas schräg gelandet war, und ich ertappte mich immer wieder dabei, dass ich am liebsten an ihr gezupft und sie gerichtet hätte.

Er stand da, ohne etwas zu sagen, während ich sägte und schwitzte. Schließlich streckte er die Hand vor und maß meine Oberarme zwischen Daumen und Zeigefinger und dachte dabei, dass ich doch lieber ein Mädchen geworden wäre.

Er selbst war breitschultrig, genau wie seine acht Brüder, die hatten alle die gleichen bulligen Muskelpakete auf den Schultern und den gleichen gedrungenen Stiernacken, der auf der Vorderseite des Körpers hervorzuragen schien, sodass alle leicht gebeugt erschienen. Es ist ein Jammer, dass ich selbst nicht mehr von ihnen geerbt habe, und sei es auch nur um endlich die Kommentare der verdammten Kerle nicht mehr hören zu müssen, wenn sie sich an den Familienfeiertagen besaufen. Aber der größte Teil der Muskeln war wohl, genau wie bei meinem Vater, Ergebnis harter körperlicher Arbeit seit dem dreizehnten Lebensjahr. Alle hatten sie in diesem Alter angefangen, im Wald zu arbeiten. Die Winter hindurch gesägt und gehackt, um den Akkord zu erfüllen. Anschließend geflößt, wenn das Frühjahr kam, und dann Heuernte und Torfstechen, Grasschnitt im Moor oder Grabenpflege für ein paar Kronen vom Staat, und in ihrer Freizeit hatten sie für sich selbst ein Haus gebaut und die ganze Nacht hindurch die

---

[8] Mikael Niemi, Populärmusik aus Vittula (Anm. 7), S. 36f.

Bretter dafür mit der Hand gesägt. Das war ein Schuften, das sie widerstandsfähig machte wie das zu schmiedende Eisen von Kengis.[9]

Beim Saunagang klärt der Vater den pubertierenden Sohn auf - nicht über den Umgang mit Mädchen und Jungen, doch über die Verwicklungen in der Gemeinschaft des Dorfs:

Ganz Tornedal schien sich vor meinen Augen zu verändern. Der Ort füllte sich mit dünnen, unsichtbaren Angelschnüren, die sich kreuz und quer unter den Menschen ausbreiteten. Ein kräftiges, riesiges Spinnengewebe aus Hass, Anziehung, Angst und Erinnerung. Ein Netz, das vierdimensional war und seine klebrigen Fäden sowohl nach hinten als auch nach vorn in der Zeit ausdehnte, hinunter zu den Toten in der Erde und hinauf zu den noch Ungeborenen im Himmel, und das mich mit seinem Kraftfeld auch beeinflussen würde, ob ich es nun wollte oder nicht. Es war kräftig, es war schön, es erschreckte mich. Ich war ein Kind gewesen, und jetzt lehrte mein Vater mich zu sehen. Wurzeln, Kultur, weiß der Teufel, wie es genannt wurde, aber es war meins.[10]

Als Letztes behandelt der Vater die Schwächen der eigenen Familie. Es gab Trinker unter ihr, und es gab Geisteskranke. Unglückliche Liebe war eine Ursache, die andere waren zu viele Grübeleien:

Vater ermahnte mich streng, nicht zu viel zu denken, nur das Notwendigste, da Grübeleien eine schlechte Angewohnheit waren, die immer nur schlimmer wurde, je länger man dabei blieb. Als Gegenmittel konnte er harte körperliche Arbeit empfehlen; Schneeschippen, Holzhacken, Skilanglauf und Ähnliches, da die Gedanken sich gern einfanden, wenn man sich auf dem Sofa hingelümmelt hatte oder sich auf andere Art ausruhte. Frühes Aufstehen war auch empfehlenswert, besonders am Wochenende und bei Kater, weil sonst gerade dann die schlimmsten Gedanken sich in den Vordergrund schoben.[11]

Das Gefährlichste aber, vor dem der Vater warnt, das war das Bücherlesen:

Diese schlechte Angewohnheit war in der letzten Generation immer üblicher geworden, und Vater war ungemein dankbar, weil ich selbst bis jetzt derartige Tendenzen nicht gezeigt hatte. Das Irrenhaus war überfüllt mit Leuten, die zu viel gelesen hatten. Einmal waren sie wie du und ich gewesen, körperlich kräftig, ohne Ängste, zufrieden und im Gleichgewicht. Dann hatten sie angefangen zu lesen. Meist aus irgendeinem Zufall heraus. Eine Erkältung mit ein paar Tagen Bettruhe. Ein schöner Buchumschlag, der die Neugier weckte. Und plötzlich war die Unsitte geboren. Das erste Buch führte zum nächsten. Und zum nächsten und wieder näch-

---

[9] Mikael Niemi, Populärmusik aus Vittula (Anm. 7), S. 134-136.
[10] Mikael Niemi, Populärmusik aus Vittula (Anm. 7), S. 223.
[11] Mikael Niemi, Populärmusik aus Vittula (Anm. 7), S. 224f.

sten, Glieder einer Kette, die geradewegs in die ewige Nacht der Geisteskrankheit führte. Man konnte ganz einfach nicht aufhören. Das war schlimmer als Drogen.

Gut möglich, dass man in aller Vorsicht mit Büchern umgehen konnte, aus denen man etwas lernte, wie Nachschlagewerke oder Reparaturhandbücher. Das Gefährliche war die Belletristik, da wurden die Grübeleien geboren und ermuntert. O Scheiße! Derartige Gewohnheiten schaffende, gefährliche Produkte dürften nur in staatlich kontrollierten Geschäften gegen Vorzeigen des Ausweises verkauft werden, rationiert, und nur an Leute in reifem Alter.

Jetzt rief Mutter die Kellertreppe hinunter, dass das Essen fertig sei. Wir wickelten uns die Handtücher um und rasten hoch. Vater stolperte und schlug sich den großen Zeh, schien aber keinen Schmerz zu spüren.

Und ich war kein Junge mehr.[12]

Vergeblich ist Mattis jüngster Onkel Ville oft auf Freiersfüßen über den Fluß nach Finnland gegangen. Die Werbung gelingt, als Ville mit einem alten Volvo Eindruck macht. Die Hochzeit findet im Sommer statt, mitten während der Ferien, und das Rauchstubenhaus der Eltern füllt sich mit Verwandten:

Eine Mauer schweigender Männer, Schulter an Schulter wie ein Felsblock, und dazwischen ab und zu eine ihrer hübschen Frauen aus Finnland wie Blumen an einer Felswand. Wie üblich in unserer Familie wurde kein Wort gesagt. Man wartete auf das Essen.

Die Mahlzeit begann mit Knäckebrotscheiben und Lachs. Jeder der Männer drehte das Brot um, damit die Löcher unten waren, bevor er es bestrich. Man wollte Butter sparen, wie sie es von den armen Eltern gelernt hatten. Und dann auf die frisch gestrichenen Scheiben der gebeizte, süßsalzige Lachs, heimlich mit dem Netz im Kardisgebiet gefischt. Eiskaltes Bier. Keine unnötigen Kommentare. Nur das Brautpaar, das an der Stirnseite saß, forderte alle auf, doch noch einmal zuzugreifen. Das Knäckebrotknacken mahlender Stierkiefer, breite, gebeugte Rücken, hochgezogene Augenbrauen und Konzentration. Die helfenden Frauen in der Küche schleppten Platten und Flaschen aus dem Vorratskeller herbei. Die Mutter der Braut, die aus dem finnischen Kolari stammte und deshalb die Sitten der Gegend kannte, sagte, dass sie noch nie erlebt hätte, dass gestandene Mannsleute so wenig aßen, worauf alle eine weitere Portion nahmen.

Dann kam der Topf mit der Fleischsuppe auf den Tisch, dampfend, als brenne er, mit mürben Rentierstückchen, die den Gaumen streichelten, goldenen Rübchen, kräutersüßen Karotten und buttergelben gewürfelten Mandelkartoffeln in einer kräftigen Brühe, die nach Schweiß und Waldboden schmeckte, auf der das Fett in Kreisen lag wie die Luftringe von Äschen in einer atemlosen Sommernacht. Daneben wurde ein Trog mit frisch gekochten Markknochen gestellt. Die Endstücke waren abgesägt, und Holzspieße lagen daneben, sodass man problemlos das fettgraue Innere herausziehen konnte, lange Markstränge, so zart, dass sie auf der Zunge zerschmolzen. Die Männer lachten zwar nicht, aber sie bekamen einen helleren Farbton im Gesicht und seufzten innerlich vor Erleichterung, weil das Essen war, das man

---

[12] Mikael Niemi, Populärmusik aus Vittula (Anm. 7), S. 225f.

kannte und schätzte, Essen, das den Bauch füllte und Saft und Kraft gab. Bei feierlichen Ge-legenheiten wie gerade Hochzeiten konnten die zuverlässigsten und vernünftigsten Familienmit-glieder ganz verrückte Ideen bekommen hinsichtlich der Ansicht, was etwas taugte und fein genug war, und dann Gras servieren, das als Salat bezeichnet wurde, und Soßen, die nach Seife schmeckten, und viel zu viele Gabeln neben den Teller legen und ein Getränk servieren, das Wein genannt wurde, so sauer und herb, dass die Lippen sich kräuselten und man sonst was für ein Glas Buttermilch gegeben hätte.

Man fing an zu schlürfen und zu schlingen. Das war ein Geschmatze, das die Köchinnen bis in ihre Seelen hinein erfreute. Man füllte die Mundhöhlen mit in Brühe gewürztem und im Wald gewachsenem Fleisch und Wurzelfrüchten, die in der heimatlichen Erde gewachsen und gereift waren, und spürte, wie das Fett vom Kinn tropfte. Die Helferinnen liefen mit Tellern herum, bis oben hin voll mit frisch gebackenen, ungesäuerten Brotlaiben, denen noch das Aro-ma von Birkenrauch vom Backofen anhing, ein Brot, noch so heiß, dass die Butterstückchen darauf schmolzen, gebacken aus Mehl aus norrländischem Getreide, das in Wind, Sonne und kräftigem Regen gereift war, ein kräftiges Brot, das ein Bauernmaul in reiner Glückseligkeit innehalten und die Augen nach oben wenden ließ, während die Frauen sich stolz gegenseitig kichernd zuzwinkerten und das Mehl von ihren Teighänden abklatschten.

Jetzt war der richtige Zeitpunkt für den ersten Schnaps gekommen. Die Flasche wurde sich leise vortastend von der Alten gebracht, die am wenigsten religiös war. Die Männer hielten inne, wiegten sich dann leicht von einer Seite zur anderen und hoben ihre Hintern, wischten sich die Essensreste vom Kinn und folgten der Reliquie mit den Augen. Gemäß den Instruk-tionen war sie immer noch versiegelt, aber jetzt wurde im Beisein aller der Korken herausge-dreht, sodass die Flanschen knackend brachen und alle damit wussten, dass hier gekaufter Schnaps angeboten wurde und kein selbstgebrannter, hier hatte man also weder Kosten noch Mühe gescheut. Die Flasche beschlug, und die Tropfen klirrten unter andächtigem Schweigen wie Eisperlen ins Glas. Breite Daumen und Zeigefinger umfassten den kleinen, gefrorenen Schluck. Der Bräutigam erließ seinen Brüdern ihre Sünden, worauf alle sich nach hinten zu-rücklehnten und die kalte Speerspitze tief ins Fleischloch der Kehle kippen ließen. Ein Raunen ging durch die Gesellschaft, und die Plappermäuler unter den Männern sagten Amen. Die Frau mit der Flasche machte eine weitere Runde. Die Brautmutter drohte wütend mit ihrer Bassstimme, dass das ja wohl typisch sei, dass ausgerechnet ihre Tochter sich einen aus der beim Essen wählerischsten Familie auf der ganzen finnischsprechenden Erdmasse aussuchen musste und dass das Essen nun mal mit dem Maul gegessen werde, wenn das vielleicht jemand noch nicht begriffen habe, woraufhin die Küchenhilfen neue dampfende Fleischtöpfe und Knochen-markplatten heranschleppten, und alle noch eine Portion nahmen.

[...]

Die Küchenhelferinnen kamen jetzt mit Riesenplatten voller selbst gebackener Leckereien. Da waren Weizenwecken, weich wie Mädchenwangen, knusprige Kuchen aus Kangos, saftiges Buttergebäck, knusprige Brezel, eierzarte Zuckerkuchen, in Fett gebackene Ringe, Biskuitrolle mit himmlischer Brombeerfüllung, um nur einiges zu nennen. Außerdem kamen bis zum Rand gefüllte Schüsseln mit Schlagsahne und erwärmten eingelegten Multebeeren, die nach Gold und

Sonne schmeckten. Porzellantassen klapperten in Mengen, und Kaffee wurde rußschwarz aus riesigen Kesseln ausgeschenkt, die jeder für sich eine größere Gemeinde hätte versorgen können. Goldene Tornedalsche Käselaiber, groß wie Winterreifen, wurden über den Tisch gerollt, mit der größten Finesse in all diesem süßen Überfluss, einem braunen, harten Stück getrocknetem Rentierfleisch. Man schnitt gesalzene Scheiben ab und legte sie in den Kaffee, das Ganze noch mit Käse gemischt, und schob sich weiße Zuckerstückchen zwischen die Zähne. Dann, mit zitternden Fingerspitzen, kippte man etwas auf die Untertasse und schlürfte das Himmelreich in sich hinein.[13]

Zu vorgerückter Zeit des Essens und Trinkens prahlen die Brüder des Bräutigams mit der unüberbietbaren Körperkraft ihrer Familie. Die männlichen Verwandten der Braut hören nach Art der Finnen schweigend zu und werden immer wütender. Ismo, der Breiteste und Glatzköpfigste von ihnen, steht schließlich auf und sagt, daß er in dieser Gegend seit den Tagen des reaktionären Lappenaufstands nicht mehr solchen Blödsinn auf Finnisch gehört habe: kein Mensch könne mehrere Quadratkilometer Wiese an einem einzigen Vormittag mähen, niemand pflücke hundert Liter Multebeeren in drei Stunden, kein Wesen aus Fleisch und Blut könne einen Elchbullen mit der Faust töten, ihn dann häuten und den Körper mit dem Deckel einer Tabaksdose zerlegen. Ismo legt seinen Unterarm auf die Tischplatte, massiv wie ein Telefonmast. Dann sagt er, daß Prügeleien schwierig und als Kräftemesser eher zufällig seien, daß aber Armdrücken immer ein schnelles, zuverlässiges Resultat bringe.

Die Kämpfe Mann gegen Mann beginnen. Ein Wald adriger Baumstämme bedeckt die Tafel. Ab und zu fallen sie wie von einem gewaltigen Sturm um, prasseln herab, daß die Tischplatte sich biegt. Die Sieger grinsen und fordern den Nächsten heraus.

Die Frauen greifen ein. Einige haben schließlich auch Schnaps getrunken, und die übrigen erregt die testosterondurchtränkte Luft. Zwei der älteren Finninnen besinnen sich auf ihre Kraft im Fingerhakeln:

Sie hakten sich mit ihren Schnabelschuhen an den Fußbodenbohlen fest, stöhnten und knirschten mit ihrem Gebiss, und eine der Alten bepisste sich, machte aber trotzdem weiter, während es unter ihren weiten Röcken in eine Pfütze plätscherte. Die Finger waren braun gefleckt und runzlig, aber stark wie Kneifzangen. Die Braut behauptete, sie habe noch nie stärkere Haken gesehen, hier waren die Weiber, die Kühe und Kerle gemolken hatten, woraufhin ihre Mitschwestern mit einfielen und eifrig die Überlegenheit der Frauen gegenüber den Männern betonten, zumindest was Ausdauer, Fingerfertigkeit, Sturheit, Geduld, Sparsamkeit, Beerenpflücktechnik und Widerstandskraft gegen Krankheiten betraf, was alles zusammen sie

---

[13] Mikael Niemi, Populärmusik aus Vittula (Anm. 7), S. 136-142.

allen Kerlen überlegen sein ließ. Die eine Alte, Hilma, gewannn mit einem wütenden Ruck und setzte sich direkt auf ihren Hintern, jedoch ohne den Oberschenkelhals zu brechen, was alle für das reine Glück hielten. Aufgekratzt forderte sie anschließend die Männer heraus, gesetzt den Fall, dass es solche in der Nähe gäbe, was wohl zu bezweifeln wäre. Vater und die anderen waren inzwischen beschäftigt mit einer atemlosen, prestigeträchtigen Meisterschaft unter Brüdern mit einem verwirrenden System von Halbfinalen, bei dem bald alle die Ergebnisse durcheinander brachten und sich stritten. Inmitten dieses Männerhaufens saßen Einari und Ismo bei ihrem immer noch nicht entschiedenen Kampf. Onkel Hååkani bat die Alte, doch das Maul zu halten, was die Hauptaufgabe der Weiber in diesem Jammertal zu sein hatte, besonders in Anwesenheit von Männern. Hilma wurde dadurch nur noch wütender, schob ihre enorme Büste vor, dass Hååkani rückwärts stolperte und sagte, er würde gern an den Zitzen nuckeln, wenn er nicht was Besseres zu tun hätte. Die Frauen machten ordinäre Bemerkungen, und Hååkani wurde rot. Dann erklärte er, dass er nur Fingerhakeln würde, wenn die Alte vorher einen soff. Da sie christlich war, weigerte sie sich. Sie diskutierten hin und her. Schließlich, rasend vor Wut, packte Hilma ein großes Glas Selbstgebrannten, kippte es in sich hinein und streckte ihre langen Klauen vor. Alles verstummte und starrte auf die Alte. Laestadius drehte sich zweimal im Torf auf Pajalas Friedhof um. Hååkani schob überrascht seinen breiten Mittelfinger in ihren Haken, um zu zeigen, wer hier das Sagen hatte. Die kräftige, aber etwas kurz geratene Tante wurde wie ein Fausthandschuh vom Boden hochgehoben, hing aber weiterhin schaukelnd am Finger. Hååkani ließ sie herunter und begann stattdessen hin und her zu ziehen. Hilma fiel von einer Seite zur anderen, stieß gegen die Wände, ohne aber den Griff zu lockern. Wütend hielt Hååkani inne und dachte nach. Da warf sich die Alte plötzlich mit all ihrem Gewicht nach hinten, und mit einem Ruck riss sie Hååkanis Finger auf und plumpste wieder auf den Hintern. Die Frauen jubelten, dass die Wände erzitterten. Hilma blieb schweigend sitzen. Schließlich begann man beunruhigt zu überlegen, ob sie sich vielleicht diesmal den Oberschenkelhals gebrochen hätte, denn so schweigsam war die Alte nicht mehr gewesen, seit sie bei einer Kropfoperation betäubt worden war. Da drehte sie den Kopf zur Seite und spuckte den Schnaps in hohem Bogen aus. Unter ohrenbetäubendem Beifall versicherte sie, dass sie nicht einen einzigen Tropfen geschluckt habe.[14]

Das Armdrücken der Männer bleibt unentschieden. Nun soll der Held der Sauna ausgekämpft werden:

Die Sauna war aus Baumstämmen gezimmert, eines der alten Dampfmodelle, sie stand, wie es üblich war, ein wenig abseits, falls sie einmal in Feuer geraten würde. Über der Tür war die Wand schwarz vom Ruß. Es gab keinen Schornstein, der Rauch vom Steindepot musste sich durch Rauchlöcher in den Wänden seinen Weg ins Freie suchen. Die Männer hingen ihre Kleider an Nägel oder legten sie auf Holzbänke draußen, während die Mücken anfingen wie die Blöden zu stechen. Als Hausherr und Saunawirt ging Großvater als Erster hinein und

---

[14] Mikael Niemi, Populärmusik aus Vittula (Anm. 7), S. 147-149.

schüttete die letzte Glut in einen Blecheimer. Dann kippte er mehrere Kellen Wasser auf das riesige Steindepot, um die Luft zu säubern. Der Dampf stieg in Wolken nach oben, band die stechenden Rauchteilchen und wogte weiter durch die Tür und die drei Rauchlöcher hinaus. Dann nahm er die Säcke von den Pritschen, die gegen den Ruß schützten, und verstopfte die Rauchlöcher mit Lappen.

Ich schlüpfte mit den anderen Männern hinein und wurde in die oberste Ecke gedrängt. Es duftete gut nach geteertem Holz, und wenn ich an den Wänden rieb, bekam ich schwarze Finger. Die Pritschen, die unteren wie die oberen, füllten sich bis zum Bersten mit schweren weißen Männerärschen. Einige fanden keinen Platz mehr und mussten auf dem Boden sitzen, wo sie sich darüber beschwerten, dass diese Strafe schlimmer sei, als nicht ins Paradies gelassen zu werden. Die Mücken hingen wie ein grauer Vorhang in der Türöffnung, trauten sich aber nicht herein. Der Letzte zog die Tür zum Sommerabend zu, und plötzlich wurde es dunkel. Und alle still, als wären sie von einer Andacht ergriffen.

Langsam gewöhnten sich die Augen an das Dunkel. Der Ofen glühte wie ein Altar. Die Hitze schien von einem großen, zusammengekauerten Tier auszustrahlen. Großvater ergriff die Holzschöpfkelle und murmelte etwas vor sich hin. Die Kerle rückten sich zurecht, krümmten den Rücken wie vor Schlägen. Das Holz knackte unter dem Gewicht. Langsam tauchte der Alte die Kelle in das kalte Brunnenwasser und goss dann mit verblüffender Präzision neun schnelle Kellen über die aufgeschichteten Steine, eine in die Mitte, eine in jede Ecke und eine in die Mitte jeder Längs- und Breitseite. Ein lautes Zischen stieg zu uns empor, gefolgt von einer peitschenden Hitzewelle. Die Männer stöhnten genüsslich. Der Schweiß brach in den Achselhöhlen aus, auf den Schenkeln, am Geschlecht, auf den Glatzköpfen und tropfte salzig und kitzelnd herab. Birkenzweige wurden aus dem Eimer, in dem sie eingeweicht worden waren, geholt und jetzt auf die glühendheißen Steine gelegt. Ein Duft von Sonne und Sommer erfüllte die Sauna, und die Männer begannen heimlich zu lächeln und sehnsüchtig zu seufzen. Der Bräutigam ergriff die Rute und schlug sich damit unter Stöhnen über den ganzen Körper. Er versicherte mit zitternder Stimme, dass das schöner als der beste Fick sei, was die anderen dazu brachte, unruhig hin und her zu rutschen. Großvater goss neun weitere Kellen genau auf die Stellen, die beim ersten Durchgang ausgelassen worden waren. Die Hitze erfüllte die Sauna wie eine herrliche Tracht Prügel. Das Stöhnen und Schnauben nahm an Stärke zu, und mehrere baten jammernd um die Saunarute, bevor das Jucken ihre Haut vom Körper reißen würde. Widerwillig ließ der Bräutigam sie los und sagte, dass er gern die Küchenhelferinnen hier hätte, damit sie ihm den Rücken schlugen, weil doch niemand ein vihta[15] *so unbarmherzig schön benutzen könnte wie ein altes Weib. Der Reisig klatschte, und der Schweiß spritzte in Wogen. Großvater goss murmelnd immer wieder auf, der Dampf wogte wie ein Geisteswesen. Einige beklagten sich über die Kälte in der Sauna und behaupteten, eine kältere* löylyä[16] *hätten sie noch nie erlebt, was, wie alle wussten, bedeutete, dass die Sauna langsam ihre Reifetemperatur erreichte. Die Aufgüsse kamen schonungslos wie eine laestadianische Predigt. Die Männer*

---

[15] *vihta* Quast aus Birkenlaub
[16] *löylyä* Aufguß

krümmten sich der Hitze entgegen und genossen sie. Der Gaumen schmeckte langsam nach Blut. Die Ohrläppchen brannten, der Puls donnerte wie eine Trommel. Näher konnte man diesseits des Grabes Eden wohl kaum kommen, stöhnte jemand.

Nachdem die ersten Gefühlsstürme verflogen waren, begann man die Saunamodelle zu diskutieren. Alle waren sich darin einig, dass die Dampfsauna sowohl holzgeheizten Eisenöfen als auch Elektroaggregaten in jeder Hinsicht überlegen war. Vor allem Letztere wurden dem Gespött und Hohn preisgegeben und als Toaster und Coupéheizung bezeichnet. Einige erinnerten sich mit Schaudern an die trockenen, staubigen Wärmeschränke, in denen sie bei einigen Besuchen im südlichen Schweden hatten sitzen müssen. Einer erzählte von seinem Saunabesuch im Jormliens Fjällhotell, wo der Elektroofen norwegisch war und aussah wie eine altmodische Wäscheschleuder. Der Steinstapel war von der Größe einer Teetasse gewesen, hatte nur Platz gelassen für zwei Steine - wenn einer davon hochkant stand. Ein anderer erzählte voller Abscheu von einem Baujob, den er drei Monate lang in Gotland gehabt hatte. Nicht ein einziges Mal hatte er dort der Hygiene nachkommen können, da die Saunakultur nicht bis dort unten durchgedrungen war. Statt dessen lag man da in einer so genannten Badewanne und schwamm in seinem eigenen Schmutzwasser.

Großvater machte eine Pause mit den Aufgüssen und wies darauf hin, dass mehrere seiner Söhne selbst elektrische Saunaaggregate beim Bau ihrer Eigenheime installiert hätten und dass die Tornedalsche Kultur damit zu ihrem baldigen Untergang verdammt sei. Die benannten Söhne protestierten und erklärten, dass sie die Aggregate in Finnland gekauft hätten, deshalb seien sie von unübertrefflicher Qualität, ganz und gar vergleichbar mit Holzfeuerkollegen, und dass sie in der finnischen Saunazeitschrift Saunalehti *fünf Saunaruten als Prädikat bekommen hätten. Großvater erklärte daraufhin mürrisch, dass die Elektrizität die lächerlichste Erfindung von allen sei, die aus dem südlichen Schweden heraufgekommen seien, sie würde Mensch und Vieh verweichlichen, die Muskelmasse bei den Arbeitern und Frauen verringern sowie die Kälteverträglichkeit verringern, das Sehvermögen im Dunkel verschlechtern, den Kindern Ohrschäden bereiten und sie unfähig machen, verdorbenes Essen zu sich zu nehmen, und somit auf dem besten Wege sein, die Tornedalsche Zähigkeit und Geduld auszurotten, da nunmehr alles in rasender Geschwindigkeit von Maschinen ausgeführt würde. Binnen kurzem würde wohl auch der Geschlechtsverkehr durch Elektrizität ersetzt werden, da das doch eine schweißtreibende, anstrengende Angelegenheit sei und all so etwas bekanntermaßen heutzutage als altmodisch angesehen wurde.*

Großvater machte einen neuen Aufguss, ohne auf die Beteuerungen seiner Söhne zu hören, sie würden ganz gewiss aus hartem, finnischem Holz bestehen. Stattdessen sprach er von Weichlingen, und das seien sie alle geworden, und davon, dass das Tornedal von knapsut *und* ummikot[17] *erobert worden sei, und dass er vor allem bedaure, dass er sie nicht häufiger verprügelt habe, als sie noch klein waren. Aber jetzt war es zu spät. Niemand kannte mehr das Gefühl, wie es war, in einer Sauna zu sitzen, in der man selbst geboren worden war, in der der*

---

[17] *knapsut* und *ummikot* sinngemäß: Weichlinge und Leute aus dem Süden; *ummikot* bezeichnet jene, die allein ihre Muttersprache sprechen.

eigene Vater geboren worden war, der Vater seines Vaters, in der die Leichen der Familie gewaschen und gekleidet worden waren, in der der kuppari[18] *den Kranken Blut abzapfte, in denen die Kinder gezeugt wurden und sich eine Familiengeneration nach der anderen nach der Arbeitswoche reinigte.*[19]

Der grausame Endkampf beginnt:

Wie immer war der Kampf großenteils rein psychologisch. Alle zeigten mit überdeutlicher Körpersprache, wie wenig es sie betraf, dass die Hitze sie kaum berührte, wie lange man problemlos noch ausharren konnte. Einari kippte den Eimer über den zischenden Steinen aus und bekam ihn gleich wieder gefüllt zurück. Ein neuer, brutaler Durchgang. Die Ersten der Finalisten torkelten hinunter und landeten keuchend auf dem Boden. Großvater kippte kaltes Wasser über sie. Der Dampf peitschte die Rücken, brannte in der Lunge. Noch einer gab auf. Die anderen blieben wie Baumstämme sitzen, mit glasigen Augen. Mehr Dampf, weitere Schmerzen. Jetzt gab Vater hustend auf, als wäre er kurz vorm Ersticken. Zurück blieb nur noch Einari, der weiter aufgoss, und der glatzköpfige Ismo, der dasaß und mit dem Kopf wackelte. Die Besiegten rotteten sich auf dem Boden zusammen, um bleiben zu können und den Ausgang mitzubekommen. Ismo schien kurz vor der Ohnmacht zu sein, hielt sich sonderbarerweise aber immer noch aufrecht. Bei jeder Kelle zuckte er wie ein wehrloser Boxer zusammen, der langsam, aber sicher zum Knockout getrieben wurde. Einari schnappte nach Luft und goss mit zitterndem rechtem Arm auf. Sein Gesicht war blaurot, der Oberkörper schwankte besorgniserregend. Eine neue Kelle. Und noch eine. Ismo begann gequält zu husten, der Speichel lief ihm übers Kinn. Beide schwankten ziemlich und legten schließlich zur Stütze die Arme umeinander. Plötzlich durchfuhr Einari ein Zittern, und er fiel steif zur Seite auf Ismo, der auch umfiel. Wie zwei Schlachttiere fielen sie donnernd auf die untere Pritsche, wo sie liegen blieben, immer noch die Arme umeinander geschlungen.

„Unentschieden!", rief jemand.

Erst in diesem Augenblick rutschte ich gehäutet aus meiner dunklen Ecke auf der obersten Pritsche. Alle starrten mich an, ohne etwas zu begreifen. Schweigend hob ich die Siegerfaust.[20]

Mikael Niemi verfällt der Literatur. Mit achtzehn geht er nach Luleå. Zur Jahrtausendwende erscheint sein Roman. Halb Schweden lacht und weint über die „Populärmusik aus Vittula". Niemi ist Pajala treu geblieben und aus der Ferne der *Ummikot* heimgekehrt ins Tornedal.

---

[18] *kuppari* Schröpfer
[19] Mikael Niemi, Populärmusik aus Vittula (Anm. 7), S. 152-156.
[20] Mikael Niemi, Populärmusik aus Vittula (Anm. 7), S. 157-159.

IX
Värmland

In Värmland im Süden Dalarnas geht die Vegetation des Nordens allmählich in die des schwedischen Südens über. Eichen dringen vor. In den Fichten- und Kiefernwäldern zur Grenze Norwegens leben noch immer Bären, Luchse, Wölfe, Biber und vor allem Elche. Die Flüsse Värmlands stürzen von Nordwest nach Südost dem Väner-See entgegen, der die Provinz südwärts begrenzt. Kräftigster der Bergströme ist der Klarälv, der bei Karlstad mündet.

Värmland nährt mit Mühe seine Menschen. Finnische Bauern siedelten, wo die Schweden in die Städte oder in die Ferne zogen. Das hochragende „Stamfrändemonumentet" am Westufer des mittleren Fryken-Sees nahe Sunne, „Denkmal der Stammverwandtschaft", erinnert seit den fünfziger Jahren an die Zuwanderung der Finnen im 16. und 17. Jahrhundert ebenso wie an die große Auswanderung zwei-, dreihundert Jahre später.

Von Torsby im Norden bis Karlstad im Süden reihen sich lang und schlank die drei Fryken-Seen - Övre, Mellan und Nedre Fryken. Über Västra Ämtervik am Westufer des Mittleren Fryken ein Stück Richtung Arvika blickt von der Höhe des Kringerås ein Aussichtsturm auf die Landschaft rings um den Mellan Fryken: weit unten in Feldern und Wiesen Västra Ämtervik, leuchtend weiß und immer frisch gestrichen seine Kirche, jenseits des Sees der Kirchturm von Östra Ämtervik, im Norden Rottneros und Sunne an der Naht von Övre und Mellan Fryken - alles weit und frei und daheim.

Hier ist Selma Lagerlöf zu Hause. Geboren und gestorben ist sie auf Hof Mårbacka am Ostufer des Sees auf halbem Wege von Sunne zur Kirche von Östra Ämtervik. Begraben liegt sie auf dem Friedhof daselbst. In „Gösta Berlings saga" beschreibt Selma Lagerlöf das Land ihrer Kindheit:

Die Quellen des Sees liegen ganz oben im Norden, und dort ist ein herrliches Land für einen See. Der Wald und die Berge sammeln unaufhörlich Wasser für ihn. Ströme und Bäche ergießen sich das ganze Jahr hindurch in sein Becken. Er kann sich auf feinem, weißem Sand ausstrecken, Landzungen und kleine Inseln widerspiegeln und beschauen, der Neck und die Nixe können sich da fröhlich tummeln, und er wird in kurzer Zeit schön und groß. Dort oben im Norden ist er froh und heiter; man sehe ihn nur an einem Sommermorgen noch schlaftrunken unter seinen Nebelschleiern liegen, da sieht man gleich, wie er fröhlich ist. Erst spielt er eine Weile Verstecken, dann schlüpft er leise heraus aus der leichten Umhüllung und zeigt sich so zauberhaft schön, daß man ihn kaum wiedererkennt; aber dann wirft er wie mit einem

Ruck die ganze Decke zurück und liegt nun frei und offen glänzend, vom rosigen Morgenlicht umflossen.

Aber mit diesem neckischen Spiel ist der See noch nicht zufrieden; er schnürt sich zu einem schmalen Sunde zusammen, zwängt sich durch einige im Süden liegende Sandhügel hindurch und sucht sich ein neues Reich. Er findet es auch, wird größer und kräftiger, füllt bodenlose Tiefen aus und verschönt eine fruchtbare Landschaft. Aber nun werden auch seine Wasser dunkler, die Ufer einförmiger, schärfere Winde sausen daher, der ganze Charakter wird strenger. Nun ist er ein stattlicher, prächtiger See. Viele Schiffe und Flöße durchschneiden seine Fluten, spät erst, ja, selten vor Weihnachten, hat er Zeit, unter Eis und Schnee seine Winterruhe zu halten. Oft ist er auch schlechter Laune, schäumt vor Wut und stürzt Segelboote um, manchmal liegt er aber auch in träumerischer Ruhe und spiegelt den Himmel wider.

Doch er will noch weiter hinaus in die Welt, der See, obgleich die Berge immer steiler, der Raum immer enger wird je weiter er nach dem Süden kommt, so daß er noch einmal als ein schmaler Sund zwischen hohen Ufern hindurchschlüpfen muß. Dann breitet er sich zum drittenmal aus, aber nicht mehr mit derselben Schönheit und dem früheren Umfang.

Die Ufer werden flacher und einförmig, mildere Winde wehen, der See legt sich zeitig unter der Eisdecke zur Ruhe. Noch immer ist er schön, aber er hat den Jugendübermut und die Manneskraft eingebüßt, er ist ein See wie andere auch. Mit ausgestreckten Armen sucht er tastend den Weg zum Wenern, und wenn er ihn gefunden hat, stürzt er in Altersschwäche einen steilen Abhang hinunter und geht mit einem donnernden Getöse zu seiner Ruhe ein.

Ebenso lang wie der See ist die Ebene; aber ihr dürft es mir glauben, es wird ihr schwer, sich zwischen den Seen und Bergen hindurchzuzwängen; von dem Talkessel am nördlichen Ende des Sees an, wo sie es zuerst wagt, sich auszubreiten, dann immer weiter, bis sie sich endlich, nachdem alle Hindernisse überwunden sind, am Ufer des Wenern zur wohlverdienten Rast niederlegen kann. Es steht natürlich außer aller Frage, daß die Ebene am liebsten den Ufern des Sees entlang ziehen würde, aber das lassen die Berge nicht zu. Die Berge sind gewaltige, auf den Gipfeln bewaldete und vielfach zerklüftete Felsenmauern, die schwer zugänglich, aber so reich an Moosen und Flechten sind, daß sie in jenen alten Zeiten der Aufenthaltsort für unendlich viel Wild waren. Oft trifft man mitten auf den langgestreckten Bergrücken ausgetrocknete Moore, oder Sümpfe mit schwarzem Wasser. Da und dort sieht man auch Spuren von Kohlenmeilern, oder ein Stück urbar gemachtes Land, und alles dies legt Zeugnis davon ab, daß die Berge sich der Arbeit der Menschenhand unterworfen haben; doch meistens liegen sie in sorgloser Ruhe da und lassen Schatten und Licht ungestört ihr ewiges Spiel auf ihren Abhängen treiben.

Und mit diesen Bergen führt die fromme, reiche, arbeitsliebende Ebene einen beständigen Krieg in aller Freundschaft. [...]

Und hinaufschauen zu den Bergen, ja, das tut die Ebene. Sie kennt sehr genau den wunderbaren Wechsel von Licht und Schatten, der über sie hinzieht; die Ebene weiß wohl, wie die Berge in der Mittagsbeleuchtung heruntersinken gegen den Horizont und nieder und lichtblau aussehen, und wie sie sich im Morgen- und Abendlicht erheben zu ehrfurchtgebietender Höhe und blau sind wie der Himmel im Zenit. Bisweilen kann das Licht so scharf über sie hinfallen, daß sie grün oder schwarzblau erscheinen, und daß jede einzelne Föhre, jeder Weg und jede Kluft auf meilenweite Entfernung deutlich zu unterscheiden ist.

Es kommt allerdings auch vor, daß die Berge einmal zurücktreten und der Ebene einen Blick auf den See gestatten. Wenn diese aber dann den See in seinem Zorne sieht, wenn er wie eine wilde Katze faucht und sprüht, oder wenn sie ihn von dem kalten Rauch bedeckt sieht, der davon kommt, daß die Nixe drunten braut und bäckt, dann gibt sie schnell den Bergen recht und zieht sich wieder in ihr enges Gefängnis zurück.

Von Urzeiten her haben die Menschen die prächtige Ebene bebaut, und sie ist dicht bevölkert. Wo immer ein Bach sich mit weißschäumenden Wogen den Abhang hinunterstürzt, sind Sägewerke und Mühlen errichtet worden. Auf den lachenden, offenen Plätzen, wo die Ebene den See erreicht, wurden Kirchen und Pfarrhäuser erbaut, am Rande des Tales jedoch, den Abhang hinauf, auf dem steinigen Boden, wo das Korn nicht so recht gedeiht, da liegen die Bauernhöfe, die Offizierswohnungen und einige Herrensitze.

Doch muß man bedenken, daß diese Gegend in jenen zwanziger Jahren bei weitem nicht so urbar gemacht war wie heutzutage. Wo jetzt fruchtbarer Boden ist, waren damals Wälder, Seen und Moore. Die Bevölkerung war auch nicht so zahlreich, und die Leute verdienten sich ihren Unterhalt durch Fuhren und Taglöhnerarbeit, teils auf den Eisenhämmern und Sägewerken, teils durch Arbeit an fremden Orten; vom Ackerbau konnten sie nicht leben. Dazumal kleideten sich die Bewohner der Ebene in selbstgewebte Stoffe, aßen Haferbrot und waren mit einem Taglohn von zwölf Hellern zufrieden. Allerdings war bei vielen die Not groß, aber ein genügsames, fröhliches Gemüt und eine angeborene Geschicklichkeit und Tüchtigkeit machte ihnen das schwere Los erträglicher.

Die drei aber, der lange See, die reiche Ebene und die blauen Berge bildeten eine der schönsten Landschaften und tun das auch heute noch; desgleichen sind die Bewohner dort auch noch immer kräftig, mutig und begabt. Und heutzutage haben sie auch in Wohlstand und Bildung große Fortschritte gemacht.[1]

Boshaft sei allerdings die Natur ihrer Heimat, schreibt Lagerlöf, hinterlistig wie eine Schlange, in nichts könne man ihr trauen:

---

[1] Selma Lagerlöf, Gösta Berling. Roman. Aus dem Schwedischen von Pauline Klaiber-Gottschau. München: Nymphenburger, 1948, S. 26-29 (erste, schwedische Ausgabe „Gösta Berlings saga" 1891, erste deutsche Ausgabe 1896).

Da liegt der Löfven in herrlicher Schönheit, aber trau ihm nicht, er lauert auf Beute! Jedes Jahr verlangt er seinen Tribut an ertrunkenen Menschen. Da liegt der Wald, er lockt dich mit seinem Frieden, aber trau ihm nicht! Im Walde hausen unheimliche Tiere, in denen die Seelen böser Hexen und blutdürstiger Verbrecher wohnen.

Trau dem Bache mit dem klaren Wasser nicht! Ihn nach Sonnenuntergang zu durchwaten, bringt schwere Krankheit und Tod. Trau dem Kuckuck nicht, der im Frühling so lustig ruft! Im Herbst wird er zum Habicht mit bösen Augen und unheimlichen Krallen. Trau nicht dem Moos, nicht dem Heidekraut, nicht den kahlen Felsen - böse ist die Natur, von unsichtbaren Mächten beherrscht, die die Menschen hassen. Es gibt keine Stelle, wo dein Fuß sicher auftreten kann, und es ist merkwürdig, daß dein schwaches Geschlecht so vieler Verfolgung entgehen kann.

Eine Hexe ist die Furcht. Sitzt sie immer noch im Dunkel der wermländischen Wälder und singt dort Zauberlieder? Verdunkelt sie immer noch die Schönheit der lachenden Gegenden, lähmt sie immer noch die Lebensfreude? Groß ist ihre Macht gewesen, das weiß ich, mir hat man Stahl in die Wiege und Kohlen in die Badewanne gelegt: ich weiß es, denn ich habe gefühlt, wie mir ihre eiserne Hand das Herz zusammenpreßte.[2]

Gösta Berling

Als sie Lehrerin ist in Landskrona am Öresund und die Trunkenheit des Vaters den Hof Mårbacka oben in Värmland in den Konkurs treibt, schreibt Selma Lagerlöf Geschichten und Erinnerungen der Menschen am Fryken auf und verbindet sie zu „Gösta Berlings saga". Da holt die Majorin von Ekeby den verstoßenen Pfarrer Gösta Berling vom Wege, reiht ihn in die Schar der Kavaliere auf ihrem Gut, abgehalfterte Herren sie alle und dem Zeitvertreib verschworen; da betrügt die Majorin ihren Ehemann, und als der sie verjagt, kommt ihr keiner der Kavaliere zu Hilfe; da tanzt die Tochter des Sinclaire auf Björne mit Kavalier Gösta Berling und wird vom Vater in eisige Nacht verstoßen; da umwerben die Frauen den glänzenden Gösta und antworten seinen Skrupeln mit wütender Eifersucht.

Doch zuvor steht Pfarrer Gösta Berling auf der Kanzel seiner Kirche in Svartsjö. Der Bischof ist zur Visitation gekommen. Zu sehr hat der Pfarrer den Branntwein lieben gelernt und seine Pflichten vernachlässigt. Gemeinde und Obrigkeit wollen ihn aus dem Amt jagen:

---

[2] Selma Lagerlöf, Gösta Berling (Anm. 1), S. 100.

Jawohl, er trank. Aber wer hatte ein Recht, ihn deswegen anzuklagen? Hatte einer das Pfarrhaus gesehen, worin er leben mußte? Bis dicht an die Fenster heran reichte der düstere Tannenwald, der es von allen Seiten umschloß. Die Feuchtigkeit sickerte durch das schwarze Dach und lief an den mit Schimmel bedeckten Wänden herunter. Bedurfte es da nicht des Branntweins, um den Mut aufrechtzuerhalten, wenn Regen oder Schneegestöber durch die zerbrochenen Scheiben hereinsauste, wenn der verwahrloste Acker nicht Brot genug geben wollte, um den Hunger fernzuhalten?

Er war ein Pfarrer, wie sie ihn verdienten, jawohl! Sie tranken ja alle. Warum sollte er allein sich Zwang antun? Der Mann, der seine Frau begraben hatte, betrank sich beim Leichenschmause, der Vater, der sein Kind taufen ließ, hielt hinterher ein Saufgelage. Die Kirchgänger tranken auf dem Heimweg, so daß die meisten betrunken nach Hause kamen. Für sie war so ein Pfarrer gut genug.

Auf den Amtsreisen, wenn er in seinem dünnen Mantel über die gefrorenen Seen gefahren war, wo alle kalten Winde sich ein Stelldichein gaben, wenn er bei Sturm und Platzregen auf denselben Seen das schwankende Boot steuern mußte, wenn er beim Schneegestöber aus dem Schlitten steigen und dem Pferd einen Weg durch haushohe Schneewehen bahnen und wenn er durch Waldmoore waten mußte, da hatte er den Branntwein lieben gelernt.

Schwer und düster hatten sich die Tage des Jahres hingeschleppt. Den Tag über waren Bauer und Edelmann mit allen ihren Gedanken an das irdische Tagewerk gebunden, aber am Abend, da hatten die Geister die Fesseln abgeworfen, der Branntwein hatte sie befreit. Die Phantasie erwachte, das Herz wurde warm, das Leben strahlend, Gesang ertönte, und Rosen dufteten. Das Gastzimmer der Schenke war ihm da zu einem Blumengarten unter südlichem Himmel geworden. Trauben und Oliven hingen über seinem Haupte, Marmorbilder glänzten im dunkeln Laube, Weise und Dichter wandelten unter Palmen und Platanen.

Nein, er, der Pfarrer hier oben auf der Kanzel, er wußte, daß man in diesem Teile des Landes ohne Branntwein nicht leben konnte, alle seine Zuhörer wußten es, und jetzt wollten sie über ihn zu Gericht sitzen.

Sie wollten ihm den Talar abreißen, weil er betrunken in ihr Gotteshaus gekommen war. Ha, alle diese Menschen, hatten die denn - wollten die sich denn einbilden, daß sie einen anderen Gott hätten als den Branntwein?

Er hatte das Eingangsgebet gesprochen und beugte sich jetzt nieder, um das stille Vaterunser zu beten.

Atemloses Schweigen herrschte während des Gebetes in der Kirche. Doch plötzlich griff der Pfarrer mit beiden Händen heftig nach den Bändern, mit denen sein Talar umgebunden war. Es war ihm, als schliche die ganze Gemeinde mit dem Bischof an der Spitze die Treppe zur Kanzel herauf, um ihm den Talar abzureißen. Er lag auf den Knien und wandte den Kopf nicht um, aber er fühlte, wie sie daran zogen, und er sah sie so deutlich, den Bischof mit dem Domkapitel, die Pfarrer, die Kirchenältesten, den Küster und die ganze Gemeinde, in einer langen Reihe, zerrend und ziehend, um ihm den Talar abzureißen. Und er konnte sich deutlich vorstellen, wie alle, die jetzt so eifrig zerrten, einer über den andern die Treppe hinabfallen würden, sobald das Gewand nachgäbe, und wie die ganze Reihe der Untenstehenden, die nicht

*an den Talar selbst hatten kommen können, sondern nur die Rockschöße der vor ihnen Ste-
henden festhielten, ebenfalls auf den Rücken fallen würden.*

*Er sah es so deutlich vor sich, daß er lächeln mußte, während er betend auf den Knien lag,
zugleich aber trat ihm der kalte Schweiß auf die Stirn. Das war doch zu schrecklich!*

*Um des Branntweins willen sollte er nun verworfen werden! Ein abgesetzter Pfarrer. Gab es
wohl auf der weiten Welt etwas Erbärmlicheres?*

*Er sollte ein Bettler auf den Landstraßen werden, betrunken am Grabenrand liegen, in
Lumpen umhergehen, sich zu den Landstreichern halten?*

*Das Gebet war zu Ende. Jetzt sollte er predigen. Da stieg ein Gedanke in ihm auf, der
ihm das Wort auf den Lippen zurückhielt. Er wußte, daß er heute zum letztenmal auf der
Kanzel stehen und die Ehre Gottes verkündigen durfte.*

*Zum letztenmal - dies erschütterte den Pfarrer. Branntwein und Bischof waren vergessen, er
dachte nur noch daran, daß er die Gelegenheit benützen und zur Ehre Gottes Zeugnis ablegen
müsse.*

*Es war ihm, als versinke der Fußboden der Kirche in einen tiefen Abgrund, und als werde
das Dach abgehoben, so daß er gerade in den Himmel hineinschauen könne. Er stand allein,
ganz allein auf seiner Kanzel, sein Geist schwang sich zu dem über ihm geöffneten Himmel
empor, seine Stimme wurde stark und gewaltig, und er verkündete die Ehre Gottes.*

*Er war ein Mann der Inspiration, er dachte nicht mehr an seine ausgearbeitete Predigt, die
Gedanken senkten sich auf ihn herab wie eine Schar zahmer Tauben. Es war ihm, als spreche
nicht er selbst, sondern ein anderer, aber er fühlte auch, daß dies das Höchste sei, was es auf
Erden gebe, und daß niemand größeren Glanz und größere Herrlichkeit erreichen könne als er,
der hier stand und Gottes Ehre verkündete.*

*Solange die Feuerzunge der Inspiration über ihm flammte, redete er, aber als sie erloschen
war, als das Dach sich wieder auf die Kirche herabgesenkt hatte und der Fußboden aus der
unendlichen Tiefe wieder heraufgestiegen war, da beugte er sich nieder und weinte, denn er fühlte, daß das Leben ihm soeben seine beste Stunde gegeben hatte, und daß sie nun zu Ende war.*[3]

Die Kirche von Svartsjö ist innen wie außen weiß und vollkommen wie die
Kirche von Västra Ämtervik. Die Wände sind weiß, die Kanzel, die Bänke, der
Chor, die Decke, die Fensterrahmen, das Altartuch, alles ist weiß, kein Schmuck,
keine Bilder, keine Wappenschilde. Das war nicht immer so. Einst hatte ein
Künstler am Sommerhimmel über Svartsjö gesehen, wie die Seelen der Seligen
auf den Wolken zogen. Er hatte sie in die Kirche geholt, Lilien in der Hand und
goldene Kronen auf dem Kopf, himmlische Heerscharen in silbernen Rüstun-
gen, jubelnde Sänger in Purpur verbrämt. Das Werk des Meisters geriet mehr
fromm als schön, doch lenkten seine tönernen Heiligen das Sinnen so manchen
Besuchers der Gottesdienste stracks in den Himmel hinauf.

---

[3] Selma Lagerlöf, Gösta Berling (Anm. 1), S. 6-8.

Dann enthüllt Gräfin Elisabet Dohna Ehemann Henrik ihre Liebe zu Gösta Berling. Der Graf straft Elisabet fast zu Tode. Ebenso selbstgerecht ist seine Buße. Er läßt die Kirche von Svartsjö weißen und ihren Deckenschmuck herunterschlagen. Die Figuren senken er selbst und seine Knechte in die Tiefe des Sees Löfven, der jenseits der Kirche von Svartsjö liegt wie der See Mellan Fryken jenseits der Kirche von Västra Ämtervik. Nun sitzt Graf Dohna vorn im Chor und will für sein Tun gepriesen werden:

O Graf Henrik! Gott hätte sicher erwartet, dich auf der Armesünderbank zu sehen. Er ließ sich nicht dadurch betören, daß die Menschen dich nicht zu tadeln wagten. Er ist noch immer der eifrige Gott, der die Steine reden läßt, wenn die Menschen schweigen.

Als der Gottesdienst zu Ende und das letzte Lied gesungen war, verließ niemand die Kirche; denn der Pfarrer bestieg noch einmal die Kanzel, um dem Grafen seine Dankesrede zu halten; aber so weit sollte es doch nicht kommen.

Denn plötzlich flogen die Türen auf, und herein traten die alten Heiligen. Sie trieften vom Wasser des Löfven, und ihre Kleider waren mit grünem Schlamm und braunem Schmutz bedeckt. Sie hatten wohl gehört, daß dem, der sie der Vernichtung übergeben hatte, dem, der sie aus Gottes heiligem Haus vertrieben und in die kalten zerstörenden Wogen versenkt hatte, hier eine Lobrede gehalten werden sollte. Das konnten sie nicht ertragen. Und da wollten die alten Heiligen auch ein Wort mitreden.

Sie lieben das eintönige Rauschen der Wogen nicht. Sie sind an frommen Gesang und Gebete gewöhnt. Sie schwiegen und ließen alles über sich ergehen, solange sie glaubten, daß es zur Ehre des Höchsten beitragen sollte. Doch dem war nicht so. Da sitzt Graf Dohna in Ruhm und Ehren im Chor und will sich in Gottes Haus ehren und verehren lassen. Das können sie nicht zulassen. Deshalb sind sie aus ihrem nassen Grabe heraufgestiegen und ziehen der ganzen Gemeinde sichtbarlich in die Kirche. Da kommt St. Olof mit der Krone auf dem Helm und St. Erik mit der goldgeblümten Kutte und der graue St. Georg und St. Christoffer, sonst aber keiner. Die Königin von Saba und Judith sind nicht mitgekommen.

Und als die Leute sich ein wenig von ihrem Erstaunen erholt haben, geht ein vernehmliches Flüstern durch die Kirche:

„Die Kavaliere!"

Ja, gewiß, die Kavaliere sind es. Und ohne ein Wort zu sagen, gehen sie gerade auf den Grafen zu, heben seinen Stuhl auf ihre Schultern, tragen ihn zur Kirche hinaus und setzen ihn auf dem Hügel nieder.

Sie sagen nichts, sie sehen nicht nach rechts und nicht nach links. Sie tragen einfach den Grafen Dohna aus dem Gotteshause hinaus, und als dies getan ist, entfernen sie sich wieder auf dem nächsten Wege nach dem See.

Niemand hatte sie in ihrem Vorhaben gehindert, und sie selbst hielten sich auch nicht damit auf, irgendeine Erklärung für ihr Tun zu geben. Dies war deutlich genug. Wir Ekebyer Kavaliere haben unsere eigene Meinung. Graf Henrik Dohna verdient nicht, im Gotteshause geprie-

sen zu werden, deshalb tragen wir ihn hinaus. Wer Lust dazu hat, der trage ihn wieder hinein![4]

Die Kavaliere und mit ihnen Gösta Berling haben ihren Sitz auf Ekeby, dessen Vorbild das Herrenhaus Rottneros am Westufer des Mittleren Fryken ist. Rottneros hat seinen Namen von den Wassern des Rottnen, die in den Fryken stürzen und auf ihrem Weg jahrhundertelang die Hämmer des Eisenwerks treiben. 1929 ist das alte Herrenhaus niedergebrannt. Sein Nachfolger beherrscht den Platz über dem See, zweistöckig, mit klassizistischem Portikus und neun Fenstern Front, blaugrau das Dach und gelb der Putz. Geblieben sind die beiden Kavaliershäuser an der Auffahrt, nobel-schlicht und kaum der Raum für die Ausgelassenheit der Kavaliere von Ekeby.

Eher an die Tage Gösta Berlings erinnert Sundsberg gård, das Björne des Melchior Sinclaire, am Weg von Rottneros nach Sunne hinein, ein Holzbau aus dem 18. Jahrhundert, zweistöckig unterm Satteldach und falunrot mit weißen Kanten und Zargen. Von hier verstößt Melchior seine schöne Tochter Marianne, weil sie beim Ball auf Ekeby mit Gösta tanzt. Niemand wohnt mehr auf Sundsberg gård. Die Räume bewahren Bürgerkultur des 20. Jahrhunderts, Alltag und Sonntag eines Zahnarztlebens, gebildet und umhegt.

Die Geschichten um Gösta Berling wenden sich zum Guten. Die Majorin kehrt nach Ekeby heim um zu sterben, Gösta heiratet die Gräfin Elisabet und verläßt die Kavaliere. Und wenn man hinausschaut auf den See, schwärmen die alten Geschichten wie die Bienen des kleinen Kavaliers Ruster. Der war mit der schwedischen Armee 1813 nach Deutschland gezogen und wird nie müde, von den Wundern im Süden zu erzählen, wo die Menschen groß wie Kirchtürme seien, die Schwalben wie Adler und die Bienen groß wie Gänse:

„Nun, und die Bienenkörbe?"
„Die Bienenkörbe? Ja, die sind wie gewöhnliche Bienenkörbe."
„Wie können die Bienen dann aber hineinkommen?"
„Ja, das ist ihre Sache", sagte der kleine Ruster.[5]

---

[4] Selma Lagerlöf, Gösta Berling (Anm. 1), S. 278f.
[5] Selma Lagerlöf, Gösta Berling (Anm. 1), S. 400.

Mårbacka

Geboren wird Selma Lagerlöf 1858 auf Hof Mårbacka jenseits des Fryken-Sees. Mårbacka war einmal Sennerei, dann Pfarrhof. Das Gutshaus der Kinderzeit wurde um 1790 gebaut, einstöckig mit sieben Fenstern Front, vier Zimmern und zwei Giebelstuben. Die nach Westen gelegene Giebelstube war das Zimmer der Kinder, hell, geräumig und warm, erreichbar aber nur über die steile Bodentreppe und einen dunklen Bodenraum. Im Falunrot gestrichen war der Bau, weiß setzten sich die Fenster ab. Der Urgroßvater Selma Lagerlöfs und Bauherr des alten Mårbacka, Propst Erik Wennervik, hat auch den Küchengarten im Norden des Hauses gepflanzt, mit Gewürzkräuterbeeten und Obstbäumen und einem Rosengarten am westlichen Giebel, unter der Stube der Kinder.[6]

Es gab reichere Gutshäuser in der Nachbarschaft, so wie Gårdsjö im Osten mit See und Hüttenwerk und einem weithin leuchtendem Herrenhaus samt Schieferdach, einem Balkon auf Säulen und einem Salon, wo man spielen und tanzen kann. So wünschte sich in ihren Kindertagen das Mädchen Selma ihr Elternhaus.

Mårbacka erlebt eine Familientragödie. Leutnant Lagerlöf, der Vater, trinkt, in den letzten Jahren seines Lebens von morgens bis abends. Gutswirtschaft und Herrenhaus verfallen. Die Finanzen sind ruiniert. Die Familie schweigt in Scham und Schuld. Es dauert, bis Selmas sich löst und das Elternhaus verläßt.

1884 muß die Familie Mårbacka verkaufen. 1907 erwirbt die Lagerlöf das Haus zurück, 1909 - nach Erhalt des Nobelpreises - auch Gut und Land. Nun kann sie den Traum ihrer Kindheit gestalten. Sie setzt ein Obergeschoß aufs Haus, deckt es mit doppeltem Walm aus Schiefer, baut einen Säulenportikus mit Balkon vor die Südfront und tüncht das Ganze vornehm weiß statt des Falunrot. Das schmückt weiter die Wirtschaftsgebäude des Guts. Eine Art Arboretum und Cour d'honneur machen die Auffahrt zum Fest. Doch die Räume im Innern zeugen eher von wohlhabender Häuslichkeit als aristokratischer Attitüde - so wie der Garten hausmütterlich Obst, Blumen und Kräuter präsentiert.

---

[6] Zu Selma Lagerlöfs Mårbacka vgl. Selma Lagerlöf, Aus meinen Kindertagen. Aus dem Schwedischen von Pauline Klaiber-Gottschau. München: Nymphenburger, 1958 (erste, schwedische Ausgabe „Ett barns memoarer. Mårbacka II" 1930, erste deutsche Ausgabe „Geschichten aus meiner Kindheit" 1931), Selma Lagerlöf, Mårbacka. Jugend-Erinnerungen. Aus dem Schwedischen von Pauline Klaiber-Gottschau. München: Albert Langen, 1923 (erste, schwedische Ausgabe „Mårbacka" 1922) und Das Tagebuch der Selma Ottilia Lovisa Lagerlöf. Aus dem Schwedischen von Pauline Klaiber-Gottschau. München: Nymphenburger, 1958 (erste, schwedische Ausgabe „Dagbok för Selma Ottilia Lagerlöf. Mårbacka III" 1932).

Das Erdgeschoß hat die Aufteilung des alten Mårbacka bewahrt, mit Ausnahme der im Osten angebauten Küche. An die Diele schließt sich linkerhand der Salon, wo früher die Eltern ihr Schlaf- und Wohnzimmer hatten, mit Gemälden und buntblumigen Kacheln, gemalten Pilastern, Birkenholz, einem alten Flügel, Seidenbezügen, Porzellan, duftigen Gardinen und den Portraits der Ahnen, unter ihnen die Pröpste aus Arvika. Wenig nur stammt aus dem Vaterhaus.

Zwischen dem Salon an der Westfront und der neuen Küche im Osten sind aus Lagerlöfs Kindheit das Eßzimmer und die Küchenstube samt der Speisekammer geblieben. An den Fenstern des Eßzimmers stehen die Schaukelstühle der Eltern, ihre Decken sind von der Mutter gestickt. Eine Kohlezeichnung neben dem Kachelofen zeigt den Bergmannshof, den die Lagerlöf sich in Falun erwarb.

Die Küchenstube war einst Wohnung der Großmutter. Da stand die Bettstatt der Großeltern, dort die Standuhr, Großmutters Schreibkommode aus dem Holz der alten Apfel- und Fliederbäume, Großvaters Schreibtischstuhl. In der neuen Küche rufen einzig der alte Küchentisch und die Stangen für die Würste und Schinken den Raum der Kinderzeit zurück.

Das Obergeschoß hütet den privaten Bereich. Das Schlafzimmer in der Nordwestecke war früher die Kinderstube unterm Giebel. Seltsam kühl nach Norden liegt die schmale Bibliothek. Allzu weit steht der Schreibtisch vom Kachelofen. Belagern Fremde die Loggia im Süden, kann die Lagerlöf über die Treppe der Dienstboten in den Garten entweichen.

Ihr Leben lang weiß Selma Lagerlöf sich in Mårbacka geborgen. Sie lernt die Menschen ringsum, sammelt ihre Geschichten, lotet eine Welt jenseits der Wirklichkeit. Großmutter Wennervik erzählt vom Gänserich, der hinauf zu den Wildgänsen fliegt und mit ihnen fort in den hohen Norden. Den ganzen Sommer hört der Hof nichts von ihm, bis es wieder Herbst wird und die Wildgänse rufen. Ein stattlicher weißer Gänserich läßt sich auf Mårbacka nieder, mit ihm eine große graue Wildgans samt neun gesprenkelten Jungen. Geradewegs zum Gänsestall marschiert der Gänserich und ruft und lockt und zeigt seinem Gefolge den Weg zum Futter. Jener Gänserich wird einmal Nils Holgersson huckenack nehmen.

Immer wieder schreibt Lagerlöf am Leben ihres Vaters und am eigenen Leben. Leutnant Lagerlöf findet sich im Gösta Berling, im „Kaiser von Portugallien", der nur als Narr die Trennung von der Tochter verwindet, und schließlich im David Holm aus dem „Fuhrmann des Todes" („Körkarlen"), der im letzten Augenblick und reumütig zu Frau und Kindern heimkehrt.

Selma Lagerlöf überhöht die Trauer des Alltags. Zu den Weihnachtstagen treffen sich die Originale der Gegend im Haus der Familie, solange dort noch übrigbleibt vom Weihnachtsbier und Weihnachtsschinken und vom gewürzten Brot: Major Ehrenkrona, einst ein vornehmer Herr, Meister auf dem Waldhorn, Herr Tyberg, Trommler beim Värmländischen Regiment und nun Schulmeister schlecht und recht, Jan Asker, Regimentsmusikus, Küster und Totengräber, Buchhalter Gejer, bettelarm, der sich eine Klaviatur auf den Holztisch malt, Kantor Melanoz, Ordner bei allen Festen und Organist an der Kirche von Östra Ämtervik, und zuletzt der Fahnenjunker von Wachenfeldt, einst der Liebestraum aller Töchter vom Frykendal. Mit dem Leutnant Lagerlöf singen und musizieren sie, lebenslustig und lebensmüde, „Söhne eines Volks, das blutete und litt" und „Edle Schatten würd'ger Ahnen". Den Kindern sind die Gäste Zeugen eines Glanzes, der vergangen ist, und dem Trunk verfallen wie der Vater, um dessen Leben und Liebe sie zittern.[7]

Im Kapitel „Liljecronas Heimat" aus „Gösta Berling" läßt Selma Lagerlöf ihren Vater unterm Fenster die Geige streichen und um Vergebung bitten für die Sucht, die ihn forttreibt von Frau und Kindern:

Unter den Kavalieren war einer, den ich schon als großen Musiker erwähnt habe. Er war ein hochgewachsener, breitgebauter Mann mit einem mächtigen Kopf und buschigem, schwarzen Haar. Damals konnte er nicht viel über vierzig Jahre alt sein, aber er hatte ein häßliches, grobgeschnittenes Gesicht und ein gemessenes Wesen, so daß ihn viele schon für einen alten Mann hielten. Er war ein guter, aber schwermütiger Mensch.

Eines Nachmittags nahm er die Geige unter den Arm und verließ Ekeby. Er verabschiedete sich von niemand, obgleich es seine Absicht war, nie wieder zurückzukehren. Seit er die Gräfin Elisabet in ihrem Unglück gesehen hatte, war ihm das Leben auf Ekeby verleidet. Er wanderte den ganzen Abend und die ganze Nacht hindurch, ohne sich auszuruhen, bis er bei Sonnenaufgang einen kleinen Herrenhof namens Löfdala erreichte, dessen Besitzer er war.

Es war noch so früh, daß kein Mensch wach war. Liljecrona setzte sich auf das grünangestrichene Schaukelbrett vor dem Herrenhaus und betrachtete sein Besitztum.

Lieber Gott, einen schöneren Ort gab es gewiß nicht wieder! Der Platz vor dem Hause senkte sich leicht und war mit feinem, hellgrünem Gras bedeckt. Einen solchen Rasen gab es

---

[7] Vgl. Per Olov Enquist, Fräulein Selmas Gespür für Schnaps. Wanderungen über das verminte Feld von Alkoholismus und Mitabhängigkeit im Hause Lagerlöf. Aus dem Schwedischen von Wolfgang Butt. In: Frankfurter Allgemeine Zeitung, Kunstdruckbeilage „Bilder und Zeiten", 12. April 1997.

sonst nirgends. Die Schafe durften darauf weiden und die Kinder sich im Spiel dort tummeln, aber trotzdem blieb er ebenso frisch und grün. Er wurde nie gemäht, aber wenigstens einmal in der Woche ließ die Hausmutter alle Zweige, Strohhalme und dürren Blätter von dem frischen Grase entfernen. Er betrachtete den mit Sand bestreuten Weg vor dem Hause und zog plötzlich die Füße zurück. Die Kinder hatten gestern abend noch richtige Muster darauf geharkt, und seine großen Füße hatten nun an der feinen Arbeit großen Schaden angerichtet. Nein, wie hier alles gedieh! Die sechs Ebereschen, die den großen Rasenplatz bewachten, waren so hoch wie Buchen und so stämmig wie Eichen. Solche Bäume hatte es gewiß noch nie gegeben! Großartig waren sie mit ihren dicken, von gelben Flechten bewachsenen Stämmen und mit den großen weißen Blütenbüschen, die aus dem dunkeln Laub aufragten. Er mußte an den Himmel und seine Sterne denken. Es war wirklich zum Verwundern, wie die Bäume hier gediehen!

Dort stand ein alter Weidenbaum, der so dick war, daß ihn zwei Männer nicht umspannen konnten. Er war jetzt morsch und hohl, und der Blitz hatte ihm die Krone geraubt, aber er wollte nicht sterben. In jedem Frühling sproßten frische grüne Zweige aus dem abgebrochenen Stamm auf, um zu zeigen, daß noch Leben in ihm war.

Der Faulbaum am östlichen Giebel des Hauses war so groß geworden, daß er das ganze Haus beschattete. Das Rasendach war von den abgefallenen Blütenblättern ganz weiß, denn der Faulbaum hatte eben ausgeblüht. Und die Buchen, die in kleinen Gruppen da und dort auf den Feldern standen, sie hatten sicher das Paradies auf seinem Gute. Sie zeigten so viele verschiedene Baumformen, als ob sie übereingekommen wären, alle andern Bäume nachzumachen. Eine glich einer Linde mit einem gewölbten, dichten und schattigen Blätterdach, eine andere stand schlank und kegelförmig da wie eine Pappel, und eine dritte ließ die Zweige hängen wie eine Trauerweide. Keine glich der andern, aber schön waren sie alle.

Liljecrona stand auf und ging ums Haus herum. Da lag der Garten so wunderbar schön, daß er stillstehen und tief aufatmen mußte. Die Apfelbäume blühten. Ja, das hatte er gewußt. Er hatte sie ja auf allen andern Gütern blühen sehen; aber nirgends blühten sie so schön wie hier auf diesem Hofe, wo er sie schon als Kind in ihrer Blütenpracht bewundert hatte. Mit gefalteten Händen und vorsichtigen Schritten wandelte er auf den Wegen hin und her.

Der Boden war weiß, und die Bäume waren weiß, hier und da mit einem blaßroten Schimmer. Etwas so Schönes hatte er noch nie gesehen. Jeden von diesen Bäumen kannte er so gut, wie man seine Geschwister und Spielkameraden kennt. Die Astrachanäpfel und die Winteräpfel blühten ganz weiß, die Blüten der Sommeräpfel waren rosa und die der Paradiesäpfel leuchtend rot. Am schönsten war der alte Holzapfelbaum, dessen kleine, bittere Früchte niemand essen konnte. Er geizte wahrlich nicht mit Blüten, er sah im Morgenglanze wie eine große Schneewehe aus.

Denn bedenkt nur, es war noch früh am Morgen! Der Tau glänzte auf jedem Blatt; aller Staub war abgewaschen. Hinter den bewaldeten Bergen, an deren Fuß der Herrenhof lag, drangen die ersten Strahlen der Morgensonne hervor. Es sah aus, als hätten sie die Wipfel der Tannen angezündet. Über den jungen Kleeäckern, über Roggen- und Gerstenfeldern und über der hervorsprossenden Hafersaat lag der lichteste Nebel, der zarteste Schönheitsschleier, und die Schatten waren ebenso scharf wie bei hellem Vollmondschein.

Er bleibt stehen und betrachtet die großen Gewürzbeete zwischen den Gartenwegen. Er erkennt, daß seine Frau mit ihren Mägden hier gearbeitet hat. Sie haben gegraben, gehackt und gedüngt und das Unkraut ausgerissen, dann haben sie die Erde geharkt, bis sie fein und leicht geworden ist. Hierauf wurden die Beete gerade gemacht, die Ränder scharf abgestochen und die Beete dann mit Schnüren und Pflöcken in Streifen und Vierecke abgeteilt. Dann sind mit kleinen lustigen Schritten schmale Gänge ausgetreten worden, und zum Schluß wurde gesäet und gepflanzt, bis alle Streifen und Vierecke voll waren. Und die Kinder waren auch dabei, voll Freude und Eifer, weil sie helfen durften, obgleich es eine recht schwere Arbeit für sie war, so vorgebeugt stehen und die Arme so weit über die breiten Beete strecken zu müssen. Und natürlich haben sie unglaublich viel geleistet, wie sich jedermann wohl denken kann.

Jetzt begann der Samen aufzugehen.

Gott segne sie! Wie keck sie dastanden, die Erbsen und die Bohnen mit ihren zwei dicken Keimblättern, und wie gleichmäßig und hübsch die Karotten und die Rüben aufgegangen waren! Am lustigsten waren die kleinen krausen Petersilienblätter anzuschauen, die die Erdschicht über sich ein klein wenig in die Höhe hoben und noch Versteck mit dem Leben spielten.

Und dann war da ein kleines Beet, das nicht so genau abgeteilt war, und wo die kleinen Vierecke aussahen wie eine kleine Musterkarte von allem, was gepflanzt und gesäet werden konnte. Das war der Garten der Kinder.

Und Liljecrona legte rasch die Geige ans Kinn und begann zu spielen. In dem hohen Gebüsch, das den Garten vor dem Nordwind schützt, stimmen die Vögel nun auch ihr Morgenlied an. An solch einem herrlichen Morgen war es keinem mit einer Stimme begabten Wesen möglich, zu schweigen. Der Fidelbogen bewegte sich ganz von selbst.

Liljecrona ging in den Wegen auf und ab und spielte. „Nein", dachte er, „einen schöneren Ort gibt es auf der Welt nicht!" Was war Ekeby gegen Löfdala? Sein Haus war einstöckig und nur mit Rasen bedeckt. Es lag am Waldsaum, die Berge dicht hinter sich und das lange Tal vor sich. Es war nichts Merkwürdiges da: kein See, kein Wasserfall, keine Uferwiesen, kein Park, und doch war es so schön! Es war schön, weil es eine gute, friedliche Heimat war. Hier war das Leben leicht. Alles, was anderswo Bitterkeit und Haß hervorgerufen hätte, wurde hier mit Milde ausgeglichen. So sollte es in jedem Hause sein.

Drinnen im Hause schläft die Hausfrau in einem Zimmer nach dem Garten. Sie erwacht plötzlich und lauscht, aber sie rührt sich nicht. Sie lauscht und beginnt zu lächeln. Die Musik kommt näher und immer näher, schließlich ist es, als sei der Spielmann vor ihrem Fenster stehengeblieben. Es ist nicht das erstemal, daß Geigenspiel vor ihrem Fenster ertönt. So pflegt ihr Mann heimzukommen, wenn sie dort auf Ekeby einen außergewöhnlich wilden Streich ausgeführt haben.

Da draußen steht er nun und beichtet und bittet um Vergebung. Er beschreibt ihr die finstern Mächte, die ihn von dem weglocken, was er am meisten liebt, von ihr und den Kindern. Aber er liebt sie! O gewiß, er liebt sie!

Während er spielt, steht sie auf und kleidet sich an, ohne recht zu wissen, was sie tut. Sein Spiel nimmt alle ihre Gedanken gefangen.

„Nicht Luxus und Wohlleben haben mich fortgelockt", spielt er, „nicht Liebe zu andern Frauen und nicht Ruhm, sondern die verlockende Vielseitigkeit des Lebens. Ich muß mich von seiner Schönheit, seiner Bitterkeit, seinem Reichtum umgeben fühlen. Aber jetzt habe ich genug davon, jetzt bin ich müde und befriedigt. Ich werde meine Heimat nicht mehr verlassen. Vergib mir, habe Nachsicht mit mir!"

Sie zieht die Gardinen zurück und öffnet das Fenster; er sieht ihr schönes, gutes Gesicht.

Sie ist gut und sie ist weise. Ihre Blicke bringen, den Strahlen der Sonne gleich, Segen, wohin sie fallen. Sie befiehlt und sie behütet. Wo sie ist, muß alles wachsen und gedeihen. Sie trägt das Glück in sich.

Er schwingt sich zu ihr aufs Fensterbrett und ist glücklich wie ein jugendlicher Liebhaber.

Dann hebt er sie aus dem Fenster und trägt sie in den Garten unter die Apfelbäume. Dort sagt er ihr, wie schön dies alles sei, und zeigt ihr die Gewürzbeete und die Pflanzungen der Kinder und die kleinen lustigen Petersilienblätter.

Als die Kinder erwachen, entsteht Jubel und Entzücken über die Heimkehr des Vaters. Sie nehmen ihn ganz in Beschlag. Er muß nun alles Neue und Merkwürdige besehen, das kleine Hammerwerk, das drunten am Bache klappert, das Vogelnest im Weidenbaum und die Karauschen im Teiche, die zu Tausenden an der Oberfläche des Wassers schwimmen. Dann machen Vater und Mutter mit den Kindern einen langen Spaziergang durch die Felder. Vater muß sehen, wie dicht der Roggen steht, wie der Klee wächst und wie die Kartoffeln anfangen, ihre runzligen Blätter aus der Erde herauszustrecken.

Er muß die von der Weide heimkehrenden Kühe sehen, muß die jungen Kälber in ihrem Verschlag und die Lämmer im Schafstall begrüßen, muß helfen, Eier suchen, und allen Pferden Zucker geben.

Die Kinder lassen ihn den ganzen Tag keinen Augenblick los. Keine Schule, keine Aufgaben - nur umherstreifen mit dem Vater!

Am Abend spielt er ihnen zum Tanz auf, und den ganzen Tag über ist er ihnen ein so guter Freund und Spielkamerad gewesen, daß sie vor dem Einschlafen den lieben Gott bitten, er möge Vater doch immer zu Hause bleiben lassen.

Er bleibt auch volle acht Tage und ist während der Zeit so fröhlich wie ein Kind. Er ist in alles daheim verliebt, in seine Frau und in seine Kinder, und er denkt gar nicht an Ekeby.

Aber eines Morgens ist er verschwunden. Er konnte es nicht länger aushalten - das Glück war zu groß für ihn. Ekeby war tausendmal geringer, aber Ekeby lag mitten im Strudel der Ereignisse. Ach, wieviel gab es dort, wovon man träumen und spielen konnte! Wie könnte er das Leben ertragen, fern von den Heldentaten der Kavaliere und fern von dem langen See, um den die wilde Jagd der Abenteuer dahinstürmt?

Auf seinem Gute ging alles ruhig seinen Gang. Alles wuchs und gedieh unter der Obhut der milden Hausmutter. Dort genossen alle ein stilles Glück. Alles, was anderswo Zwist und Bitterkeit hervorgerufen hätte, ging hier ohne Schmerz und Klage vorüber. Alles war, wie es sein sollte. Wenn nun der Herr des Hauses durchaus als Kavalier auf Ekeby leben wollte, was tat es? Würde es vielleicht etwas nützen, wenn man sich über die Sonne beklagte, daß sie jeden Tag im Westen verschwindet und die Erde im Finstern zurückläßt?

Wer ist unbezwinglich, wenn nicht die Demut? Wer ist des Sieges gewiß, wenn nicht die Geduld? [8]

Acquilon

Überm Ostufer des Mellan Fryken liegt der Kirchort Östra Ämtervik mit Kirche, Pfarre und Friedhof. Zweihundert Jahre steht die Kirche, weiß und reich und dem Besucher offen. Ein wuchtiger Stein deckt die Gruft nebenan, in der Selma Lagerlöf ruht. 1940 starb sie mit zweiundachtzig Jahren. Neben ihr liegen der Vater Erik Gustav Lagerlöf, Leutnant des Värmlandregiments, geboren auf Mårbacka 1819 und dort 1885 gestorben, die Mutter Elisabeth Lovisa Wallroth, geboren in Philipstad 1827, gestorben auf Mårbacka 1915, Selmas Schwester Johanna Maria und mit ihnen allen „deras trotjenarina hushållerskan" Maria Persdotter, die nach dreißig Jahren treuer Haushälterei achtzigjährig auf Mårbacka starb. Neben der Gruft liegen die Gräber der Großeltern, des Hüttenmeisters und Regimentschreibers Daniel Lagerlöf aus Arvika und der Elisabeth Maria Wennervik, Erbin des Hofes Mårbacka und nie versiegender Quell für die Geschichten der Lagerlöf.

Außerhalb der bemoosten Mauer des Friedhofs und jenseits des Schutzes seiner filigranen Kreuze liegt der Kavalier Acquilon. Er erschoß sich, als er seinen Hof im Spiel verlor. Wie ein Hund ruht der Selbstmörder außerhalb des Gräberfriedens. Zu ihm wandern eines schönen Sommerabends Oberst Beerencreutz, breitschultrig und riesenstark, ein Kartenspiel in der Tasche, mit ihm Major Anders Fuchs der Bärenjäger und Ruster der kleine Flötenspieler:

Jetzt rudert Beerencreutz seinen Kahn über den Löfven. Er fährt am Abend über den See meiner Träume, an dessen Ufer ich Götter habe wandeln sehen, und aus dessen Tiefe mein Zauberschloß aufsteigt. Er gleitet vorüber an den Lagunen der Insel Lagö, wo die Bäume auf niedrigen, kreisförmigen Sandbänken gerade aus dem Wasser herauszuwachsen scheinen, und wo auf dem steilen Gipfel dieser Insel noch immer die Trümmer einer alten Seeräuberburg liegen; er fährt an dem Tannengehölz der Borger Landzunge hin, wo die alte Föhre mit den dicken Wurzeln noch immer über die Kluft hinaushängt, wo einmal ein gewaltiger Bär gefangen worden ist, und wo alte Bautasteine und Hünengräber von dem Alter des Ortes Zeugnis ablegen.

Er rudert um die Landzunge herum, steigt unterhalb des Kirchhofs aus und geht dann über die Borger Stoppelfelder nach Acquilons Grab.

---

[8] Selma Lagerlöf, Gösta Berling (Anm. 1), S. 241-246.

Dort angekommen, bückt er sich nieder und streicht zärtlich über den Rasen, wie man über die Decke hinstreicht, unter der ein kranker Freund ruht. Dann zieht er ein Kartenspiel aus der Tasche und setzt sich am Grabe nieder.

„Er ist hier so allein, der arme Johann Friedrich. Er sehnt sich gewiß nach einer Partie."

„Es ist eine Sünde und eine Schande, daß ein solcher Mann hier draußen liegen muß", sagt der große Bärenjäger Anders Fuchs und läßt sich neben Beerencreutz nieder.

Aber der kleine Ruster, der Flötenspieler, spricht mit gerührter Stimme, während ihm die Tränen unaufhaltsam aus seinen kleinen, roten Augen fließen:

„Nächst Euch, Herr Oberst, nächst Euch war er der beste Mann, den ich gekannt habe."

Diese drei würdigen Männer sitzen nun um das Grab herum und verteilen ernsthaft und eifrig die Karten.

Ich schaue über die Welt hin, ich sehe viele Gräber. Dort ruht der Gewaltige unter schwerem Marmor. Der Trauermarsch tönt über das Grab hin, Fahnen werden darauf gesenkt. Ich sehe die Gräber derer, die viel geliebt worden sind. Von Tränen feuchte, oftmals geküßte Blumen ruhen leicht auf der grünen Rasendecke. Ich sehe vergessene Gräber, anmaßende Gräber, lügnerische Ruhestätten, sowie andere, die mir nichts sagen: aber noch nie habe ich die schwarz- und weißkarierte Killekarte oder den Buben mit der Schellenkappe dem Bewohner eines Grabes zur Kurzweil anbieten sehen.

„Johann Friedrich hat gewonnen", sagt der Oberst stolz.

„Hab' ich es nicht gewußt! Ich hab' ihn das Spiel gelehrt. Ja, nun sind wir andern drei tot, und er allein ist lebendig."

Damit sammelt er die Karten ein, steht auf und kehrt mit den andern nach Ekeby zurück.

Nun muß der Tote doch wohl gewußt und gefühlt haben, daß er und sein einsames Grab nicht von allen vergessen sind. Seltsame Huldigungen bringen verwilderte Herzen denen dar, die sie lieben; wer aber hinter der Mauer liegt, er, dessen toter Leib nicht in geweihter Erde ruhen darf, der wird sich gewiß freuen, daß ihn nicht alle verwerfen.

Freunde, Menschenkinder! Wenn ich sterbe, darf ich sicherlich mitten auf dem Friedhof in dem Grabe meiner Väter ruhen. Sicherlich werde ich die Meinen weder um ihr Vermögen gebracht, noch Hand an mein eigenes Leben gelegt haben, aber ganz gewiß werde ich keine solche Liebe gewonnen haben, ganz gewiß wird niemand so viel für mich tun, wie die Kavaliere für diesen Missetäter getan haben. So viel weiß ich, daß an einem Abend, wenn die Sonne versinkt und es einsam und traurig in dem Garten der Toten ist, niemand zu meinem Grabe kommen wird, um in meine Knochenhand bunte Spielkarten zu legen.

Man wird nicht einmal - was mir lieber wäre, denn Karten locken mich äußerst wenig - mit Geige und Fiedelbogen an mein Grab treten, so daß mein Geist, der um die vermoderten Überreste kreist, sich auf der Flut der Töne wie auf glitzernden Wogen wiegen könnte.[9]

---

[9] Selma Lagerlöf, Gösta Berling (Anm. 1), S. 293-295.

Samuels Buch

Hundert Jahre nach „Gösta Berling" berichtet Sven Delblanc, geboren 1931 im amerikanischen Manitoba und vier Jahre später nach Schweden heimgekehrt, von Leben und Sterben seines Großvaters mütterlicherseits und dem Schicksal seiner Familie, mit der Freiheit des Erzählens, doch erhärtet durch Briefe, Tagebücher, mündliche Zeugnisse, amtliche Dokumente.

Die Familie der „Eriksson" ist im Värmland zuhause, in der Gegend um Väse am Nordufer des Väner-Sees, eine knappe Fahrstunde vom Mårbacka der Lagerlöf südwärts. Samuels Vater Axel hat seinen Hof in Tågås, auf halbem Wege zwischen den Kirchorten Väse im Süden und Molkom im Norden. Grüblerisch und fromm, kämpft er einen ungleichen Kampf, seinen Geschwistern ihr Erbteil auszuzahlen. Er kehrt der Welt schließlich den Rücken, und als die Erweckung wie ein Waldbrand über Schweden zieht, wandert Axel predigend durch Värmland, fordert die Rückkehr zum Christentum der Apostel. Umgeben von seinen „Axeliten", den Ärmsten der Armen, stirbt er elend in Brattfors, dem Kirchspiel am Wege von Molkom ostwärts nach Filipstad. Die Witwe des Propheten bleibt allein mit vier hungrigen Knaben und den Gläubigern der Familie am Hals. Sie läßt ihren Schwägern den Hof gegen eine Passage nach Amerika. Das wird zu Ende der sechziger Jahre des neunzehnten Jahrhunderts gewesen sein.

Ihre Söhne packen das Leben in den Staaten - bis auf den schwächelnden Samuel, der das Diplom zum Pfarrer erwirbt. Samuel zieht es heim nach Schweden, um in den Dienst der Mutterkirche zu treten. In Väse angekommen, heiratet Samuel die Magd Cecilia aus Norwegen, an die er sich auf seiner Heimfahrt verlor. Samuels Pastorendiplom taugt nicht in Schweden: „Da hieß es, als Hilfsprediger für freie Unterkunft und dreihundert Reichstaler im Jahr durch das Reich zu kutschieren, während Cecilia zu Hause in Värmland saß und mit dem Titel ‚Frau Pastor' als einzigem Zubrot zu Wassersuppe und Kartoffeln hungerte."[10]

Als Amtsgehilfe in gotländischen Pastoraten lernt Samuel Eriksson Stumpfsinn und Genußsucht seiner Kirchenoberen hassen, wird Gast auf Erweckungsversammlungen, kündigt der Staatskirche den Dienst und kehrt heim zu Frau und Kindern, mittellos und voller Sehnsucht. Das ist 1895 und Samuel Anfang dreißig:

[10] Sven Delblanc, Samuels Buch. Roman. Aus dem Schwedischen von Hans-Joachim Maass. Stuttgart: Klett-Cotta, 1984, S. 23 (erste, schwedische Ausgabe „Samuels bok" 1981).

Spät am Abend des 15. Dezember kam er zu Hause in dem Häuschen in Väse an. Es wurde ganz und gar nicht so, wie er es erhofft und erträumt hatte. Die Kinder schliefen, und Cecilia war müde und vom Kummer erschöpft. Ein bleiches Lächeln war alles, was sie als Willkommensgruß aufzubieten vermochte. Die nackte Armut des Zuhause erschütterte ihn zunächst, dann machte sie ihn machtlos und lähmte ihn. So sah es also aus.

Nach vielen Monaten eines Lebens in bequemen Pfarrhöfen mit überladenen Speisetischen, reich gefüllten Bibliotheken und üppiger Möblierung war es seltsam, die Armut hier zu Hause wiederzusehen, unwirklich und absonderlich.

Mein Gott, ich hatte ja völlig vergessen ... So sieht es in Wirklichkeit aus.

Die Kammer hatte eine Ausstrahlung von schamloser Armut, die alle Träume und Illusionen von der Zukunft in Rauch aufgehen ließ. Ja, so sieht es also aus, ich hätte es wissen müssen. Aber es ist schon lange her, und ich habe Zeit gehabt, vollkommen zu vergessen.

Solche Behausungen hatte er von Amts wegen besucht, in Fardhem, Linde und in Lojsta, und er hatte sich mit Mitleid in ihrer farblosen, kahlen Armut umgesehen - arme Menschen! Er hatte aber damals vergessen, daß er auch Cecilia und die Kinder während seines sinnlosen Herumirrens als Hilfspfarrer so hatte leben lassen. Es fiel ihm leicht zu träumen, leicht zu vergessen, wohin er selbst zurückkehren mußte.

Alle Schwierigkeiten der Zukunft stiegen auf einmal aus der Dunkelheit empor, unbescheiden wie ausgehungerte Bettler. Oh, dieses bohrende, ewige Heimweh, von dem er dort in Fardhem gequält worden war! Die Rückkehr nach Hause war aber keine Lösung, keine Zuflucht, keine Waffenruhe in dem ewigen Lebenskampf. Die Heimkehr bedeutete, von einem Elend ins andere umzuziehen. Und jetzt war er nicht länger Pfarrer.

Er sah die kahle Armut in seinem Heim, und die Wirklichkeit schnappte um ihn zu wie eine Falle mit stählernen Zähnen.

Aber wie er sich nach seiner Frau gesehnt hatte ... Ja, es wurde eine ängstlich angespannte Wiedervereinigung, aber Cecilia konnte ihre Müdigkeit nicht verbergen, und er selbst konnte seine Furcht in ihrem geliebten Arm nicht betäuben. Als die Wollust gestillt war, hatten sich die Sorgen nicht verflüchtigt.

Dann die Angst beim Aufwachen am nächsten Morgen, als er den Atem weiß vor sich wirbeln sah: Das Haus war zugig, und der Topfstein-Ofen konnte die Wärme nicht halten. Die unerbittlichen Anforderungen des Lebens versammelten sich um das Bett wie Polizisten um einen entlarvten Verbrecher. Beschaffe Geld, beschaffe Nahrung, beschaffe dir noch vor Neujahr Arbeit! Steh auf, Samuel Eriksson, und kämpfe um dein Leben!

Es war zu schwer, er hatte nicht die Kraft. Wie ein schulkranker Junge blieb er einige Tage im Bett, hustete gekünstelt und klagte über Erkältung, Kopfschmerzen, Schwindelgefühle. Die Diagnose wechselte, seine einzige Krankheit war das Leben. Dieses Leben ist für mich zu schwer und die Zukunft zu dunkel ... Oh, wenn doch das Pendel der Zeit stehenbleiben wollte!

Aber die Zeit weigerte sich stillzustehen, und das Leben hatte Samuel Eriksson noch viel zu bieten.

Er blieb im Bett und erbettelte mit flehentlicher Klage über seine schwere Krankheit die Zärtlichkeiten seiner Frau. Widerwillig warf sie ihm das eine oder andere Kosewort als Almo-

sen hin. Cecilia empfand Bitterkeit. Sie war so lange allein gewesen, sie brauchte Hilfe und Unterstützung. Aber das erste, was er hier zu Hause tut, ist, daß er sich im Krankenbett versteckt und die Pflichten des Lebens schwänzt. Das sind Herrschafts-Unarten, und die können wir uns nicht leisten. Dieses Haus braucht einen kräftigen und tätigen Mann, wenn die Familie überleben soll, und keinen Kränkelnden im Bett. Ich bin bereit, ihm alles zu geben, wenn er mit einfachen Bedürfnissen zu mir kommt.

Aber dies begreife ich nicht. Damit werde ich nicht fertig.

Zornig ging sie ihren Beschäftigungen nach und schwieg zumeist.

Elin stand oft an seinem Bett und starrte mit großen blauen Augen auf den ungewöhnlichen Vater. Er lächelte sie an, strich ihr über das flachsblonde Haar und plapperte an Koseworten, was ihm in den Sinn kam. Samuel liebte seine Tochter, aber dennoch war da ein Hindernis, ein dunkler Schatten zwischen ihnen. Die Familie, Cecilia, die Kinder, das waren Ketten, die er um die Knöchel trug, eine Bürde auf dem Rücken, die er nie würde abschütteln können. Allein hätte er sich auf dem Weg zum Pastorenexamen möglicherweise durchhungern können, aber gleichzeitig Brot für die Familie heranschaffen? Nein, das war unmöglich. Er war durch die Menschen, die er am meisten liebte, an sein Schicksal gekettet.

[...]

Er lag auf der harten hölzernen Auszieh-Bank und sah sich mit kleingläubigen Blicken in der Kammer um. Dies ist also mein Zuhause. Ein paar fromme Öldrucke an den Wänden um das Harmonium herum, das Examensphoto von Rock Island mit den Kommilitonen, die auf schokoladenbraunen Ovalen um den Rektor gruppiert waren, ein paar schiefe Holzstühle auf ausgeblichenen Flickenteppichen - mein Heim! Soweit man es nun meins nennen kann. Wir sind wie gewöhnlich mit der Miete im Rückstand, und bald wird Olsson mit seinem Klumpfuß wieder angehumpelt kommen, um sein Geld zu verlangen, bald werden wir im Wald Holz stehlen müssen, um Herd und Ofen warmzuhalten. Wir leben von Roggenmehlgrütze und Kartoffeln, und bald ist Weihnachten da. Dies ist also mein Leben, jetzt und für alle Zukunft.[11]

Samuel findet eine Lehrerstelle in Glumserud und Mo, zwei Stunden von Väse und noch karger entlohnt als der Hilfspastor auf Gotland:

---

[11] Sven Delblanc, Samuels Buch (Anm. 10), S. 95-97.

Meister Samuel wird er genannt, der Schullehrer, zumindest von harmlosen Leuten. Der verrückte Sam heißt er bei anderen Leuten. Er geht zehn Kilometer zur Schule und zehn Kilometer zurück, im Winter und im Frühjahr, bei jedem Wetter, zehn Kilometer hin und zehn Kilometer zurück. Bei milder Witterung geht er barfuß, um das teure Sohlenleder zu sparen, denn er muß ja den Pfennig umdrehen, der verrückte Sam. Barfuß wandert er durch die Gegend und hebt vor allen Erwachsenen, denen er begegnet, höflich seinen ausgefransten Strohhut. Sein Gruß ist anmutig und fein, denn der verrückte Sam hat einmal bessere Tage gesehen. Jetzt muß er sie hinnehmen, wie sie ist, seine Stellung im Leben.

Bei milder Witterung geht er barfuß zur Schule und trägt seine Stiefel auf dem Arm.

Zehn Kilometer hin und zehn Kilometer zurück wandert er in der großen Geduld, die er unter der Zucht unseres Herrn hat lernen müssen. Er spricht mitunter mit sich selbst oder spricht zu seinem Gott. Meist sind es demütige Fragen, die er stellt, aber er wird selten einer Antwort gewürdigt. Warum schweigt unser Herr? Das ist schwer zu sagen. Vielleicht ist es vermessen zu fragen. Immer seltener wagt es Samuel, seinen Herrn zur Rede zu stellen. Barfuß wie ein Büßer wandert er zu seinen beiden Schulhäusern, zehn Kilometer hin und zehn Kilometer zurück.

Das Schulhaus im Glumserud ist ein kleines, rot angestrichenes Häuschen mit einem einzigen Zimmer, das ein blau gestrichenes Katheder und abgewetzte Schulbänke und ein keuchendes Harmonium und einen rostigen Eisenofen und drei Karten enthält, eine von Schweden, eine von Europa und eine von der Welt. Eine Karte des Sternenhimmels findet sich hingegen nicht in der Schule von Glumserud.

[...]

Eine Volkshochschule können wir uns hier in der Gegend nicht erlauben, geschweige denn einen Lesezirkel und Debattierclub. Die vier Rechenarten, seinen Namen schreiben und notdürftig den Katechismus lesen, das ist alles, was verlangt wird. Aber Meister Samuel ist ein miserabler Lehrer, unfähig, unter den Kindern die Ordnung aufrechtzuerhalten. Er träumt sich von der Lektion des Tages in andere Welten fort, er erzählt von dem großen, freien Amerika, erzählt von dem schönen Gotland, gekrönt von hundert Kirchen. Wenn die Kinder sich einen richtigen Spaß machen wollen, bitten sie ihn, vom Bischof in Visby zu erzählen. Dann macht er sich fast in die Hosen und vergißt Zeit und Raum. Der verrückte Sam ist ein komischer Kauz. Er hat einmal bessere Tage gesehen und einem leibhaftigen Bischof die Hand gegeben.[12]

Die Liebe der Familie umhegt den Vater, als alles ringsum sich verschließt. Sie schart sich um ihr Oberhaupt Samuel, der ihnen Hoffnung bleibt auf eine bessere Welt, in der es zu lesen gibt und zu essen. Aber es gibt auch klarblaue, sorglose Sommersonntage, an denen sie mit dem Pferdewagen reisen, um Großmutter Sara in Brattfors zu besuchen:

Olsson hatte seine sanftgestimmte Laune gehabt, so daß Papa für den Tag sowohl Pferd wie Gig hatte leihen dürfen. Sie haben sich nach bestem Vermögen feingemacht und sich in dem

---

[12] Sven Delblanc, Samuels Buch (Anm. 10), S. 130f.

Fuhrwerk zusammengepackt wie eine buntscheckige Ladung Obst. Elin lacht und schlägt sich auf die Schenkel, Abels große Ohren bewegen sich wie Herbstlaub vor Gemütsbewegung, auch die ernste, zierliche Mama ist bei dem seltenen Vergnügen, an einem sonnigen Sonntag in Väse mit Pferd und Wagen zu fahren, guter Laune. Die kleine Becka ist sehr aufgeregt und vor Freude den Tränen nahe; ihr muß ständig vom Wagen geholfen werden, damit sie sich hinter einem Dornenbusch hinhocken kann, doch das macht heute rein gar nichts, wo alle mit der Kleinen Geduld haben, da der Tag so selig lang ist, ebenso lang wie die Ewigkeit in den sehnsuchtsvollen jenseitigen Gedichten Abels, mindestens ebenso lang, aber sicher viel angenehmer auf jede erdenkliche Weise.

Sie rasten am Alstersee, hängen dem Pferd einen Futtersack um und essen kalte Pfannkuchen aus dem Proviantkorb; es ist ein großes und seltenes Vergnügen, ja, im Freien Pfannkuchen zu essen ist so, als schmeckte man ein Stück von der Sonne.

Der See liegt blau, wird aber gelegentlich von einem schaudernden Gedanken gekräuselt, sonst ist alles so still, daß man Kirchenglocken sowohl aus Brattfors wie aus Molkom läuten hört, und dies ist der gesegnete Tag, an dem sie mit Pferd und Wagen fahren, um Großmutter Sara in Brattfors zu besuchen, ein Jubeltag, noch lange in der Erinnerung hochzuhalten.

Sara ist eigentlich Papas Großmutter, aber seitdem die richtige Großmutter dort in Norwegen gestorben ist, muß Sara bitte so gut sein und für sie alle Großmutter sein.

Sie ist schneeweiß und schwarz gekleidet und still wie ein Karfreitag, genau wie eine richtige Großmutter sein muß. Und sie erinnert sich tatsächlich, wie sie alle mit Vornamen heißen, obwohl sie eine unzählige Nachkommenschaft hat, die sie im Kopf behalten muß. Drei Scharen an Kindern und Enkeln hat sie, und Großvater Filip ist ihr dritter Mann und nur dem Namen nach Großvater.

Drei Kinderscharen hat sie hervorgebracht, Großmutter Sara, ihre Enkel und Urenkel sind ungezählt wie der Sand am Meer und die Sterne am Himmel. Großmutter Sara ist eine dieser feurigen und starken Frauen in der Familie, Frauen, die viele Männer mit ihren kornblumenblauen Augen betört haben, Frauen, die betört haben und betört worden sind, Frauen, die wie wilde Kirschbäume in Liebe erblüht sind und sich unter üppiger Frucht gebogen haben. Kleinwüchsig und hell, mit Körpern zäh wie Wacholderholz und durch die Fruchtbarkeit merkwürdig ungebrochen, behalten sie ihre Anziehungskraft bis ins hohe Alter. Ihr Weg durchs Leben wird von Skandalen und Eifersuchtsdramen und weinenden Männern begleitet, und für die Verwandtschaft sind sie eine Quelle von Ärger und heimlichem Neid. Dennoch sitzen sie im Alter immer von größter Verehrung und Respekt umgeben da, schneeweiß in schwarzen Kleidern und bei allen blutroten Sünden verblichen wie Strohblumen. In der Regel macht ihnen ein jugendlicher Ehemann zärtlich den Hof, der dritte oder vierte, so wie Großvater Filip Sara den Hof macht, ein zwölf Jahre jüngerer Ehemann, ein still glühender Liebhaber und ergebener Pantoffelheld. Aber er schämt sich seiner Liebe nicht, Großvater Filip, wie ein schwächerer Mann es tun würde, er trägt seine dienende Rolle mit einfacher Würde. Groß und heilig ist es, eine Frau zu lieben, diese Berufung ist nicht jedem Mann vergönnt.

Was für ein Fest, Großmutter Sara in Brattfors zu besuchen!

Nun ja, was heißt hier Fest, sie werden ja nur mit Kaffee und Brot traktiert, aber es ist schon ein Fest, im Sonntagsstaat in einem blitzsauberen Bauernhaus zu sitzen und eine feine und weißhaarige Großmutter auf dem Ehrenplatz zu sehen. Auch wir haben Verwandte, die auf einem Bauernhof sitzen, der ihnen selber gehört, auch wir haben eine richtige Großmutter! Wir sind keine Zigeuner und kein Gesindel, wir haben eine weißhaarige Großmutter in schwarzen Kleidern, Großmutter Sara in Brattfors, und ist sie Großmutter für eine unzählige Schar, so ist sie es ebensosehr für uns!

Großmutter Sara hat eine große Schwäche für Elin, mit der sie sich oft unterhält. Seht nur, wie Elin errötet und Großmutter ein Geheimnis ins Ohr flüstert! Seht, wie Großmutter nickt und lächelt und ihr das Knie streichelt!

Aber sie nimmt sich Zeit für uns alle, Großmutter Sara, sie fragt Abel, ob er eine Liebste gefunden hat, mein Gott, wie er errötet, sie gibt Maria ein Haarband und hilft ihr, es zu knoten, sie schenkt Benjamin und Rebecka spitze Tüten mit Brustbonbons.

So sind wir einen langen und seligen Tag bei Großmutter Sara in Brattfors und kommen spät nach Hause, erschöpft und den Tränen nahe von all dem Glück, das wir erlebt haben. Es ist ein so ewigkeitslanger und seliger Tag gewesen.

Papa ist nach dem Abendessen losgefahren, um Olsson die Equipage zurückzubringen. Die kleinen Kinder schluchzen in einer Ecke, und die Dämmerung bricht an. So lang und selig ist kein Tag, daß er kein Ende hat.

Und morgen ist alles wie vorher.[13]

Wieviel Demütigung kann ein Mensch erdulden? „Gott ist eine große Katze. Der Ewige spielt und spielt mit dem leidenden Menschen, wie eine große Katze mit einer Ratte spielt. Gott spielt jetzt mit Samuel Eriksson, und Er findet heraus, daß der Unglückliche nicht besonders viel verträgt. Er bricht recht bald zusammen, er wird krank, vergiftet, verwirrt. Er hält Gottes harte Spiele nicht aus, er bricht recht bald zusammen und wandert in das Reich der Nacht hinein." [14]

Samuel verdämmert, in kostbare Spekulationen versunken. Einmal werde Vaters stilles Grübeln Früchte tragen, sagen sich die Kinder voller Liebe und Verzweiflung. Eines Tages werde er aus seinem Dämmerzustand aufwachen, um eine gelehrte Abhandlung zu schreiben, ein Gedicht, eine Erzählung, und dann wird Schweden seinen großen Sohn entdecken und ihn ans Herz drücken. Und alle Kinder werden dem Vater ins Paradies der Zukunft folgen dürfen.

Doch dieses Schweden will den Vater nicht. Es will auch Samuels Sohn Abel nicht, der dem Vater ins Irrenhaus folgen wird und in den einsamen Tod. Wie Samuel in seinen Philosophien, findet Abel in der Welt seiner Gedichte Geborgenheit. Es gibt nicht viel, was vor seinem Blick Gnade findet in diesem Land:

---

[13] Sven Delblanc, Samuels Buch (Anm. 10), S. 127-129.
[14] Sven Delblanc, Samuels Buch (Anm. 10), S. 154.

Da gab es zuviel Genügsamkeit und Zuversicht und seichten Patriotismus, komische Verse über Gott und den König und Schweden, das Vaterland. Derlei konnte er nicht verstehen. Abel hatte wie Samuel ein Vaterland jenseits der Grenzen dieses Erdenlebens. Cecilias Verbitterung über das neue Land tat wohl auch ihre Wirkung. Was soll das heißen, das Land unserer Sehnsucht und unsere Heimstatt auf Erden? Wofür hat Papa sich bei Schweden zu bedanken? Warum will Schweden ihn nicht haben? Schweden, eine verrückte Muttersau, die ihre Ferkel frißt!

Dieses Land war wirklich nichts, worüber man stolze Gedichte schreiben konnte. Für das Vaterland zu sterben, das mochte noch angehen, wenn ein Sinn darin lag, aber vom selben Vaterland nur langsam getötet zu werden? Nein, das kann nicht richtig sein.[15]

Sven Delblanc dehnt „Samuels Buch" zur Familiensaga.[16] Die Verklärung einer Lagerlöf liegt ihm fern. Delblanc begibt sich zum niederen Volk, das eher an sein Überleben denkt als an die Scherze der Kavaliere von Ekeby. Vom jämmerlichen Leben des Samuel Eriksson und seinem jämmerlichen Tod führt ein mühsamer Weg zur Wohlfahrt im Volksheim Schweden.

---

[15] Sven Delblanc, Samuels Buch (Anm. 10), S. 198.
[16] 1982 folgen „Samuels döttrar" (in deutscher Übersetzung als „Samuels Töchter" 1986), 1984 „Kanaans Land", 1985 „Maria Ensam".

X
Vägen ut

Die Provinzen Värmland, Dalsland und Västergötland rahmen den Väner-See, der mit Vättern und Siljan ein Teil schwedischen Selbstbewußtseins ist. Von Vänersborg bis Göteborg, als Grenze zugleich zwischen Bohuslän und Västergötland, führt der Götaälv die Wasser des Vänern zum Kattegatt. In Trollhättan, „Trollhaube", sperrt ein mächtiger Riegel aus Gneis den Ausgang des Väner-Sees. Hier stürzt der Götaälv auf einer Strecke von anderthalb Kilometern um fast drei Dutzend Meter in die Tiefe. Vor dreihundert Jahren hat Ingenieur Polhem versucht, die Wasserfälle durch ein Schleusensystem zu umgehen. Gelungen ist die Treppe des Götakanals erst hundert und zweihundert Jahre nach ihm.

Wer heute ein Schauspiel der Natur erwartet, muß sich mit den Wundern der Technik begnügen. Seit bald hundert Jahren zähmen Dämme und Turbinen den gewaltigen Wasserfall, und nur im Sommer zwei- oder dreimal die Woche, so kündet das Kraftwerk „Vattenfall", öffnen sich ein paar Minuten die Schleusen im Damm und lassen den Wassern des Väner-Sees ihren Lauf.

Trollhättan

Hans Christian Andersen hat Trollhättan erstmals im Mai 1849 besucht, als er vor den Schrecken des Krieges um Schleswig und Holstein auf eine erneute Reise nach Schweden floh (und ebenso Vadstena und den Siljan-See besuchte). Im Märchenton erzählt Andersen, wie die Werke der Technik den Zauber der Natur in Nutzen wandeln. Andersen stellt sich auf die Seite des Fortschritts. Der Troll muß weichen, die Kunst der Ingenieure weist den Weg:

Wen trafen wir am Trollhättan? Ja, das ist eine seltsame Geschichte, und wir wollen sie erzählen.
Wir stiegen bei der ersten Schleuse an Land und befanden uns gleichsam in einer englischen Gartenanlage. Die breiten Wege sind mit Kies bedeckt und verlaufen in kurzen Terrassen zwischen den sonnenbeschienenen Rasenflächen; hier ist es freundlich, lieblich, doch gar nicht imponierend. Will man dagegen auf andere Art beeindruckt werden, dann muß man etwas höher zu den älteren Schleusen gehen, die tief und schmal durch den harten Felsenblock gesprengt sind. Das sieht großartig aus, und das Wasser braust schäumend tief unten in seinem schwarzen Bett. Hier oben schaut man über Tal und Fluß; das Ufer gegenüber erhebt sich mit grünen, wellenförmigen Hügeln, mit Gruppen von Laubbäumen und rotbemalten Holzhäusern, begrenzt von Felsen und Tannenwald. Durch die Schleusen steigen Dampf- und Segelschiffe,

das Wasser selbst ist der dienende Geist, der sie übers Gebirge tragen muß. Vom Wald her summt und braust und lärmt es, das Dröhnen der Trollhätta-Fälle vermischt sich mit dem Getöse von Sägemühlen und Schmieden.

„In drei Stunden sind wir durch die Schleusen hindurch," hatte der Kapitän gesagt, „in dieser Zeit können Sie die Wasserfälle besichtigen. Oben beim Wirtshaus treffen wir uns wieder."

Wir gingen den Pfad durch den Wald entlang, umringt von einer ganzen Schar barhäuptiger Jungen, die allesamt unsere Führer sein wollten; sie schrien durcheinander, jeder gab eine anderslautende Erklärung ab, wie hoch das Wasser stehe und wie hoch es nicht stehe oder stehen könne - auch hier herrschte große Uneinigkeit unter den Gelehrten. Und bald hielten wir auf einem heidekrautroten Felsen, auf einer Terrasse, die einen schwindeln machte, an; vor uns, tief unten, das brausende Wasser: der Höllenfall, und über diesem wieder Wasserfall um Wasserfall, der reiche, sich mit seiner ganzen Fülle in die Tiefe stürzende Fluß, der Auslauf von Schwedens größtem Binnensee. - Welch ein Anblick, welch ein Tosen, von oben, von unten! Das gleicht den Wellen eines Meers, eines Meers von schäumendem Champagner, von kochender Milch. Zuerst umbraust der Fluß zwei Felsen, daß der Wasserstaub wie Wiesennebel aufsteigt, darunter wird er mehr zusammengedrängt, er stürzt weiter, schießt vorwärts, kehrt als ruhiges Gewässer zurück und wälzt sich dann in langem, etwas schwerfälligem Strom in den Höllenfall. Welch ein Orkanbrausen in der Tiefe, was für ein Bild! Man hat keine Worte!

Und die hatten auch unsere schreienden kleinen Führer nicht, stumm standen sie da, und als sie von neuem anfingen zu erklären und zu erzählen, kamen sie nicht weit damit, denn ein alter Herr, den niemand von uns zuvor bemerkt hatte, der aber unter uns war, drang mit seiner seltsamen, klangvollen Stimme auf ganz andere Weise durch. Er wußte Bescheid über den Ort und über alte Tage, als wären diese erst gestern gewesen.

[...]

Und wir gingen weiter, am Wasserfall entlang, auf die Top-Insel zu, immer auf zierlichen, mit Sägespänen bestreuten Wegen bis zur Polhems-Schleuse, die für das zuerst geplante Schleusenwerk, das nicht zustande kam, in den Fels gesprengt wurde, doch hat die Kunst dadurch den imponierendsten aller Trollhätta-Fälle geschaffen; das eilende Wasser fällt lotrecht in die schwarze Tiefe.

Die Felsenseite ist hier durch eine leichte Eisenbrücke, die aussieht wie über den Abgrund geworfen, mit der Top-Insel verbunden. Auf dem schwankenden Boden geht man über das hinfliegende, malmende Wasser und steht dann auf der kleinen Felseninsel, zwischen Kiefern und Tannen, die aus den Spalten wachsen. Vor uns stürzen die Wellen eines Meers und werden gegen den Steinblock geschmettert, auf dem wir stehen, übersprüht vom ewigen feinen Regen; zu beiden Seiten fliegt der Strom, wie aus einer riesigen Kanone geschossen, und bricht sich in einem Wasserfall nach dem anderen. Wir überblicken sie alle und werden von dem harmonischen Dröhnen erfüllt, dem seit Jahrtausenden gleichen.

[...]

Einer der Reisenden zitierte Tegnér:
„Die Göta stürzte wild zu Tale,
Vom Gipfel brüllte laut der Troll!
Doch Geist brach auf die harte Schale -
Von Schiffen ist sie voll!
Armer Troll", fuhr er fort, „mit deiner Macht und Herrlichkeit geht es bergab! Der Menschengeist überflügelt dich, du kannst bei ihm in die Lehre gehen. "
Der gesprächige Alte zog eine Grimasse, murmelte etwas in seinen Bart - doch wir waren gerade an der Brücke vor dem Wirtshaus angelangt, das Dampfschiff schwamm auf dem offenen Weg, jeder ging schleunigst an Bord, und bald zog es oberhalb des Wasserfalls davon, als hätte es diesen gar nicht gegeben.
„Und so was ist möglich?" fragte der Alte. Er wußte von Dampfschiffen nicht das geringste, hatte bis heute nie ein solches gesehen, und deshalb war er bald oben, bald unten; jetzt stand er an den Maschinen und starrte die ganze Zusammensetzung an, als sollte er Nägel und Schrauben zählen; jetzt war er hoch oben auf den Radkästen und hing halb über der Reling. Der Kanalweg schien ihm etwas gänzlich Neues zu sein, die Karte darüber und die Reisebücher waren ihm völlig fremde Gegenstände, er drehte sie, er wendete sie, ich glaube, er konnte nicht lesen. Doch in der Gegend wußte er Bescheid, das heißt Bescheid aus alten Zeiten.[1]

Andersen nimmt den Alten von Trollhättan auf die weitere Reise mit, die Schleusentreppen hinauf von See zu See bis zu den Eisenhämmern und Walzfabriken von Motala am Ausgang des Göta-Kanals in den Vätter-See, der zu jener Zeit größten Industrieanlage Schwedens. Dort hat *Blutlos* sein Zuhause, der aus dem Denken der Menschen Kräfte zieht, die der Mensch selbst physisch nicht besitzt. Dort läßt *Blutlos* Räder, Ketten, Stangen, Drähte surren, schneidet und hobelt Eisen, als wäre es Papier: „Alles ist lebendig, der Mensch steht nur da und stellt ab und hält an!"[2] Der Alte von Trollhättan ist nur noch Betrachtung.

Auf seiner Rückreise macht Andersen im August 1849 erneut in Trollhättan halt, bleibt einige Tage in der „gewaltigen Natur, wo das geschäftige Menschenleben mehr und mehr eindringt und das Malerische nach und nach in das Fabrik-Nützliche verwandelt":

---

[1] Hans Christian Andersen, In Schweden. In: Reisebilder aus Schweden und England. Aus dem Dänischen von Gisela Perlet. Leipzig und Weimar: Gustav Kiepenheuer, 1985 (erste, dänische Ausgabe „I Sverrig" und erste deutsche Ausgabe 1851), S. 5-160, hier S. 9-13. Esaias Tegnér, Lyriker der schwedischen Romantik, später in Lund Professor für Griechisch und schließlich Bischof von Växjö, schrieb sein Trollhättan-Gedicht nach einem Besuch der Wasserfälle 1804. Die hier von Andersen wiedergegebene kürzere Fassung entstammt vermutlich einem erneuten Besuch Tegnérs im Jahre 1815.
[2] Hans Christian Andersen, In Schweden (Anm. 1), S. 14.

Trollhättan muß Nutzen bringen, muß Balken sägen, Mühlen treiben, hämmern und brechen; ein Gebäude wächst neben dem anderen auf, in fünfzig Jahren steht hier eine Stadt. - Doch das war nicht die Geschichte! Ich kehrte, wie gesagt, im Herbst zurück - dasselbe Brausen, dasselbe Dröhnen, dasselbe Steigen und Sinken in den Schleusen, dieselben schwatzenden Jungen, welche Reisende zum Höllenfall, zur Eisenbrücke, zur Insel und zum Wirtshaus führten. Hier saß ich und blätterte in den Büchern, seit einer Reihe von Jahren gesammelt, in denen Reisende ihre Namen, Gefühle und Gedanken am Trollhättan niedergeschrieben hatten; fast immer dasselbe: Verblüffung, geäußert in verschiedenen Sprachen, gewöhnlich in Latein und dann mit den Worten: „Veni, vidi, obstupui!" [3] Einer hatte geschrieben: „Ich habe gesehen, wie das Meisterstück der Natur durch das der Kunst wandert!" Ein anderer kann nicht sagen, was er sah, und was er sah, kann er nicht sagen. Ein Hüttenbesitzer geht auf das Nützliche ein und schreibt: „Mit größtem Vergnügen dieses für uns in Värmland nützliche Werk Trollhättan gesehen." Eine Pröpstin aus Schonen, so unterschrieb sie sich, hält sich an die Familie und hat als ihr Gefühl am Trollhättan im Erinnerungsbuch lediglich aufgezeichnet: „Gott gebe meinem Schwager Glück, Verstand hat er!" Einzelne haben den Gefühlen der anderen abgeschmackte Witze hinzugefügt, doch als Perle in diesem Schriftenhaufen glänzt das Gedicht von Tegnér, von ihm selbst am 28. Juni 1804 hier niedergeschrieben:

> Tanzend kam die Göta von den Fjällen,
> Kiele lud zum frohen Spiel sie ein;
> Bis sich stemmte gegen ihre Wellen
> Trollhättan, die starke Burg aus Stein.
> Wütete ein Troll da ohnegleichen,
> Was der Segler sah, ließ ihn erbleichen.
> Doch der Geist - mit starker Hand
> Schlug den Felsen, ließ ihn weichen
> Und verknüpfte so mit ewgem Band
> Ozean und Bergbewohners Land.

Ich sah von dem Buch auf - und wer stand vor mir, stand da, um wieder zu gehen - der Alte von Trollhättan. Während ich bis an die Ufer des Siljan-Sees geschweift war, hatte er unentwegt Kanalreisen unternommen, hatte Schleusen und Fabriken besichtigt und den Dampf in all seiner Diensttauglichkeit studiert; er sprach von den Eisenbahnen, die in Schweden geplant waren, von der Bahnlinie zwischen Hjälmar- und Väner-See. - Indessen hatte er noch nie eine Eisenbahn gesehen, ich beschrieb ihm daher diese ausgedehnten Wege, die bald auf Wällen, bald auf turmhohen Brücken, bald in meilenlangen Hallen verlaufen, die in die Berge gesprengt sind, erzählte ihm von Amerika und England.

„Man frühstückt in London und trinkt am selben Tag in Edinburgh Tee."

„Das kann ich", sagte der Mann, und er sagte es, als könnte das außer ihm niemand.

---

[3] „Ich kam, ich sah, ich staunte!"

„Ich kann es auch", sagte ich, „und ich habe es getan."

„Und wer sind Sie denn?" fragte er.

„Ein gewöhnlicher Reisender", entgegnete ich, „ein Reisender, der für die Beförderung bezahlt. Und wer sind Sie?"

Da seufzte der Mann. „Sie kennen mich nicht, meine Zeit ist vorbei, meine Macht ist dahin, Blutlos ist stärker als ich."

Und dann war er verschwunden.

Jetzt begriff ich, wer es gewesen war! Ja, wie muß einem armen Berggeist zumute sein, der nur alle Jahrhundert einmal auf die Erde kommt, um zu sehen, wie es dort vorwärtsgeht. Es war der Berggeist und kein anderer, denn in unserer Zeit ist jeder aufgeklärte Mensch bedeutend klüger; und ich sah mit einer Art von stolzem Gefühl auf mein Zeitalter, mit den sausenden Rädern, den schweren Hammerschlägen, der Schere, die so weich in Metallplatten schneidet, den dicken Eisenstangen, die wie eine Stange Lack zerbrechen, und der Musik, wo der Hammerschlag lautet: „Banko, Banko, hunderttausend Taler Banko!", und - alles durch Dampf - durch den Odem und durch den Geist.

Es war Abend, ich stand auf der Höhe bei den alten Trollhätta-Schleusen, sah die Schiffe mit vollen Segeln, Gespenstern gleich, groß und weiß über die Wiese gleiten. Die Schleusentore öffneten sich schwer und geräuschvoll, wie man von den Kupfertoren des Femgerichts erzählt. Der Abend war so still, in der tiefen Ruhe hörten sich die Trollhätta-Fälle wie ein Chor von hundert Wassermühlen an, stets ein und derselbe Ton, nur einer, und darin klang ein tiefes, machtvolles Dröhnen, das sich durch die Erde fortzupflanzen schien, und dies alles ließ einen die unendliche Stille der Natur gerade spüren. Plötzlich flog aus den Bäumen ein großer Vogel auf, so schwer flog er in den Wald hinein, hinunter zu den Wasserfällen. War es der Berggeist? - Wir wollen glauben, was am interessantesten ist.[4]

---

[4] Hans Christian Andersen, In Schweden (Anm. 1), S. 15-18.

Jonsered

Ellen Key hatte Rainer Maria Rilke zu den Sommertagen in Borgeby unten in Schonen verholfen, und sie ist es wieder, die den Rilkes Herbsttage in Västergötland vermittelt. Jimmy Gibson, technischer Leiter der Gibsonschen Textilfabrik, und seine Frau Lizzie laden das Ehepaar Rilke Ende September 1904 ins Industriestädtchen Jonsered, einen Katzensprung nur von Götaälv und Göteborg im Tal der Säve å, an die sich Industrie und Gewerbe drängen.[5]

Wo die Säve den Aspen verläßt und Energie und Wasser liefert, haben die Gibson ihr Textilwerk gebaut, direkt an Straße und Bahn nach Göteborg. Durchs Tor der „Jonsered fabriker" hindurch und über Fluß und Bahn führt der Gibson-Weg hinauf zur Villa des Fabrikanten, säulengeschmückt und schneeweiß, ein klassizistisches Tusculum aus dem Bilderbuch. Im Herrgården von Jonsered residiert der Chef der Textilfabriken. Die Unruhe der Werkhallen dringt nicht herauf. Leuchtend distanziert sich das Weiß der Villa von den falunroten Holzhäuschen ringsum unter Buchen und Eichen, Föhren und Kiefern. Der Laubfall erst und der nahende Winter lassen die Häuser zusammenrücken. Eine halbe Wanderstunde ist es vom Herrgården zum stillen Ram-See, hell und kalt und im Wald verborgen.

Rilkes wohnen bei Jimmy und Lizzie in Furuborg, in Sicht des Herrenhauses. Sie bleiben eine Woche. Doch unangemeldet kehrt Rilke ein paar Tage später zurück, allein, und bleibt nun bis Anfang Dezember. Er wandert hinaus in die herbstlichen Wälder, schreibt begeistert über die „Samskola" in Göteborg, zu deren Stiftern die Gibson zählen, liest aus Gedichten und Prosa, reist durchs winterliche Schweden zur Key nach Småland, arbeitet so gut es geht, setzt Wäsche, Kleider, Schuhe instand, bittet auch Gibson um Geld, wenn er keinen Ausweg sieht. Die Freunde wahren Diskretion.

Der Key, die ihn vergöttert, schreibt Rilke im Oktober 1904 aus Jonsered:

---

[5] Zu Rilkes Aufenthalt in Jonsered siehe Ingeborg Schnack, Rainer Maria Rilke. Chronik seines Lebens und seines Werkes 1875-1926. Frankfurt am Main und Leipzig: Insel, zweite, neu durchgesehene und ergänzte Auflage 1996 (erste Auflage 1975), S. 194-201; Ralph Freedman, Rainer Maria Rilke. Der junge Dichter 1875 bis 1906. Aus dem Amerikanischen von Curdin Ebneter. Frankfurt am Main und Leipzig: Insel, 2001 (erste, amerikanische Ausgabe „Life of a Poet: Rainer Maria Rilke" 1996), S. 324-330; Paul Åström, Rilke in Schweden: Borgeby und Jonsered. In: Blätter der Rilke-Gesellschaft, Heft 16/17 (1990), S. 129-139; Reidar Ekner, Rilke, Ellen Key och Sverige. In: Samlaren Jg. 86 (1965), S. 5-43; George C. Schoolfield, An Evening at Furuborg. In: The Germanic Review vol. 49 (1979), S. 83-104.

Liebe Ellen Key, nun ist es Sonntag Abend geworden; man hat die Lampen angezündet und im Kamin brennt ein kleines Feuer; brennt, lebt und duftet. Es wärmt nicht weithin, ist fast nur wie ein Opfer so still und so mit sich selbst beschäftigt, in sein eigenes Brennen versunken, ganz erfüllt davon. Und wir sitzen beisammen und sind voller Nachklang unseres Gehens und voll Erinnerung an Föhren und Fichten und Wege und Wasserläufe; das Durcheinanderklingen der herbstlichen und herbstlicheren Farben lebt noch in uns und die Schwere schwarzer Fichtenäste und einer goldenen Birke spielende Leichtigkeit geht uns noch nach. Lang war dieser Gang, wie ein ganzes Leben so voll Erfahrung und Fügung, Ferne und Nähe ...

Hinter dem weißen Hause, das Furuborg gegenüber auf der Anhöhe liegt, gingen wir in den grossen Wald hinein; seine Tiefe begann gleich an seinem Rand, und erst kamen wir sprechend hinein; aber Sie wissen, wie Ihr lieber Freund (den wir so sehr auch als unseren Freund fühlen) zu lauschen versteht; er war der Stillste unter uns, der Wissendste, der uns führte; erst zu dem grossen Geräusch, das durch die Wipfel der erwachsenen Bäume geht, dann, den ganzen fallenden Bach entlang, zu den kleinen Stimmen die, da und da und da - neue bei jeder Wendung - aus dem wandernden Wasser kommen. Stille. Und mit einer leisen Gebärde breitete er den zartesten Stoff vor uns aus, der aus allen diesen Lauten gewoben ist, - das unendlich weiche Gewebe, das den ganzen Wald zusammenhält. Da erwachte in mir das Gedicht, das also eigentlich (wie Sie sehen) sein Gedicht ist, Jimmy's Gedicht, eines seiner schönen lebendigen Gedichte. [...]

> *Oben wo die grossen Stimmen wohnen,*
> *in den Kronen dieser hohen Föhren,*
> *kann ich auch mein leises Leben hören,*
> *grösser, um unendliches vermehrt.*
> *Aber unten fügt an jeder Stelle*
> *aus des Baches wechselndem Gefälle*
> *sich ein Reden ein, das von der Schwelle*
> *einer Stille sich mir zugekehrt.*
>
> *Und so geh ich einsam, ohne Mund*
> *zwischen helleren und dunklen Munden, -*
> *mit des Lebens weitem Hintergrund*
> *durch mein leisestes Gefühl verbunden.*
> *Eine Grösse, die nicht von mir weiss,*
> *(und ich stürbe wenn ich sie verstände)*
> *wächst von ferne bis in meine Hände*
> *und sie schliesst sich wie ein Sagenkreis.*
>
> *Rainer Maria.* [6]

---

[6] Rainer Maria Rilke an Ellen Key, Furuborg, Jonsered, 2. Oktober 1904. In: Rainer Maria Rilke / Ellen Key. Briefwechsel. Mit Briefen von und an Clara Rilke-Westhoff. Hg. von Theodore Fiedler. Frankfurt am Main und Leipzig: Insel, 1993, S. 105-107.

Das Patronat der Gibsonfamilie scheint Jonsered auch heute zusammenzuhalten, ein alterndes Industrienest, über ihm der Herrgården zugewachsen fast und vergessen. Unterhalb des Herrenhauses am See hat wohl ein Pavillon für das Bad und den Nachmittagstee gestanden. Der Badeplatz ist geblieben. Wanderwege führen um den See und in den Wald zum Ram-See hinauf. Gibsons Fabriken liegen still, doch in den aufgelassenen Backsteinbauten aus der Zeit vor hundert Jahren beginnt unternehmerische Phantasie neu sich zu tummeln. Der alte Bahnhof ist abgeräumt. Neue Bahnsteige werden gerichtet. Die Menschen wollen wieder mit der Bahn von Jonsered nach Göteborg.

Anderthalb Jahrzehnte nach Rilke, im Herbst 1919, zieht der fünfzehnjährige Harry Martinson, das Gemeindebankert aus Blekinge, die verschlammte Straße von Lerum herauf, die Bahn entlang, abgerissen und blank, in der Hoffnung auf den letzten Zug, auf den zu warten Wärme und Geborgenheit verspricht. Der Bahnhof von Jonsered lockt, inmitten von Gibsons Textilfabriken. Bald sitzt der Tippelbruder im Wartesaal. Die Kleidung dampft. Es ist zehn. Der letzte Zug geht um elf:

Er wußte nicht, wie lange er so dagesessen hatte, als er draußen Schritte hörte und zusammenfuhr.

Anfangs waren es nur „Schritte", und der Wartesaal war nur ein „Raum" des Schlafes. Aber während er den Kopf hob und so langsam erwachte, verwandelte sich der Raum in alle Räume, die er im Laufe seines Lebens kennengelernt hatte, und erst als er in der unauflöslichen Zerflossenheit dieser Räume saß, begann er zu überlegen, wo er sei. Ja freilich, er saß im Wartesaal. Man hörte, daß sich die Schritte nun näherten. Jetzt waren sie auf der Treppe. Mit einer Spannung, wie sie dem Wartesaal kaum zukam, blickte er zur Tür hin. Nun öffnete sie sich, und er sah aus Rücksicht, um der Rücksicht selbst willen, eine Weile in eine andere Richtung.

Es war eine Dame, die hereingekommen war. Sicher wollte sie mit dem „letzten Zug" fahren. Und sicher war sie es gewöhnt, mit dem Zug gerade zu dieser Abendstunde zu fahren. Sonst wäre sie gehastet und hätte sich nervös verhalten. Was ihn am meisten verwunderte, war jedoch, daß sie sich nicht vor ihm zu fürchten schien. Sie bewegte sich irgendwie souverän und ließ ihn mit dem Bild des Wartesaals eins werden, ohne Scheu zu haben. Das war an und für sich schon etwas Bemerkenswertes. Die Art anderer Menschen, im Wartesaal Sitzende anzugucken, war oft ein verstohlenes Beobachten, wobei die Beleidigung schon in der Art lag, wie sich der Blick anschlich.

Diese Dame unterschied sich von anderen Wartesaalmenschen zunächst durch ihre Art, zu sehen.

Zur Krönung all dieser günstigen Eigenschaften bewies *sie nun auch, daß sie sich nicht vor ihm fürchtete. Sie trat nämlich heran und las ein Plakat, das ganz in seiner Nähe an der*

Wand hing. Dann ging sie dazu über, eine Karte zu studieren, die fast unmittelbar neben ihm hing. Er verspürte nun das Bedürfnis, etwas zu sagen. Was aber sollte er sagen?

Was er auch sagen mochte, es würde wie Bettelei wirken. Am besten wäre es deshalb, entweder zu schweigen und den „letzten Zug" - mit ihr als Passagier - fahren zu lassen oder auch ohne Umschweife um ein paar Öre zu bitten. Beides wäre unangenehm gewesen. Schweigen war ohne Zweifel am wenigsten unangenehm. Also wählte er das Schweigen.

Irgendwo von Nordosten her näherte sich der „letzte Zug". Ja, vielleicht hätte man sein Herannahen schon schwach hören können, wenn man hinausgegangen wäre und das Ohr an die Eisenschienen gelegt hätte. Mit jeder Sekunde, die verging, stürmte der Zug weiter nach Südwesten. Der Junge begann mit der Zeit unruhig zu werden und beobachtete den Uhrzeiger, bis dieser erzitterte, wie ein Zeiger um des Zeigers selbst willen, und er verlor dabei nur Zeit.

Die Dame hatte vermutlich eine Monatsfahrkarte, denn sie ging nicht zum Schalter. Noch einmal durchquerte sie ruhig den Raum, um noch einmal ruhig die Karte zu studieren. Da kam ihm der von Nordosten heranbrausende Zug in den Sinn. Er sah, wie er irgendwo weitab in der Nacht, das Licht der Lokomotive vorweg, heranpreschte.

Da brach der Damm, mit dem er sich umgeben hatte, und er bettelte. Hinterher wußte er kaum, daß er gebettelt hatte, aber er war fast davon überzeugt, daß er es getan habe, und die Worte ließen sich nicht zurücknehmen. Sie waren gesagt.

Im Gegensatz zu anderen Damen fing sie nicht sofort an in ihrem Geldtäschchen zu kramen, um das etwas pudrige Fünfundzwanzig-Öre-Stück hervorzuholen.

Statt dessen blieb sie stehen, überlegte ein Weilchen und fragte dann: „Wie alt sind Sie?"

„Fünfzehn Jahre, werd bald sechzehn."

„Ja, ich habe gesehen, daß ... Ja, kurz gesagt: so ungefähr habe ich geraten."

Soo! Sie hatte also schon in seinem Leben herumgeraten. Na. Na ja, es war nicht gerade schön, darin herumzuraten.

Sie stellte ihm noch einige Fragen.

Einen Teil davon beantwortete er einigermaßen wahrheitsgetreu, aber bei zweien oder dreien griff er zu den Gewohnheitslügen.

„Ja", sagte sie schließlich ganz ruhig. „Selbstverständlich kann ich Sie hier nicht so sitzenlassen. Aber wir müssen uns mit unserer Unterhaltung beeilen. Mein Zug fährt in zehn Minuten. Hätten Sie Lust, in einer Fabrik zu arbeiten?"

„Ich hatte vor, zur See zu gehn", sagte er.

Sie ging einige Schritte durch den Raum, beschrieb einen Bogen und kam zurück.

„Ja, das ist gewiß verlockend", erwiderte sie. „Aber wenn wir nun sagen, wir arbeiten den Winter über in einer Fabrik und gehen, wenn dann das Frühjahr kommt, zur See. Wie hört sich das an?"

„Doch, ja, wenn es so wäre, dann natürlich."

„Also", sagte sie, „wir können es ja mal probieren. Wenn ich Ihnen eine Adresse gebe ... Einen Augenblick ..."

Sie ging an einen schrägen Tisch, der an der Wand befestigt war. Er ähnelte der abfallenden Schreibplatte einer Schulbank. Eine Rille für die Federhalter war auch da und rechts eine Vertiefung für das Tintenfaß.

Die ganze Zeit über sah Martin Tomasson zu der großen Uhr hin, die über dem Eingang hing. Als die Dame zurückkehrte, waren vier Minuten vergangen. Im selben Augenblick kündigte sich die unmittelbare Ankunft des „letzten Zuges" dadurch an, daß der Bahnhofsvorsteher mit der Laterne herauskam. „Zug nach G. hält nur eine Minute", sagte er zum Ofen hin.

„Jaha, nun muß ich los", sagte die Dame und überreichte dem von der Mitternachtsstimme der Arbeit wiedererweckten jungen Tippelbruder ein Kuvert. Während sie davoneilte, stand er da und verbeugte sich. Der Zug brauste herein. Sobald die Dame draußen war, riß er das Kuvert auf und las:

„Junger Mann!

Suchen Sie Herrn X, Adresse X-X, bei den X-Fabriken auf. Bitten Sie ihn, mich anzurufen. Möglicherweise ist er schon heute nacht im Nachtschichtbüro an der Brücke anzutreffen. Beiliegendes zur Verwendung für Essen solange. Meine eigene Adresse ist X-X in G-X. Lassen Sie mich hören, wie es geht. Mit besten Wünschen für die Zukunft   N.N."[7]

Die Gibsons stellen den Jungen ein. Der nutzt die Zeit und die Bibliothek der Fabrik. Im nächsten Frühling fährt er tatsächlich zur See. Jahre später kehrt er heim und erzählt Kindheit und Jugend in seinen Romanen „Die Nesseln blühen" und „Der Weg hinaus" - Vägen ut.[8]

Kullen

Auf halbem Weg von Göteborg nach Schonen hält an der Küste Hallands die Festung Varberg Wacht auf einem ins Meer springenden Fels, wuchtig und dunkel, Vorposten der Dänen seit dem 13. Jahrhundert. Christian IV. baute die Festung zur mächtigen Bastion mit Wällen und Kasematten und eigener kleiner Siedlung samt Schloß. Vergebens. 1645 schon fiel die Landschaft Halland und mit ihr Varberg unversehrt an Schweden. Wohl verwahrt blieb die Festung bis heute, Kontrapunkt zu den heiteren Schnörkeln des Gesellschaftshauses und der Pavillons am Strand, Erinnerungen an gesittete Sommerlust.

---

[7] Harry Martinson, Der Weg hinaus. Aus dem Schwedischen von Klaus Möllmann. Rostock: Hinstorff, 1969, S. 331-334 (erste, schwedische Ausgabe „Vägen ut" 1936). Für das schwedische „luffare" haben wir „Landstreicher" durch „Tippelbruder" ersetzt. D.A.

[8] Zu Harry Martinson in Jonsered vgl. das Kapitel „På Jonsereds bruk oktober 1919 - 8 april 1920" in: Sonja Erfurth, Harry Martinson och vägen ut. Stockholm: Bonniers, 1981, S. 120-142.

Der Zauber Varbergs lockt die Künstler, die in den achtziger und neunziger Jahren des 19. Jahrhunderts allerorten Licht und Weite suchen. So wie drüben an der Nordspitze Jütlands rings um Brøndums Badehotel Peder Severin Krøyer mit Michael und Anna Ancher Skagens Künstlerkolonie begründen, finden Richard Bergh, Nils Kreuger und Karl Nordström nach Varberg. Dessen ländliche Ruhe und Meer liegen bequem an der Bahn und bieten obendrein Geschichte.[9] Wiederholt malen Bergh und Nordström die Wälle und Dächer der Festung.

Die Jahre der „Varbergschule" sind kurz. Länger hält es die Pleinair-Maler an den Ufern des Kullen ein Stück weiter im Süden. Wie eine riesenhafte Felsscholle schiebt der Kullen sich in die Wasser des Kattegatt und hält seine Höhe bis hinauf zu den bald zweihundert Metern des Högkull, als ringsum, zwischen Öresund und Skälderviken, das Land sich senkt. Das Fischerdorf Arild am Nordhang des Kullen wird schon um 1830 zum Rendezvous dänischer Künstler. Vierzig Jahre später malen Olof Jernberg, Gustaf Rydberg, Alfred Wahlberg aus den Ateliers der Düsseldorfer Akademie das Widerspiel von Himmel und Meer und idealisieren den Alltag der Fischer. Mag sein, daß die billigen Zimmer und die Tischrunden in „Mor Cillas Hotel" sie fesseln, bis dessen Gastlichkeit mit dem Tode seiner Wirtin Cecilia Andersson 1913 endet. Mölle am Südhang des Kullen mit seinem Hauch von Riviera avanciert zum Badeort und ist dies bis heute geblieben. Walter Leistikow aus Berlin ist 1897 in Mölle zu Gast.

Selma Lagerlöf führt die wunderbare Reise des Nils Holgersson zum Tanz der Kraniche auf versteckter Heide inmitten der Felsenkuppen des Kullen. Wenn die Herbststürme die Besucher fortgejagt haben, kommen sie wie in Dämmerung gekleidet, mit langen Federbüschen an den Flügeln und rotem Federschmuck im Nacken, halb fliegend, halb tanzend mit unfaßlicher Schnelligkeit:

Es war, als spielten graue Schatten ein Spiel, dem das Auge kaum zu folgen vermochte. Es war, als hätten sie es von den Nebeln gelernt, die über die einsamen Moore hinschweben. Ein Zauber lag darin; alle, die noch nie auf dem Kullaberg gewesen waren, begriffen nun, warum die ganze Versammlung ihren Namen von dem Kranichtanz hat. Er hatte eine gewisse Wildheit und weckte doch das Gefühl einer süßen Sehnsucht. Niemand dachte jetzt mehr daran, zu kämpfen. Dagegen fühlten jetzt alle, die Beflügelten und die Flügellosen, einen Drang in sich, ungeheuer hoch hinaufzusteigen, ja bis über die Wolken hinauf, um zu sehen, was sich darüber

---

[9] Vgl. Cecilia Lengefeld, Künstlertum und Künstlerkolonie. Richard Bergh, Nils Kreuger und Karl Nordström in Varberg 1893-1896. In: Hans-Werner Schmidt und Klaus Weschenfelder (Hg.), Sprache der Seele. Schwedische Landschaftsmalerei um 1900. Katalog zu den Ausstellungen im Mittelrhein-Museum Koblenz und in der Kunsthalle Kiel, 1995, S. 53-58. Ebenso Cecilia Lengefeld, Drei Künstlerkolonien in Schweden um 1900: Arild - Varberg - Rackstad. In: Jahrbuch für finnisch-deutsche Literaturbeziehungen Nr. 32, 2000, S. 34-46.

befinde, einen Drang, den schweren Körper zu verlassen, der sie auf die Erde hinabzog, und nach dem Überirdischen hinzuschweben.

Eine solche Sehnsucht nach dem Unerreichbaren, nach dem hinter dem Leben Verborgenen fühlten die Tiere nur einmal im Jahre, und zwar an dem Tag, an dem sie den großen Kranichtanz sahen.[10]

Im Spätsommer des Jahres 1971 reisen der Zeichner Horst Janssen und seine Gefährtin in einer Parforce-Tour von wenigen Tagen hinauf und hinab durch Skandinavien: von Svanshall am Nordhang der Kullen-Halbinsel nach Oslo, Trondheim und Hammerfest und mit einem Schlenker ins finnische Lappland durch Schweden über Luleå, Sundsvall und zwischen Vänern und Vättern hindurch zurück zum Basislager Svanshall. Dort holen sie Atem. Dem Freund schreibt Janssen von den Klippen des Kullen:

25. 9. 71, 8.30
Lieber Freund,
wie gesagt: Gestern stürmte es. Wir hatten ein Felszimmer entdeckt - im „Kullen". Äußerste Nordspitze der Halbinsel, an deren Basis Helsingborg liegt. Ein Zimmer für wilde Gemüter von der Art, die in Herrenzimmern Blankeneser Kaufleute gemeinhin tobend nach dem Ausgang suchen.

Hier sitzen dieselben wohlig fröstelnd auf einem Stein und dösen in die Brandung, hinter sich eine 50 m hohe Felswand, die bis auf eine kleine Abstiegsrille meterhoch mit Dornengebüsch bedeckt ist. Die flankierenden Wände sind Felsvorsprünge, die wie eine Reihe hochkant gestellter flacher Riesenkisten aussehen - säuberlich aufgereiht und an die Rückwand gelehnt, mit der entsprechenden Neigung. Die äußersten 5 Meter hoch und dann hopplahop in Stufen bis zu 20 m nach dem Berg hin ansteigend. Na - und die vierte Wand fehlt natürlich. Da kommt das Meer, Kattegat. Hört sich nach Katzenfutter an, ist aber bei Sturm fette Nordsee.

Das kommt aus der Tiefe an, denn hier fällt die Küste auch unter Wasser steil ab. Die großen Roller, draußen 100 m lang, drängeln sich also vor unserem Zimmer, und das ist ein Tohoubawoh, kann ich dir sagen, und dann nur ein Zimmerfußboden von 20 x 20 m, wo sie den Rest ihrer Tollerei abtanzen. Diesen Fußboden mußt du dir so vorstellen: weiß Gott keine Erde, kein Sand, sondern ein Boden aus apfelgroßen, runden, blanken, braunen, roten und vor allem schwarzen Steinen, die in ganz und gar zusammenhängender Fläche auf einer Schicht pflaumengroßer, runder, glatter, nasser, schwarzer vor allem und brauner Steine liegen, unter denen du bei Nachforschung eine Schicht erbsengroßer ebensolcher Steine findest; + weiß der Teufel, was darunterliegt, wahrscheinlich Steine. Die ganze Welt als Kugellager. + zuoberst auf diesem Boden liegen unbewegt ein paar riesige sanftgerundete Individuen, manns- und

---

[10] Selma Lagerlöf, Wunderbare Reise des kleinen Nils Holgersson mit den Wildgänsen. Aus dem Schwedischen von Pauline Klaiber-Gottschau. München: Nymphenburger, 1990, S. 61f (erste deutsche Ausgabe 1907, erste, schwedische Ausgabe „Nils Holgerssons underbara resa genom Sverige" 1906/7).

2mannshohe Kuller, hinter die du dich ängstlich ducken kannst, wenn so eine Wogendame, so eine muskulöse graugrünhäutige, nach dir verlangt. Bleibt noch ein Halbkreis von Treibholz, von unzähligen Treibhölzern, die an der Fußleiste der Wände abgelegt sind. Und alle ¼ Stunde kommt ein großer Balken dazu, taucht plötzlich mehr oder weniger steil aufgerichtet aus dem brodelnden Schaum an der Zimmerschwelle auf + liegt, schwupp, totenstill bei den anderen. Es heult + quietscht + donnert. Und der besonderste Effekt ist ein Geräusch, das am ehesten mit dem Umfallen großer Kegel oder dem mitteltief oder hochgestimmten Geknatter eines unausgereiften Donnerschlages zu vergleichen ist. Es kommt durch das Rollen der oberen Steine auf den Steinen über den Steinen zustande und hört sich ganz und gar gespenstisch an.

Ja, das ist ein sehr apartes Zimmer. Wir möchten es nicht vermieten. Aber was gilt in dieser Gegend Miete. Jetzt füllen wir eine Thermosflasche mit Kaffee + einen Beutel mit Brot + Eiern + fahren hin. Mal sehen, ob die Dame uns eine Leiche, wer weiß welcher Nationalität, auf den Teppich gerollt hat. Dann werden wir darüber nachsinnieren, daß selbst Steine vergänglich sind. Und frühstücken.

Yours Janssen [11]

Dem Skizzenbuch seiner skandinavischen Reise, das Janssens Gefährtin drei-ßig Jahre später erscheinen läßt, stellt Horst Janssen eine Notiz voran, die bean-spruchen darf, weise zu sein:

Auf dieser Fahrt fiel mir ein, wie vorteilhaft es manchmal ist, sich nicht zu früh auf die Reise zu machen. Hat Jugend die Passion, in ihrem Selbst nur sich selbst und im anderen vorzüglich wieder sich selbst zu sehen, so sucht nach Ablauf dieser Zeit und nach Erschöpfung dieser Passion das ganze Sensorium nach einem Gegenstand, in dem das Selbst sich verlieren kann. Das ist die Zeit, um eine Landschaft zu sehen. [12]

So sei es.

---

[11] Horst Janssen an Joachim Fest, Svanshall, 25. September 1971. In: Horst Janssen, Skandina-vische Reise. Ein Skizzenbuch, ein Tagebuch und sechs Briefe an Joachim Fest. Mit Photo-graphien und einem Postscriptum von Gesche Tietjens. Berlin: Alexander Fest, 2001, S. 76-78.
[12] Horst Janssen, Skandinavische Reise (Anm. 11), S. 7.

Anhang

Personen

Verzeichnet sind nur reale Personen, auch solche in den zitierten Texten. Mit Texten zitierte Autoren sind **fett**, ihre zitierten Texte *kursiv* gesetzt.

Orte

Verzeichnet sind nur reale Orte, auch solche in den zitierten Texten. Orte in Schweden werden ihrer Kommune (sofern sie nicht selbst deren namensgebender Hauptort sind) und ihrer Landschaft zugeordnet. Als Quelle diente „Sverige vägatlas", Vällingby: Kartförlaget, 14. Auflage 2005.

Ornö (Insel, Haninge, Södermanland) 122

Orrefors (Nybro, Småland) 44

Orsa (Mora, Dalarna) 149

Oslo (Norwegen) 120, 210

Österdalälven (Fluß in Dalarna)
132, 149, 151

Östergöl (Tingsryd, Småland) 36

Östra Ämtervik (Sunne, Värmland)
175, 185, 189

Övedskloster (Sjöbo, Schonen) 19

Övralid (Motala, Östergötland)
63-67, 71

Pajala (Norrbotten) 164-174

Paphos (Zypern), Heiligtum der
Aphrodite Paphia 98

Paris 84, 90, 124, 148, 164

Påskallavik (Mönsterås, Småland)
78

Påvelsmåla (Emmaboda, Småland)
43

Pelarne (Vimmerby, Småland) 51

Pelarnehult (Vimmerby, Småland)
51

Pompeji (Campania, Italien) 71

Potsdam (Brandenburg, Deutschland) 91

Ramsjö (See bei Jonsered, Västergötland) 204, 206

Rankhyttan (Falun, Dalarna) 152

Rånö (Insel, Haninge, Södermanland) 105-107, 121

Rättvik (Dalarna) 151

Rheinsberg (Brandenburg, Deutschland) 85

Riga (Lettland) 119

Rinkaby (Kristianstad, Schonen) 23

Rom (Latium, Italien) 9, 67, 69, 83

Roskilde (Seeland, Dänemark) 14

Roslagen (Landstrich in Uppland)
129

Rottnen (See in Värmland) 182

Rottneros (Sunne, Värmland)
175, 182

Roxen (See in Östergötland) 63

Runmarö (Insel, Värmdo, Uppland)
120

Runn (See bei Falun, Dalarna) 138f

Saba (Landschaft in Südarabien)
181

Salen (See bei Alvesta, Småland) 71

Sälen (Malung, Dalarna) 151, 153

Saltsjöbaden (Nacka, Södermanland)
122

Sandviken (Falun, Dalarna) 152

Säveån (Fluß in Västergötland) 204

Schönbrunn (Wien, Österreich) 71

Sevedstorp (Vimmerby, Småland)
51

Siljan (See in Dalarna)
20, 132, 147, 151, 199, 202

Simrishamn (Schonen) 20, 23

Skagen (Jütland, Dänemark) 209

Skälderviken (Meeresbucht zwischen
Halland und Schonen) 209

Skellefteå (Västerbotten) 155, 160

Skellefteälven (Fluß in Västerbotten)
160

Skruv (Lessebo, Småland) 44

Skurup (Schonen) 16

Slätbakenfjord (Östergötland) 63

Smygehuk (Trelleborg, Schonen)
15-17, 20

Smygehamn (Trelleborg, Schonen)
16

Söderåkra (Torsås, Småland) 33

Colloquia Baltica – zum Geleit

Europa wächst auf neuen politischen Grundlagen zusammen. Mit der Erweiterung der Europäischen Union ist die Teilung des Kontinents beinahe überwunden. Die Identität vieler Europäer hat sich dagegen kaum erweitert, sie orientiert sich nach wie vor an der eigenen Nation oder dem Westen Europas. Die Politik eilt den Bürgern Europas voraus.

Auf der Suche nach einem gemeinsamen europäischen Bewußtsein gilt es nun, die Kultur Mittel- und Osteuropas wieder zu entdecken. Bisher wurde die Erinnerungsarbeit von der Generation geleistet, deren Biographie durch die tragische Kriegs- und Nachkriegszeit im Osten Mitteleuropas geprägt war. Jetzt hat die im Westen und Osten des geteilten Europa aufgewachsene Generation die Chance und die Aufgabe, das gemeinsame kulturelle Erbe zu gestalten.

Der Annäherung folgt nicht selten eine Ernüchterung. Nicht nur der Kalte Krieg, sondern auch widerstreitende nationale Besitzansprüche haben in den Territorien zwischen Stettin und Vyborg, Kaliningrad und Lemberg ihre Spuren hinterlassen. Exklusive nationale Perspektiven müssen überwunden werden, ohne dabei der Gefahr zu erliegen, neue Mythen zu schaffen. An die Stelle rückwärts gewandter Erinnerungspolitik wird die gemeinsame Arbeit am europäischen Gedächtnis treten – eine Arbeit, an der auch diejenigen teilhaben, die noch nicht Mitglied des politischen Europa sind. Dieser Aufgabe verpflichtet wollen die *Colloquia Baltica* dazu beitragen, das europäische Haus mit Leben zu erfüllen.

Christian Pletzing

COLLOQUIA BALTICA

Beiträge der Academia Baltica
zu Geschichte, Politik und Kultur in Ostmitteleuropa
und im Ostseeraum

Bereits erschienen:

Mare Balticum
Begegnungen zu Heimat, Geschichte, Kultur an der Ostsee
Hg. von Dietmar Albrecht und Martin Thoemmes
(Colloquia Baltica 1)
2005. 184 Seiten. Broschiert 19,90 Euro. ISBN 3-89975-510-3

Unverschmerzt
Johannes Bobrowski - Leben und Werk
Hg. von Dietmar Albrecht, Andreas Degen, Hartmut Peitsch
und Klaus Völker
(Colloquia Baltica 2)
2004. 472 Seiten. Broschiert 19,90 Euro. ISBN 3-89975-511-1

Wanderer in den Morgen
Louis Fürnberg und Arnold Zweig
Hg. von Rüdiger Bernhardt
(Colloquia Baltica 4)
2005. 164 Seiten. Broschiert 19,90 Euro. ISBN 3-89975-527-8

Dietmar Albrecht
Wege nach Sarmatien. Zehn Kapitel Preußenland
Orte, Texte, Zeichen
(Colloquia Baltica 5)
2005. 266 Seiten. Zwei farbige Kartenseiten. Broschiert.
19,90 Euro. ISBN 3-89975-550-2
Eine literarische Reise durch Ostpreußen und Litauen

Grenzüberschreitungen
Deutsche, Polen und Juden
zwischen den Kulturen (1918-1939)
Hg. von Marion Brandt
(Colloquia Baltica 6)
2006. 278 Seiten. Broschiert. 19,90 Euro. ISBN 3-89975-560-X

Christian Rohrer
Nationalsozialistische Macht in Ostpreußen
(Colloquia Baltica 7/8)
2006. 673 Seiten. Hardcover. 49,90 Euro. ISBN 3-89975-054-3

Dietmar Albrecht
Falunrot. Zehn Kapitel Schweden
Orte, Texte, Zeichen
(Colloquia Baltica 9)
2006. 230 Seiten. Zwei farbige Kartenseiten. Broschiert.
19,90 Euro. ISBN 3-89975-562-6

Demnächst erscheinen:

Vorposten des Reichs? Ostpreußen 1933-1945
Hg. von Christian Pletzing
(Colloquia Baltica 3)
Erscheint 2006. Etwa 300 Seiten. Broschiert.
19,90 Euro. ISBN 3-89975-561-8

Europa der Regionen
Esten und Deutsche am Finnischen Meerbusen
Hg. von Karsten Brüggemann
(Colloquia Baltica 10)
Broschiert. 19,90 Euro. ISBN 3-89975-065-9

Displaced Persons
Flüchtlinge aus den baltischen Staaten in Deutschland
Hg. von Christian Pletzing
(Colloquia Baltica 11)
Broschiert. 19,90 Euro. ISBN 3-89975-066-7

Polen und Deutsche im Gespräch
Beiträge zu neuer Nachbarschaft
Hg. von Beate Herget
(Colloquia Baltica 12)
Broschiert. 19,90 Euro. ISBN 3-89975-067-5

Dietmar Albrecht
Sampo. Zehn Kapitel Finnland
Orte, Texte, Zeichen
(Colloquia Baltica 13)
Broschiert. 19,90 Euro. ISBN 3-89975-068-3

Europa der Regionen. Land an der Memel
Hg. von Christian Pletzing
(Colloquia Baltica 14)
Broschiert. 19,90 Euro. ISBN 3-89975-069-1

Vorzugspreis für Abonnenten je Band 14,95 Euro.

Erhardtstraße 8 • 80469 München
Tel. 089-202386-03 • Fax 089-202386-04
info@m-verlag.net I www.m-verlag.net